中国农业保险政策及其对农业生产的影响研究

张崇尚　仇焕广◎著

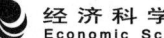

中国财经出版传媒集团
经济科学出版社
Economic Science Press

图书在版编目（CIP）数据

中国农业保险政策及其对农业生产的影响研究/张崇尚，仇焕广著．—北京：经济科学出版社，2021.9
（人大农经精品书系）
ISBN 978-7-5218-2905-1

Ⅰ.①中⋯　Ⅱ.①张⋯②仇⋯　Ⅲ.①农业保险－财政政策－影响－农业生产－研究－中国　Ⅳ.①F842.66

中国版本图书馆 CIP 数据核字（2021）第 192388 号

责任编辑：刘　莎
责任校对：杨　海
责任印制：王世伟

中国农业保险政策及其对农业生产的影响研究
张崇尚　仇焕广　著
经济科学出版社出版、发行　新华书店经销
社址：北京市海淀区阜成路甲 28 号　邮编：100142
总编部电话：010-88191217　发行部电话：010-88191522
网址：www.esp.com.cn
电子邮箱：esp@esp.com.cn
天猫网店：经济科学出版社旗舰店
网址：http://jjkxcbs.tmall.com
北京季蜂印刷有限公司印装
787×1092　16 开　18 印张　240000 字
2021 年 9 月第 1 版　2021 年 9 月第 1 次印刷
ISBN 978-7-5218-2905-1　定价：120.00 元
（图书出现印装问题，本社负责调换。电话：010-88191510）
（版权所有　侵权必究　打击盗版　举报热线：010-88191661
QQ：2242791300　营销中心电话：010-88191537
电子邮箱：dbts@esp.com.cn）

前 言

从 2004 年起,中央一号文件连续 18 年提出要完善农业保险政策,吹响了加快推进农业现代化、促进农业保险发展的号角。作为分散农业风险和保障农民收入的主要政策工具,农业保险既能促进农业生产又不直接扭曲市场行为,因而在我国农业支持政策体系中的地位也日益重要。同时从全球视野来看,农业保险在世界主要地区农业政策中也扮演了重要角色。因此,在当前的政策设计框架下,农业保险的功能不仅仅是分散农业生产风险,更是推动我国农业转型、保障粮食安全的重要政策安排。

在农业保险逐步走进我国农业支持政策舞台中央的同时,我们也不禁要问,当前实施的农业保险对农户的微观生产行为会产生怎样的影响?特别是在生产要素以及新技术的使用方面,是否会有一定程度的改变,进而对其产出绩效也产生影响?保产量、稳收入是农业保险政策的主要目标,如果这些问题缺乏清晰、准确的答案,其政策效果及其可持续性均会受到影响。

正是带着这些问题,本书按照实证经济学方法论的科学范式,在构建农业保险与农户生产行为之间理论模型的基础上,基于大样本实地调查数据进行科学研究,回答我国农业保险对农户生产行为产生何种影响这一核心问题。本书首先从总体上交代了研究问题、目标、方法以及贡献(第 1 章和第 2 章),其次在详细阐述我国及世界其他地区农业保险政策与运行机制的基础上,构建了理论模型,并基于数据来源(第 3

章、第4章和第5章），并基于地块层面的微观调查数据，采用现代计量经济方法，实证研究了我国当前农业保险对农户产出水平、要素投入和技术采纳行为三个方面的影响及其机制（第6章、第7章和第8章）；最后，提出了完善我国农业支持政策体系的相关建议（第9章）。

农业保险与农业生产行为之间的关系深刻而复杂，受研究区域、作物、行为类型影响，两者呈现出不同的联系。因此，本书选择某一视角进行深入分析自然是一种合理的选择。本书将研究视角聚焦于粮食生产领域，并选择黑龙江、河南、四川和浙江四个在地理位置及粮食生产方面具有代表性的区域进行了分析与思考，以期为农业保险及农业支持政策的完善提供科学参考。

由于水平有限，书中不足及错误之处难免，请广大读者不吝赐教。

本书得到了国家自然科学青年基金项目（编号：72003186）、国家自然科学基金国际合作重点项目（编号：7181101093）、国家自然科学基金国际合作重点项目（编号：4201101100）、中央公益性科研院所基本科研业务费专项（编号：161005202114）以及中国农业科学院科技创新工程（编号：ASTIP-IAED-2021-03）的支持，在此也深表感谢。

作者

2021年6月

目 录

第 1 章　导论 / 1
1.1　研究背景 ……………………………………………………… 1
1.2　研究目标与总体框架 ………………………………………… 8
1.3　概念界定 ……………………………………………………… 10

第 2 章　文献综述 / 12
2.1　风险对农户生产行为的影响 ………………………………… 12
2.2　农业保险对农业产出的影响 ………………………………… 16
2.3　农业保险对农户投入行为的影响 …………………………… 21
2.4　农业保险的影响机制研究与进一步讨论 …………………… 28
2.5　评述 …………………………………………………………… 30

第 3 章　中国农业保险政策及其运行机制 / 33
3.1　中国农业保险发展历史回顾与现状 ………………………… 33
3.2　中国主要农业保险产品及补贴政策 ………………………… 36
3.3　中国农业保险的运行机制 …………………………………… 40
3.4　中国农业保险运行机制存在的问题及其原因 ……………… 42
3.5　农业保险运行机制中的规模异质性影响 …………………… 49

第 4 章　国际农业保险政策及启示 / 52
4.1　欧盟农业保险政策及启示 …………………………………… 52
4.2　美国农业保险政策及启示 …………………………………… 73

1

4.3　日本农业保险政策体系及其实践 ·················· 89

第5章　农业保险对农业生产影响的理论分析／110
　　5.1　不同风险偏好和参保条件下农户生产行为 ··········· 110
　　5.2　研究假说 ······························· 128
　　5.3　模型分析方法 ··························· 131
　　5.4　数据来源 ······························· 136

第6章　农业保险对单产与净利润水平的影响／140
　　6.1　计量经济模型设定 ························· 141
　　6.2　农业保险对单产的影响及其规模异质性 ············· 147
　　6.3　农业保险对农业生产净利润的影响及其规模异质性 ······ 157
　　6.4　农业保险对农业生产成本的影响及其规模异质性 ······· 163
　　6.5　总结与讨论 ····························· 170

第7章　农业保险对要素投入行为的影响／172
　　7.1　计量经济模型设定 ························· 174
　　7.2　农业保险对农业生产要素使用的影响 ·············· 178
　　7.3　农业保险对农户应对风险行为的影响 ·············· 201
　　7.4　总结与讨论 ····························· 210

第8章　农业保险对农户农业技术采纳行为的影响／212
　　8.1　计量经济模型设定 ························· 214
　　8.2　农业保险对深松技术选择的影响 ················· 219
　　8.3　农业保险对农业新品种技术选择的影响 ············· 226
　　8.4　农业保险对测土配方技术选择的影响 ·············· 232
　　8.5　总结与讨论 ····························· 238

第 9 章　研究结论与政策建议 / 239

9.1　主要结论 …………………………………………… 240

9.2　政策建议 …………………………………………… 242

9.3　进一步讨论 ………………………………………… 245

参考文献 …………………………………………………… 247

第 1 章

导　　论

1.1　研究背景

农业生产的高风险是威胁农业稳定生产和导致农民收入大幅波动的重要因素。尤其是系统性自然灾害，不仅扰乱农业生产者的理性预期而给农业生产决策带来较大的不确定性，其波及范围广、损失程度大等特性也给农产品市场和农民收入带来严重的负面影响。据联合国粮农组织统计，在全球范围内，自然灾害平均每年带来的经济损失高达 2 500 亿美元到 3 000 亿美元，其中发展中国家农业部门首当其冲，2015 年和 2016 年间，自然灾害导致发展中国家农业部门经济损失接近 960 亿美元（FAO，2018）。

中国农业产业同样也面临较高的生产风险。中国自然灾害发生频繁，每年大量农田受到干旱、洪涝、冰雹和冻灾以及病虫草害等自然灾害的影响，给农业生产带来大量的经济损失，对作为国民经济基础产业的农业生产影响巨大。例如，2017 年中国成灾面积达到 13 670 千公顷，占当年农作物总播种面积的 5.53%，给当年粮食生产和农民收入带来了严重的负面冲击。特别是目前中国小农户仍然占据农业生产群体绝大多数，风险暴露程度高且风险管理能力弱，缺乏市场化风险应对手段，面对发生频率高、破坏力较强的自然风险，往往束手无策；其中收入较低的贫困农户，更是面临破产和难以恢复再生产的严重威胁，仅能依靠政府的事后救济维持生活和再生产。在气候变化的背景下，极端天气发生频率明显增加，进一步加剧了中国农业生产的波动性，对中国农业生产和粮食安全产生重大影响（刘彦随等，2010）。因此，构建健全完善的农业风险防控和管理体系尤为迫切，是农业和社会发展的重要课题之一。

完善的农业风险管理手段是分散农业生产风险和稳定农民收入的必要条件，也是转变传统农业生产方式与发展现代农业不可分割的一部分。在现代农业中，仅依靠水利工程和农业生产要素投入防控灾害的传统风险管理方式一方面无法有效缓释自然风险，另一方面显著增加了农业生产成本，降低了农业生产效率。此外，此类风险管理属于事前风险管理工具，无法保障灾后生产管理与再恢复。因此，为保证农业生产的现代化，必须有效管理生产风险，以进一步优化农业生产要素配置，而且从发达国家的农业发展经验来看，在农业现代化过程中，完善的农业风险管理体系发挥了重要作用，如农业保险、巨灾证券、灾后救济、期货和远期合约等。其中，农业保险在风险管理中扮演了重要的角色，是农业风险管理体系中的重要组成部分（Smith & Glauber，2012）。

为分散灾害损失，保障农业生产，中国于2007年正式实施了农业保险补贴政策。此后，农业保险得到了中央和地方财政的大力支持。根据农业农村部公布数据显示，2017年，仅中央财政支付农业保险保费补贴资金已达到179.04亿元，比2007年增加了157.54亿元。经过十年左右的发展，农业保险发展迅速，正逐渐成为中国主要农业风险管理手段之一。2017年中国农业保险保费收入已达到479.06亿元，远远高于 2007 年的 53.3 亿元（见图 1-1）；而且承保主要农作物突破 17.21 亿亩（约 1.15 亿公顷），占全国主要农作物播种面积 60% 以上。此外，农业保险的险种也在不断扩展，从 2007 年最初的玉米、小麦、水稻、能繁母猪等 7 种农产品发展至今，中央政府的农业保险补贴已覆盖全国大部分关系国计民生的重要农产品，各地方政府也均出台了针对区域具有特色农产品的保费补贴政策。

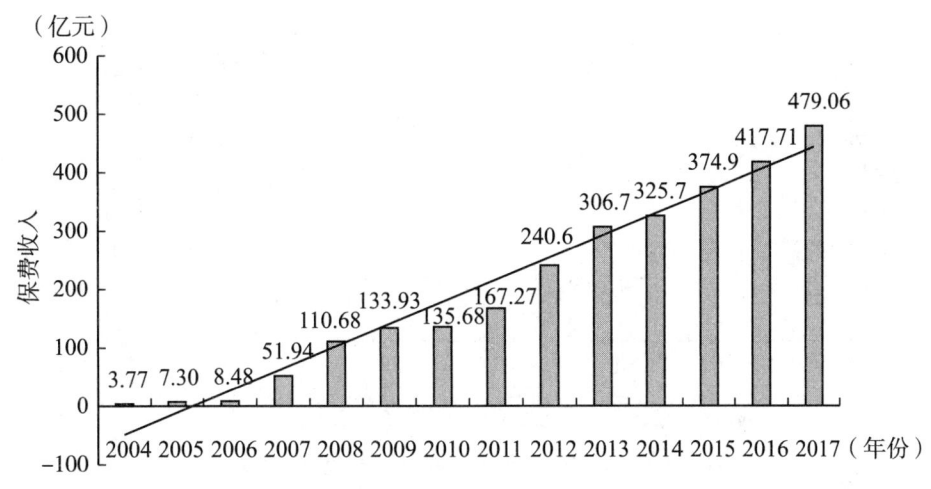

图 1-1　2004~2017 年中国农业保险保费收入

资料来源：中国保险年鉴（历年）。

在政府的大力支持下，农业保险也已经成为中国农业风险管理体系和农业支持政策的重要组成部分，并逐步走到核心地位（吴东立、谢凤杰，2018）。从图 1-2 可以看出，2008~2016 年财政支付的保费补贴资金占财政支农资金比例呈现逐渐增加的趋势。这说明农业保险的政策目标不仅是分散农业生产风险，更是推动中国农业转型、保障粮食安全的重要政策工具，在实施乡村振兴战略中能发挥更为重要的作用。因此，促进农民增收、维护国家粮食安全、调节生产以及助力脱贫攻坚等成为中国政策性农业保险的发展目标（庹国柱、张峭，2018；徐婷婷、荣幸，2018）。2018年中央一号文件明确要求了农业保险不仅要增加保险品种，也要扩大保险覆盖面，即增品、扩面、提标、增效，发挥更广泛的功能和作用的要求；2019年一号文件提出要继续完善农业保险政策，推进稻谷、小麦、玉米完全成本保险和收入保险试点工作，以在更大范围和程度上提高农民收入和保障国家粮食安全。

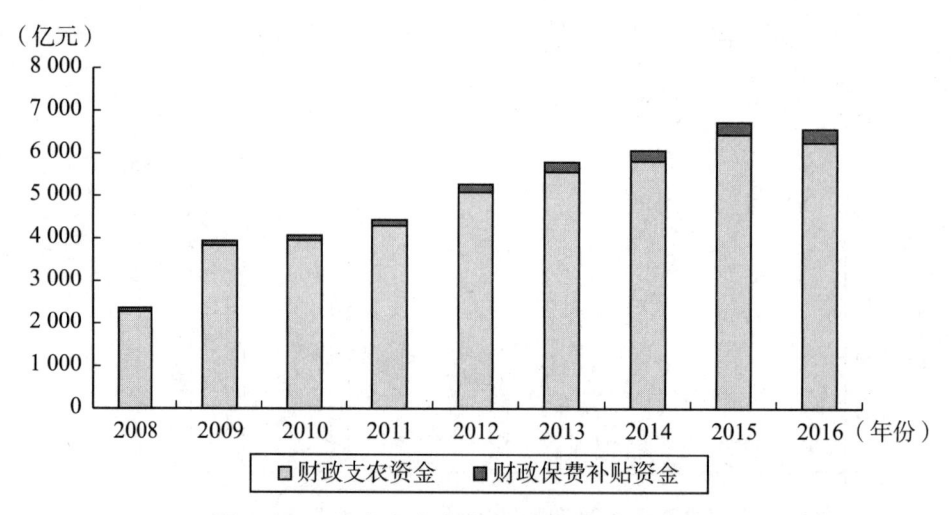

图1-2 财政支农资金与保费补贴资金变化

资料来源：《中国农村统计年鉴（2017）》以及财政部关于农业保险保费补贴政策的《绩效评价报告》。

在此背景下，研究农业保险对产出水平及农户生产行为的影响及其机制十分重要。一方面，农业保险作为重要的农业风险管理工具，在农业生产中发挥了重要作用，过去十年受到政府和学术界的大量支持与关注，分析现阶段农业保险是否能够发挥保障收入和粮食安全作用、实现其政策目标具有重要的现实意义，而产出水平及投入行为与该政策目标息息相关。另一方面，随着中国未来逐渐加大农业保险支持力度，提高农业保险覆盖面和完善农业保险政策，将进一步提升农业保险在中国农业支持保护政策中的地位。然而在此之前，必须弄清楚当前农业保险政策是否能够实现其提高农民收入和保障粮食安全的政策目标，并总结其存在的问题与经验。总之，全面且深入地分析农业保险对粮食产出水平、农民收入及其投入行为的影响及微观机制迫切而重要，以为进一步发挥农业保险的风险保障作用、完善中国农业保险和农业支持保护政策体系提供重要政策依据。

因此，本书将基于实地调查数据深入研究农业保险对农业产出、收入及投入的影响及其机制，重点回答以下问题：中国当前农业保险政策是否会影响农业产出及收入？如果是，会产生何种影响？以及农业保险影响农业产出及收入的机制与途径是什么？基于此，农业保险是否能够实现其政策目标？对中国农业保险的发展以及相关政策的完善有何参考意义？回答这些问题需要对现有农业保险对农户生产行为的影响及其机制进行详细的探讨与研究。

然而，当前中国农业保险对生产行为的影响无法从现有研究中得到明确答案。尽管已有大量研究分析了农业保险对农业产出及收入的影响，但研究结果还存在较大争议。特别是在农业保险对农业产出的影响存在着截然相反的结论方面。一方面，部分研究认为农业保险能够显著增加农业产出（Hazell，2010；Barry et al.，2013；周稳海等，2015）和提高农民收入（徐斌、孙蓉，2016；付小鹏、梁平，2017；张伟等，2017；张哲晰等，2018）；另一方面，也有研究认为农业保险对产出的影响并不显著（张跃华等，2006；袁辉和谭迪，2017），甚至可能对产量产生负向影响（Quiggin et al.，1993）。现有结论之所以出现较大的分歧，主要是因为农业保险具体运行机制、个体异质性以及具体农险险种之间存在差异，进而对研究结果产生较大影响。

特别是中国的农业保险政策无论在承保金额、政府补贴力度、赔付机制，还是在农户生产规模等方面与西方国家还存在较大差异，这些因素对农业保险与农户投入之间的关系均会产生较大的影响。因此，基于西方国家得出的研究结论可能并不适用于中国农业保险的实际情况。与此同时，目前针对中国农业保险政策的研究结论也无法回答本书关注的核心问题。首先，国内的研究结论同样存在较大差异。目前大多数研究均认为中国政策性农业保险中保障水平较低（如张伟等，2018）、有效需求不足（如费友海，2005；张崇尚，2015；袁敏，2018），因此可能对农户生产行为并没有产生显著影响（张跃华等，2006），但是也有实证研究发现农业保险能够增加农业产出和收入（如周稳海等，2015）。其次，国内已有研究多集中于畜牧、养殖和经济作物等农产品，针对粮食作物的研究仍然比较缺乏，无法直接分析农业保险对国家粮食安全的影响。最后，现有针对农业保险对农业产出及收入影响的理论及实证机制的研究依然不足，大多仅通过计量回归的方式直接得出影响结果，但在农业保险通过何种途径与机制影响产出方面缺乏细致且严格的理论与实证研究。

因此，为回答农业保险政策对农业产出及收入的影响这一重要问题，并弥补现有研究不足，本书将在构建理论模型分析框架的基础上，利用计量经济学模型实证分析农业保险对主要粮食作物单产水平及净利润的影响，以考察农业保险政策中的粮食安全与收入保障效果及其微观机制。同时，为了进一步明确农业保险对产出及收入的影响机制与途径，本书也进一步分析了农业保险对农户不同要素投入行为的影响。主要原因为要素投入水平直接关系到农业产出和收入水平，农业保险可能正是通过改变农户要素配置而对产出和收入水平产生影响，进而得出改变要素投入最终影响农业产出及收入的结论。

综上所述，本书具有重要的理论与实践意义。在理论意义方面，第一，本研究构建了理论分析框架，并通过严格的实证分析解释了中国当前农业保险对单产水平和农业收入的影响及其微观机制,在理论上补充与完善了农业保险与生产行为之间的关系及其理论解释。第二,引入了异质性农户对农业保险响应行为的差异,在理论上分析了农业保险对不同类型农户生产行为的影响,并揭示了其影响机制。

在实践意义方面,第一,农业产出与收入能够充分反映农业保险保障粮食安全和农民收入的发展目标,本研究通过分析农业保险对农业产出与收入的影响能够为有效评估当前农业保险政策的实施效果提供重要参考。第二,在中国继续扩大政策性农业保险范围的政策背景下,本研究能够为完善未来农业保险政策设计提供有益借鉴。特别是随着政策性农业保险范围的扩大,研究农户行为的转变及其响应机制可以对未来农业保险政策的发展方向与完善提供重要决策依据。第三,对投入行为的研究,也具有重要的政策含义。一方面,部分农业生产要素投入与产出及收入相关(麻吉亮等,2012),也与农业生产环境息息相关,如化肥、农药等化学生产要素,会给农业生产环境带来严重的负面影响,尤其是农药残留还会带来严重的食品安全问题。另一方面,部分新技术在提高生产率的同时,也有利于改善生态环境,如深松、测土配方等技术能够减少化肥的过度使用,改善土壤环境。因此,分析农业保险对这些生产要素的投入也能够反映农业保险的环境外部性,具有一定的环境政策含义。因此,在中国保障粮食安全,大力实施乡村振兴战略,控制面源污染、建设生态宜居的美丽乡村背景下,深入研究中国农业保险对农户生产行为,特别是与粮食生产、农业环境密切相关的农户生产投入行为的影响具有十分重要的理论与实践意义。

1.2　研究目标与总体框架

1.2.1　研究目标

为回答上述问题,分析农业保险对农业生产行为的影响,本书研究目标为:梳理中国及世界其他主要地区农业保险政策及其运行机制;构建中国农业保险对农业生产行为的经济模型及理论机制;研究农业保险对农业单产水平及净利润的影响,深入分析中国农业保险对包括要素和技术采纳在内等要素投入行为的影响,以明确农业保险的影响机制。并在上述研究的基础上,分析农业保险对不同规模农户生产行为的影响。

1.2.2　总体框架

为实现研究目标,本书按照"提出问题—分析问题—解决问题"的研究思路确定研究框架。首先,在梳理中国农业保险政策现状的基础上,明确中国农业保险政策目标,并基于现有研究文献的基础上,明确农业保险政策对农业生产行为的影响及其机制有哪些。基于现有文献,本书从理论上分析农业保险对生产行为的影响,主要利用微观经济学前沿理论,构建经济理论模型,研究在参保和未参保条件下农户生产行为的差异,并提出本书的研究假说,并利用计量经济模型方法进行实证分析。

围绕上述研究框架,本书共分为9章。其中,第1章为导论,主要根据现有政策、研究文献,提出本书的研究问题及意义,并详细介绍本书使用的研究方法与技术路线，从整体上构建本书的研究框架。

第2章为文献综述，全面梳理关于农业保险与农户生产行为的现有文献，为本研究提供翔实的研究资料与数据，并且总结现有研究不足，进而明确本书的创新点及研究意义。

第3章为中国农业保险政策及其运行机制，基于宏观和微观角度，详细介绍中国农业保险政策及其运行机制，包括政府的具体补贴政策、农业保险公司的承保与理赔程序、农业保险产品的保费与保额以及农户微观生产行为等具体信息，为下文理论模型的构建与实证分析奠定基础。

第4章为国际农业保险政策及启示。该章内容以欧盟、美国、日本三个农业保险政策发展相对较为完善的地区为例，全面介绍其农业保险政策、补贴、产品以及实际运营等方面内容，为构建一般化及中国农业保险对农业生产行为影响的理论模型确定实证方法奠定基础。

第5章为农业保险对农业生产影响的理论分析。该章内容主要基于中国农业保险政策及运行机制的实际情况，借鉴现有经济学理论模型，运用 state-contingent（状态依存）方法，构建中国农业保险对农业生产行为影响的理论模型与分析框架，在理论上判断农业保险对单产、利润水平及投入行为的影响，并基于相关结果提出本书的研究假说。最后，基于理论模型结果和中国农业保险政策实际情况，设定实证模型并确定模型识别方法。

第6章为农业保险对单产及净利润水平的影响。该章内容主要运用描述性统计方法及计量经济模型，分析农业保险对地块上单产及净利润水平的影响，以验证第4章提出的研究假说。同时，为了解释农业保险对单产及利润水平的影响机制，进一步分析了农业保险对生产成本的影响。同时，也对农业保险对不同规模农户的单产、利润及生产成本水平的影响进行论证，以验证本书的研究假说。

第7章为农业保险对要素投入行为的影响。为了解释农业保险对农户单产及利润水平的影响，本章内容分析了农业保险对农户要素投入水平的影响。要素投入主要包括化肥投入、农药投入和劳动力投入。同时，也分析了农业保险对不同规模农户要素投入影响有何差异，以进一步解释农业保险对产出的影响机制并验证本书研究假说。

第8章为农业保险对农户农业新技术采纳行为的影响。该章内容主要以深松技术、增产新品种技术和测土配方技术为例，分析农业保险对新技术采纳行为的影响，以考察农业保险对不同种类投入行为的影响是否存在差异，并进一步验证本书研究假说及农业保险对农户单产及利润水平的影响机制。

第9章为研究结论和政策建议。根据理论和实证模型的研究结果，系统总结本书的研究结论，并根据研究结论提出促进中国农业保险发展、完善农业保险政策的建议。

上述9章具有紧密的内在逻辑关系。第1章引出本书的研究问题与意义，并确定研究框架。第2章为总结已有文献，梳理针对本书研究问题的系统总结，以明确本书的研究定位和创新点。第3章和第4章深入分析了中国及世界其他主要地区农业保险政策及其运作机制，为构建理论模型和实证模型奠定基础。第5章构建了本书的理论模型，提出研究假说，并基于理论模型，构建本书的实证模型。第6章、第7章和第8章为本书的实证分析结果，主要用来验证第4章内容提出的研究假说。其中，第7章和第8章分别为对第5章的解释与验证。根据前8章研究结果，第9章总结了本书的研究并提出政策建议。

1.3　概念界定

（1）农业保险。目前中国的农业保险主要是政策性农业保险制度，即政府引导、市场运作,由各级政府向农业保险公司提供保费补贴,农民按照补贴后价格向农业保险公司购买保险产品。目前,中国农业保险的类型主要包括多重灾害作物险、天气指数保险、价格指数保险以及收入保险。其中,多重灾害作物险为最早实施且推广的保险险种。目前,除多重灾害作物险之外,其他险种均于试点阶段,没有大面积推广;而且当前中国主要农作物,如玉米、水稻等粮食作物以及蔬菜等经济作物,均为多重灾害作物险,其中玉米、水稻和小麦保险是最早一批开展试点的保险产品。因此,本书研究的农业保险主要为多重灾害作物险,并且以玉米、水稻保险为例进行研究,既能有效评估中国农业保险政策的实施效果,又为指数保险和收入保险的发展和完善提供了重要参考。

（2）生产行为。本书生产行为的含义较为广泛,既包括产出又包括投入。一般而言,狭义的生产行为仅指农户的生产投入。但在经济学概念中,投入和产出密切相关。投入是产出的必要条件,而产出是投入的自然结果。其中,投入既包括要素投入也包括技术投入,产出则指产量和收入两个部分。农业保险之所以对农业产出产生影响,其主要机制在于农业保险通过分散生产风险,改变农户预期收入,从而可能影响农户的投入行为。因此,研究农业保险对产出的影响,必须同时分析农业保险对投入行为的影响。为了行文简洁和定义准确,本书统一将产出和投入行为称为生产行为。具体而言,产出包括单产水平和净利润水平,既衡量了农业产量也能测度农业收入水平,是深入研究农业保险粮食安全和收入保障的微观基础。投入则包括要素投入和技术采纳两种。要素投入主要指化肥、农药和劳动力;技术采纳主要使用深松技术、增产新品种技术和测土配方施肥技术三种。选择这些指标的具体原因将在后续各相关章节中详细说明。

第 2 章

文 献 综 述

农业保险作为应对农业生产风险的重要风险管理工具,备受国内外学术界关注。现有针对农业保险的研究大多集中在农业保险最优合约选择及补贴政策设计(Skees et al., 1997; Goodwin, 2014; Du et al., 2014, 2017; 牛浩、陈盛伟, 2015)、农业保险需求(Goodwin, 1993; Coble et al., 1996; 宁满秀等, 2005; 张跃华等, 2007; Santeramo et al., 2016)、农业保险的风险分散效果及其对生产行为的影响等方面(Horowitz & Lichtenberg, 1994; Smith & Goodwin, 1996)。由于本书主要分析农业保险对农户生产行为的影响,本章内容将重点从风险与农户生产行为之间的关系、农业保险与产出、农业保险与投入行为之间的关系等方面对现有研究进行综述。

2.1 风险对农户生产行为的影响

农业保险主要作为一种有效的风险分散与损失分担工具被开发出来(张崇尚, 2015),因此研究农业保险对农户生产行为的影响,必须首先深入分析存在风险条件下的农户生产行为变化。

2.1.1　生产风险对农户生产行为的影响

风险和不确定性是农业生产的内在特征，是农户收入不稳定性的主要来源之一（Patrick et al., 1997；Holzman et al., 2001；Hardaker et al., 2004；Flaten et al., 2004；孙良媛等，2001；栾敬东等，2007）。显然，农业自然风险能够直接对农户生产和收入产生负面冲击（马九杰等，2005），但为了应对生产风险，农户也会采取一系列事前风险管理手段，使生产行为相应发生转变。因此，存在生产风险的条件下，农户如何选择最优生产路径对于理解农户生产行为至关重要。

现有的关于生产风险对农户生产行为影响的研究主要从自然风险和市场风险两类视角展开分析。在市场风险方面，已有研究主要分析产品价格不确定性对生产者行为的影响（Sandmo, 1971）。但是对于单个农户而言，难以影响整个产品市场产量的波动，市场价格因而也相对较为外生，特别是在农户商品化生产特征不明显的情况下，小农户可能对市场风险并不敏感。因此，本书主要关注自然风险对农户生产行为的影响。

自然灾害等外部风险冲击势必会对农户的最优生产决策及行为产生影响。一方面，为了规避生产风险，农户会改变投入组合决策，采取一系列适应性生产措施（Huang et al., 2015；杨宇等，2016）并加大控制风险的投入（侯麟科等，2014），并最终影响要素的边际收益（Feldstein, 1971），从而影响最终产出。另一方面，生产风险的存在也会影响收益及资源分配。为了分担生产风险，农户可能会选择不同形式的生产合约，如分成制租金、长期生产合约等（Cheung, 1969；Stiglitz, 1974），从而对产出及资源在社会间的分配产生影响（Rothenberg & Smith, 1971）。

为应对自然风险的负面冲击，农户会采取多种手段以规避潜在的生产损失。其中，改变要素投入和采纳新技术是最为常用的两种风险管理方式。在要素投入方面，农户为应对极端生产风险，可能会增加化肥（仇焕广等，2014；Khor & Zeller，2016）、农药（Liu & Huang，2013；Gong et al.，2016）和劳动力（Leah-Martin & Vincent，2017）等要素的投入，以减少潜在外部冲击带来的负面影响。在新技术采纳方面，从短期来看，由于新技术对于农户而言，本身就存在一定的风险，将在一定程度抑制农户的采纳概率（Mansfield，1961；Besley & Case，1993）。然而，从长期来看，由于新技术能够提高要素的边际收益，最终提高产出水平，可以被用来应对防范和缓释生产风险，因此在不确定生产条件下，农户会增加新技术的使用（Mukasa，2018）。考多里等（Koundouri et al.，2006）的研究也表明，产出和收入的长期波动，尤其是极端收入冲击会增加农户采纳新技术的概率。特别是保护性耕作、新品种等对农业实际产出有显著正向作用的新技术（Wossen et al.，2015）。

当然，在考虑多种投入要素的生产情形下，生产风险对投入行为的影响也取决于要素投入之间的相互替代和互补关系（Pope & Kramer，1979）。假如在仅有两种替代性生产要素的情况下，农业生产风险在增加其中一种要素的同时，必然减少另一种投入要素。因此，生产风险会改变生产要素的投入组合，其对要素投入总量的影响在理论上难以确定，需要根据具体数据进行实证分析。

2.1.2 风险偏好对农户生产行为的影响

风险偏好在农户应对生产风险冲击的过程中发挥着重要作用。一般而言，农户风险偏好可以分为三种类型：风险爱好、风险中性和风险规避（Mas-Colell et al.，1995）。在风险较高的情况下，产出分布较为分散，在低风险状态下，产出分布较为集中，农户获得的收益相对稳定。

同时，高风险对应着较高水平的产出，低风险对应着低水平的产出。风险爱好者农户往往为了获得一定概率的高水平产出，而愿意选择高风险状态进行生产；风险规避者则恰恰相反，为了规避风险，愿意选择相对较低产出水平的生产状态，以获得较为稳定的收入。风险中性农户则仅关注期望产出，对产出分布没有要求。因此，风险偏好程度不同的农户，在应对风险时采取的生产决策也会有所不同。

由于不同风险偏好的农户对待风险态度呈现一定差异，期望产出及收益也有所不同（MacMinn et al.，1983）。理论上而言，由于风险中性农户仅追求期望收益的最大化，而风险规避农户和风险爱好农户均通过规避风险或利用风险追求效用的最大化，即稳定的收入和一定概率的高收入。因此风险爱好和风险规避农户均必须牺牲一定的期望产出以提高效用水平，这意味着风险中性农户的期望产出水平最高（Chambers & Quiggin，2000）。但在现实中，农户一般是规避风险的，这也符合经济中"理性人"这一基本假设。因此在农业风险分析中，均假设农户为风险规避，但同时为了分析生产风险及其应对策略的影响，一般也基于风险中性农户的生产行为作为基准进行对比分析，以研究风险偏好类型对农户生产行为的影响。由于风险爱好者在现实中较少，因此已有研究少有涉及。

受期望产出及收益差异的影响，不同风险偏好的农户也会做出不同的投入决策。因此，风险偏好对投入水平也会产生一定程度的影响。由于风险中性农户的期望产出更高，在面临同等程度的风险时，风险规避农户会比风险中性农户会使用更少的生产要素（Pope & Just，1977；Ramaswami，1992）。但是波普和克拉默（Pope & Kramer，1979）也在理论上探讨了风险规避农户增加要素投入的可能性；同时有一些实证研究也表明，风险规避农户倾向于使用更多的生产要素以规避生产风险，如化肥投入（Isik & Khanna，2003；Sheriff，2005；仇焕广等，2014）。

其主要原因在于，风险偏好对投入的影响也取决于投入品的性质，即投入品是风险增加还是风险减少（Kusadokoro，2010）。如果某种投入要素是风险增加的，意味着随着该种投入使用量的增加，产出风险也会相应增加，那么风险规避型农户就会减少该种类型要素的投入；相反，如果该投入为风险减少型的，意味着该种投入量的增加将减少产出风险，风险规避型农户将相应增加该部分投入（Loehman & Nelson，1992）。因此，在实证上，风险偏好对投入品的影响将取决于投入品的风险性质。

以上研究运用理论和实证方法对生产风险及农户风险偏好与农户生产行为之间的关系进行了详细的分析。尽管这些研究没有直接涉及农业保险对生产行为的影响，但农业保险正是通过分散风险，直接影响风险规避农户的生产行为，从而导致农户产出及不同性质的投入发生改变。因此，研究风险偏好是分析农业保险对农户生产行为影响的起点。

2.2 农业保险对农业产出的影响

农户可以采取多种风险管理工具应对农业生产风险。农业保险作为市场化风险管理手段，是世界各国推行的主要工具之一。农业保险产品的作用机制在于缓释农业生产风险、分担经济损失（张崇尚，2015），农户因而无需改变要素投入组合和技术采纳行为以应对生产风险。因此，在购买农业保险的情况下，特别是当农业保险能够有效分散生产风险时，农业生产决策必然发生改变（宁满秀，2007）。

由于农业保险改变了农户的生产投入，因此最终的产出也会发生变化。最终的产出主要表现在产量及收入两个方面。因此，本节内容主要围绕这两个方面的文献进行综述。

2.2.1 农业保险对产量的影响

目前，农业保险产品的主要形式为多重灾害作物险。该产品主要基于自然灾害带来的生产损失进行赔付，而损失一般根据最终产量进行核算。因此，在参加农业保险情况下，农户有足够动机通过调整产量以获得最大化效用（Ahsan & Kurian，1982）。

然而农业保险对产量究竟产生何种影响？现有研究从理论和实证两个角度进行了大量讨论。在理论方面，现有研究大多使用期望效用理论分析农业保险框架下产量水平的变化。尼尔森和鲁赫曼（Nelson & Loehman，1987）认为如果农业保险能够完全分散农业生产风险，农户的期望产量将会增加，但是实际产量却不一定能够增加，这主要是因为在多要素投入情形下，某些要素投入可能是风险减少型的。拉斯瓦米（Ramswami，1993）的分析结果与此类似，认为农业保险对实际产量水平的影响取决于两种效应：道德风险效应和风险减除效应。其中，道德风险效应指农户为了获得一定额度的赔付，有动机减少产量；风险减除效应指生产风险得以有效分散，农户将会增加相关投入，以提高产出水平。因此，最终产出的变化将由两种效应相对大小决定。钱伯斯和奎金（Chambers & Quiggin，2000）为弥补期望效用理论的不足，基于state-contigent方法分析了农业保险对农户期望产出的影响，同样得到类似结论，认为在精算公平农业保险合约下，参保农户的期望产量将高于未参保农户，但其实际产量并不明确，其取决于投入要素组合及其水平以及降雨量、温度等外在的自然气候条件。

总之，现有研究一致认为农业保险能够提高农户的期望产量，但对实际产量的影响仍然需要进一步的实证检验。然而，现有关于农业保险对实际产量影响的实证结果存在较大差异。特别是由于农业保险中充斥着道德风险和逆向选择等问题，反而会引起产量大幅下降（Quiggin et al.，1993），但部分研究却发现农业保险对实际产出有显著的正向作用（Hazell，2010；Xu & Liao，2014；Dai et al.，2015；张哲晰等，2018）。而张跃华等（2006）基于中国农业保险的实证分析表明，由于中国农业保险保障水平较低，风险保障功能不强，因此对农户实际产量水平影响并不显著。部分针对养殖业保险的研究也从侧面证明了农业保险能够增加生产规模。蔡等（Cai et al.，2015）以中国生猪养殖保险为例，发现参加农业保险能够增加生猪养殖规模。

为全面分析农业保险对总产量的效应，仍然需要考虑种植面积这一重要因素。因为农业保险也可能通过增加作物播种面积来增加最终总产量。在农业保险能够保证一定收益的前提下，农户会选择扩大种植面积（Glauber et al.，2002；Yu et al.，2018），特别是会增加种植一些风险程度较高的地块（Miao et al.，2016）。蔡（2016）基于中国烟叶种植农户的研究也表明，参保农户会增加烟叶种植面积，扩大经营规模。但是博恩斯和普拉格（Burns & Prager，2018）以美国联邦作物保险为例的研究并没有发现农业保险对种植面积有显著影响。克拉森等（Classen et al.，2016）同样发现农业保险增加种植面积的效应并不明显，但是会显著影响作物决策，比如选择更具风险性的农作物，主要原因是在美国，农作物保险仅有部分农作物享受农业保险保障，因此农户有足够动机调整农作物种植结构。刘蔚和孙蓉（2016）使用省级面板数据的研究也发现中国农业保险政策的实施也引发了种植结构的调整，增加了粮食作物的种植面积，尽管中国农业保险已经覆盖了绝大部分农作物。

也有部分研究直接使用省或市层面的总产量数据分析了中国农业保险对产量的影响，但是结果同样存在较大差异。周稳海等（2015）、代宁和陶建平（2017）均认为农业保险能在一定程度上提高中国农业产出水平，且在生产水平较低的地区更为显著；王向楠（2011）也认为农业保险能够扩大产出,而且在风险越高的地区,农业保险的增产作用越显著。但是胡二军(2012)、袁辉和谭迪(2017)得出的研究结论与此相反,认为农业保险对总产出的影响并不大,甚至是负向影响。但是这些研究没有识别出农业保险导致增产或减产的机制与途径。

总之,现有研究关于农业保险对单产水平、种植面积以及总产量的影响的结论均存在较大差异,甚至是完全相反。而且特别是针对中国农业保险政策的研究大多基于宏观数据分析,缺乏微观机制的探讨。

2.2.2 农业保险对收入的影响

农户参保后,产量、种植结构以及投入行为均会发生变化,其收入也会相应受到明显的影响。已有研究大多采用省级或市级宏观层面数据分析农业保险对家庭收入或者农业收入的影响。吉尼等(Gine et al., 2008)认为参加农业保险能够稳定农业收入,但并没有分析农业保险对收入数量的影响。周稳海等(2014)和李勇斌(2018)的研究均表明,农业保险能够提高农民收入水平,特别是农业保险的灾前效应对农民收入影响更为显著,并最大程度地提高农民的福利水平(王克等,2014)。此外,农业保险也能提升农户经营的专业化程度(O'Donoghue et al., 2007;付小鹏和梁平,2017),从而可能最终提高收入。同时,基于农业保险的增收效应,也有研究分析了农业保险的减贫效果,发现农业保险能够增加贫困户收入,为贫困户脱贫提供收入保障(张伟等,2017;黄薇,2019)。

但是也有研究持相反观点,认为农业保险能够增加农产品供给,造成供给曲线右移,有可能造成农产品价格下降,反而导致农民收入减少(王向楠,2011);祝仲坤和陶建平(2015)基于省级面板数据的研究得出的结论印证了这一观点,该研究认为参加农业保险可能会给农户的经营性收入造成负面影响，其主要原因是农业保险降低了农户的管理水平。

由于上述研究均使用省级或市级层面的面板数据，无法分析农业保险对农户收入的影响机制，也难以控制其他政策因素的政策干扰。为此，部分研究采用了农户微观数据研究农业保险对家庭收入的影响。昂若尔拉等（Enjolras et al.，2014）基于法国和意大利农户层面的研究表明，两国的农业保险均能显著提高农户的收入水平并减少收入波动。徐斌和孙蓉（2016）以粮食种植户为例研究了中国粮食作物保险对农户家庭收入的影响，结果表明农业保险能显著提高农户收入水平。张哲晰等（2018）以蔬菜种植户为例，基于农户层面，运用内生转换模型研究了农业保险对家庭收入的影响，以在一定程度上解决内生性问题。研究认为农业保险能够优化农业生产要素配置，从而提高生产效率和家庭总收入。赵等（Zhao et al.，2016）使用中国内蒙古农户数据的研究结果表明，由于中国农业保险较低的保障水平，并没有对农户收入产生显著影响。

尽管这些研究从微观方面在一定程度上解释了农业保险对收入的影响机制，但是均使用家庭总收入数据，而不是农业经营数据，没能直接验证农业保险对收入的影响途径。在这些研究的基础上，仍然需要通过进一步的微观数据，分析农业保险对产量、投入优化配置等方面的影响，以更加深入地验证农业保险对农户家庭总收入的影响及其机制。

此外，农业保险在影响产出的同时，也可能会影响生产效率（Shaik，2013）。然而，目前关于农业保险对生产效率的研究还较为缺乏，部分研究认为农业保险能够提高生产效率（赵立娟，2015；李燕等，2018；张哲晰等，2018），但是也有研究使用省级面板数据进行分析，认为由于存在较为严重的道德风险和逆向选择，农业保险抑制了生产效率（马述忠、刘梦恒，2016）。

总之，从现有文献来看，已有大量研究全面分析了农业保险与农户产出及效率之间的关系，但是研究结果仍然存在巨大差异，特别是存在截然相反的结论，需要进一步深入讨论；而且现有研究大多基于省级或者市级层面的农户宏观收入数据或者农户家庭总收入数据，没有直接验证农业保险对收入的影响机制，仍然需要在此基础上对此进行深入的探讨。

2.3 农业保险对农户投入行为的影响

在不确定性条件下，农户不仅能够通过保险平滑消费行为（Arrow，1963；Lim & Townsend，1994；Marza et al.，2015），其投入行为也会相应发生变化（Machnes & Wong，2003）。其机制在于，一方面，农业保险能够分散生产过程中的风险，农户因而可以改变风险预防和风险缓释投入，调整投入结构；另一方面，农业保险改变了农户的预期收入，特别是风险规避农户，存在农业保险的条件下，期望收益增加，进而调整相关投入，而且不同风险偏好农户的投入行为调整存在较大差异。

因此，除了产量与收入之外，也有大量研究针对农业保险与农户投入行为之间的关系进行了详细的探讨。从已有研究来看，农户投入行为主要可以分为要素投入行为和技术采纳行为。因此，下文也主要围绕这两个方面对现有文献展开综述。

2.3.1 农业保险对要素投入的影响

农户购买农业保险之后，主要基于未来灾害预期和农业保险合约调整生产行为以获得最大化效应。要素投入作为直接影响最终产量的重要因素，在最终产出能够得到有效保障的情况下，是农户进行生产调整的首要选择（Chambers & Quiggin，2002）。

农业保险主要通过分散生产风险影响农户要素投入，因此农业保险对要素投入在一定程度上取决于农业保险的风险保障程度。尼尔森（1987）、钱伯斯和奎金（2000）的研究均表明，如果农业保险合约为精算公平合约，即农户的生产风险能够被全部分散，将使得风险规避农户选择风险中性农户的生产路径进行生产。如果农业保险合约为非精算公平合约，仅能分散部分生产风险，则风险规避农户的期望收益不会高于风险中性农户，且其最优生产路径的风险程度也低于风险中性农户。这也意味着农业保险会促使农户选择更具风险性的生产路径。

当然，农业保险对具体生产要素的影响取决于具体生产要素的风险性质。正如风险偏好一样，农业保险对生产要素投入的影响取决于要素是风险增加型还是风险减少型要素投入。由于风险增加型要素会增加产量波动，参保农户选择更具风险性的生产路径，则会选择增加该种类型生产要素；同理，则会减少风险减少型生产要素的使用（Quiggin，1992）。

目前，已有大量文献研究了农业保险对要素投入行为的影响，其中大多集中在讨论化肥和农药两种要素，研究结论同样存在较大差异。霍洛维茨和利希滕贝格（Horowitz & Lichtenberg，1993）研究认为，由于化肥是风险增加型生产要素投入，可能会带来生产的波动，特别是在发生干旱的情况下，化肥可能对农业产出产生较为严重的负面影响，因此参保农户可能会选择增加化肥投入，其估计结果表明，参保农户比未参保农户的氮肥施用量会增加19%。但是，史密斯和古德温（Smith & Goodwin，1996）认为霍洛维茨和利希滕贝格（1994）的研究由于忽略了保险与化肥投入决策之间的联立性，造成估计结果有偏；而且化肥是风险增加型要素，但是农户的化肥投入决策取决于增加化肥投入的机会成本与由此带来的保费赔付之间的大小对比。因此，农业保险对化肥投入的影响是一个实证问题。他们使用联立方程模型得出的回归结果表明，农业保险会降低农户的化肥投入水平。巴布科克和亨尼西（Babcock & Hennessy，1996）和米什拉等（Mishra et al.，2005）的研究也得到类似的研究结论，认为参保农户将会使用更少的化肥。

然而，此后也有部分研究使用了联立方程模型之后，研究结论仍然不明确。常和米什拉（Chang & Mishra，2012）使用联立方程模型考察了农业保险化肥投入的影响，结果表明农业保险对化肥投入有正向影响且结果较为稳健。韦伯等（Weber et al.，2015）的实证分析发现农业保险对化学要素投入的影响较小。针对中国农业保险的研究，研究结论同样存在较大差异。钟甫宁等（2006）的研究发现中国农业保险会增加化肥投入，但并不显著；而张哲晰等（2018）的结果表明，农业保险会减少农户的化肥使用强度。部分研究使用区域宏观数据分析了农业保险对化肥施用量的影响，陈俊聪（2015）认为使用农业保险能够通过调整生产规模和作物结构影响化肥施用量，在总体上会减少化肥施用。因此，综合来看，农业保险对化肥投入的影响存在较大差异，仍然需要进一步解释与验证。

在农药投入方面，研究结论相对较为一致。由于农业保险对农药的影响取决于农药投入的风险性，霍洛维茨和利希滕贝格（1994）充分探讨了农药在不同条件下的风险性质，在大部分情况下，农药不直接影响农作物产量，仅在发生病虫草害时以避免产量损失，因此农药投入不会增加最终产量的波动性，属于风险递减型要素。因此，农业保险可能会减少农药的使用。大量实证研究验证了这一结果，史密斯和古德温（1996）认为农业保险减少了包括除草剂和杀虫剂在内的化学要素的使用。诺顿等（Norton et al.，2016）也证明了农业保险能够作为一种风险管理工具替代杀虫剂应对病虫灾害对农户收入的冲击。钟甫宁等（2006）和张驰（2017）针对中国的研究也表明农业保险能显著减少农户农药施用量。但是同时也存在不同的声音。霍洛维茨和利希滕贝格（1993）的实证结果显示农业保险会增加农药的施用量，而米什拉等（2005）发现农业保险尽管能够减少化肥使用，但对农药投入没有影响。

农业保险也可以通过其他途径影响农户化学要素的使用量，即土地要素投入和作物种植结构调整。正如上文所言，农业保险可以扩大种植面积，增加土地要素投入，必然也从总量上增加农业化学要素的投入量。古德温等（Goodwin et al.，2004）的研究表明农业保险能够促使农户将非作物地块用以耕作农作物，直接扩大了农户土地要素投入，从而可能增加化肥、农药等要素的投入使用。吴（Wu，1999）从广延边际的角度考察了农业保险对化肥使用的影响，研究结果表明农业保险将调整农户种植结构，在减少饲草作物种植面积的同时增加粮食作物种植，由于粮食作物需要更多的化肥和农药，从而导致参保农户从总量上增加了化肥和农药施用量。

同时，农业保险也会对劳动力要素投入产生影响。常和米什拉（2012）研究了农业保险农户非农务工的影响，结果表明农业保险能够提高农户非农务工比例。尽管该研究没有直接分析农业保险对劳动力要素的影响，但能够在一定程度上反映这一结果，这也意味着农业保险可能会减少农业劳动力投入。但基等（Key et al.，2016）的研究认为农业保险会增加农业劳动力供给，并减少非农务工劳动数量。因此，农业保险对劳动力投入的影响仍然需要进一步的实证检验。

上述文献大多以种植业保险为例展开相关研究，其他关于养殖业的研究分析了养殖业保险对养殖户要素投入行为的影响。林光华和汪斯洁（2013）以家禽养殖业保险为例的研究表明养殖业保险会减少养殖户的疾病防控要素投入。张旭光（2016）基于内蒙古奶牛养殖的研究，得到了类似的研究结论。

综上所述，农业保险对农业生产要素投入的影响结果部分取决于投入要素的风险性质。但是尽管如此，针对同一种生产要素，不同研究所得结论也存在明显差异，这需要进一步的讨论与研究。

2.3.2 农业保险对新技术采纳行为的影响

事实上，新技术也可被视为一种投入要素，因此农业保险对新技术采纳行为的影响也取决于新技术的风险性质。一方面，新技术能够有效应对生产风险，减少农业生产过程中的产量风险；另一方面，是新技术本身的风险，即新技术本身也有可能带来生产风险，有两种含义。其一，对于农户而言，新技术没有使用过，对他们而言，存在未知的风险；其二，新技术在适用条件方面可能有所差异，且受气候、地理以及土壤等条件影响，也有可能给产出带来一定风险。尚卡尔等（Shankar et al.，2008）以抗棉铃虫的棉花转基因技术为例，分析了新技术的生产风险性质。研究认为抗棉铃虫转基因技术作为一种新技术，能够有效应对棉铃虫灾害，降低减产风险；但是该技术对农户而言是一种新技术，并且可能会增加产出风险。德尔康和克里斯蒂恩森（Dercon & Christiaensen，2011）研究也表明，由于新技术存在不确定性，限制了农户采纳意愿。因此，尽管开发新技术目的为减少风险，但对于农户而言，新技术属于风险增加型投入。

已有研究也均从理论上和实证上研究了农业保险对农户新技术采纳行为的影响。卡特等（Carter et al.，2016）从理论上分析了指数保险（农业保险的险种）促进新技术采纳的可能性及途径，而且促进效应与区域风险结构以及产权环境密切相关，并且提出"银保互联"在促进农户采纳新技术方面的作用。为此，汤颖梅等（2019）基于中国农户层面数据研究了"银保互动"对农户新品种技术选择的影响，结果表明，农业保险能够有效缓解农户信贷约束和分散自然风险，提升农户采纳新技术的概率。也有基于其他发展中国家的研究通过实验经济学（Freudenreich & Oliver, 2016）和自然实验（Giné & Yang, 2009）等方法对这一问题进行了详细的分析，并得到了类似的研究结论。

然而，也有研究发现相反的研究结果。伍达尔德等（Woodard et al., 2012）基于美国宽行玉米种植技术的研究发现，农业保险会对该新技术的采纳产生挤出效应。其主要原因可能有以下两点：（1）宽行玉米种植技术仅适用于美国中央大平原区，十分适应当地的气候、地理等生产条件，在当地能有效提高产出水平，风险程度较低；（2）保险合约中规定，保险赔付基于传统种植方式与宽行种植方式的产量之差，因此不利于鼓励农户采纳这一新型种植技术。

因此，从现有研究来看，农业保险对新技术采纳行为的影响既取决于新技术的风险性质也取决于保险合约设计。不同的保险合约设计可能得到完全相反的效果。当然，现有研究大多基于新品种或者某种种植技术为例展开相关研究，这些技术大多为短期技术，结论是否能够推广至其他技术仍然需要进一步分析与验证。

2.3.3 农业保险的环境影响

由于农业保险能够改变农业生产要素投入，从而可能对农业生产环境产生一定影响（Laffont, 1995）。特别是农业化学要素投入，对耕地土壤、地下水等环境均会产生重大影响（Paul et al., 2002）。因此，农业保险也会具有一定的环境外部性，现有研究在分析农业保险对生产影响的同时，也具有一定的环境含义。在现有研究中，农业保险主要通过以下三种方式影响农业环境：一是农用化学要素的投入；二是作物种植结构的调整；三是土地利用方式的变化。其中，农业化学要素投入为直接影响，而种植结构调整与土地利用方式也是通过化学要素投入的变化而影响生产环境，被称为广延边际（Wu，1999）。已有研究分别对上述三种途径中的一种或多种进行了实证分析，以考察农业保险对环境的影响。

由于上述三种途径均属于生产要素投入的一部分，在前文中的综述中大部分文献已均有所涉及。其中，关于农业保险对化学要素投入影响的文献已经得到较为充分的讨论（Mishar et al.，2005），在此不再重复。从结果来看，现有研究大多支持农业保险减少化学要素投入（Soule et al.，2001），因此可能对农业生产环境产生有益影响。

在农业保险的广延边际方面，吴（1999）和卡皮塔尼奥等（Capitanio et al.，2014）均讨论了作物种植结构调整这一途径的影响，认为农业保险会增加更具风险性作物的种植，从而可能给环境带来不利影响。其他部分研究则关注了农业保险对土地利用的影响，即农业保险可能促使农户耕种更多的土地，特别是将其他用途土地转化为耕地，从而增加农业化学要素使用，恶化当地生态环境（LaFrance et al.，2001；Goodwin et al.，2004；Capitanio et al.，2015）。当然，从生产要素视角来看，这一结果同时也在一定程度上反映了农业保险对土地这一投入要素的影响，即农业保险能够增加土地要素投入。此外，也有研究直接使用土壤流失指标衡量农业保险的环境影响，认为农业保险会加剧水土流失（Goodwin & Smith，2003）。

目前，针对中国农业保险环境影响的研究基本上均通过农业化学要素使用的途径进行分析，从结果上来看，大部分研究均认为农业保险不会恶化中国农业生产环境（钟甫宁等，2006；陈俊聪，2015）。但是张驰等（2017）的研究结果农业保险可能会减少有机肥投入，这在一定程度上不利于改善生态环境。

从上述分析来看,目前针对农业保险的环境效应研究主要以化学要素使用为衡量指标展开分析,得出的结论在总体也相对较为一致。然而,农业保险是否会鼓励农户采用环境友好型技术,如保护性耕作技术,从而改善农业生态环境?目前,基于这一视角的研究还较为缺乏,需要进一步地深入研究。

2.4 农业保险的影响机制研究与进一步讨论

上述部分研究在分析农业保险对生产行为影响过程中,已经讨论了农业保险的影响机制(Ramaswami,1992;Chambers & Quiggin,2000),并在前文中有所涉及。但是由于农业保险的影响机制较为重要,是分析农业保险对生产行为影响的基础,因此有必要专门进行详细讨论。

农业保险对农户生产行为产生影响的根本机制在于农业保险能够分散生产风险,改变农户期望收益分布,为农户提供套利机会以调整生产行为,并对最终实际产出产生影响。这种调整行为以追求保险合约带来的效用最大化为目标,仅涉及与风险相关的生产风险,而且这些风险必须在农业保险合约覆盖范围之内(Nelson & Loehman,1987)。

在农业保险合约下,生产调整行为可能有两种方向,即增加和减少。一方面,由于农业保险能够分散生产风险,农户可以增加部分具有风险性的生产投资,该部分影响被称为风险分散效应;另一方面,在发生风险时,收益也能得到一定保证的情况下,农户可能减少风险防控要素投入,因而可能增加产量损失,使得农业保险公司亏损概率增加,给其带来生产损失,因此该影响被称为道德风险效应(Ramaswami,1992)。这两种效应相互交织,共同发挥作用,最终影响取决于这两种效应的大小对比。当然，这两种效应可能共同作用于一种投入要素，也有可能作用于不同的投入要素。其中，对某种要素而言，决定道德风险效应和风险分散效应之间强弱力量对比的是投入要素的风险性质，即风险增加型还是风险减少型投入要素。该部分内容已在前文中详细说明。

由于风险分散效应能够鼓励农户增加相关投入，对实际产量及农业保险市场运作威胁不大，学术界普遍更加关注农业保险的道德风险效应。已有研究主要通过考察购买农业保险后农户生产要素投入行为的变化来验证农业保险中的道德风险。这些文献在上文中已经详细说明。也有研究通过期望赔付（Coble et al., 1997）和实际产出水平（Roberts et al., 2006）的变化来衡量道德风险。但是由于现有结论存在较大差异，尚无明确定论。造成这些差异的原因除了投入要素的风险性质差异之外，不同农业保险市场中的道德风险大小也十分重要。

农业保险中的道德风险大小主要取决于农业保险合约的信息不对称程度。信息不对称程度越高，农业保险公司无法对农户产出和生产行为进行有效监督，发生道德风险的可能性就越大（侯仲凯等，2018）。佛卡门和库顿（Vercammen & Kooten, 1994）就认为基于个体信息赔付的农业保险由于存在信息不对称且难以实现有效监督，因此存在较强的道德风险。指数保险由于基于指数而不是个体信息赔付，较为公开透明，信息不对称程度较弱，因此道德风险程度较小（吕开宇等，2014）。此外，农业保险的保障水平也发挥出较大作用。在同样的信息不对称程度下，如果农业保险保障程度较高，道德风险可能较为明显。钱伯斯和奎金（2000）认为精算公平和精算非公平的保险合约对农户行为的影响均会出现较大差异。主要是因为精算公平合约的风险分散效应更好，保障效果优于非精算公平合约。

当然，为了防范农业保险中的道德风险，农业保险公司也采取了一定措施，如提高共保比例、降低风险保障水平等，特别是针对不同类型农户提供差异化的保险服务等，这些可能也会对不同类型农户的生产行为产生一定影响。但是这些应对措施是否有效以及农业保险中是否还存在道德风险仍然不得而知，而且忽略不同类型农户之间的差异是否会影响估计结果，仍然需要进一步的实证分析。

当然，造成现有研究结果差异的另一个可能原因是估计方法的选择。正如史密斯和古德温（1996）所言，农业保险与农户生产行为之间存在非常复杂的内生性关系。尽管现有研究普遍已经基于不同的内生性处理方式和估计方法尝试解决内生性问题，但在工具变量选取与论证，特别是在深入了解中国农业保险运行机制基础上探讨工具变量的有效性方面，仍然存在一定的改进空间。因此，仍然需要对该问题进行详细的讨论，以尽可能得到更为一致的估计结果。

总之，农业保险对农户生产行为影响主要取决于农业保险政策及其运行机制和投入要素的性质。此外，由于不同类型农户对农业保险的响应行为也存在明显差异，农户异质性也是农业保险影响分析中需要考虑的重要方面，同时在具体研究中也要选择合适的研究方法以识别出因果关系。因此，分析农业保险对生产行为的影响，必须综合考虑这几方面因素。

2.5 评　　述

综合国内外的研究成果发现，现有研究已经围绕农业保险与农户生产行为之间关系这一重要问题进行了大量理论与实证研究，为本书研究奠定了重要基础，同时也为研究思路的设计和研究方法的选择提供了重要参考。但同时，在现有研究的基础上，也存在进一步研究的空间。

第一，缺乏基于中国农业保险政策实际的理论框架与机制研究。尽管目前国际上已经针对农业保险的影响构建了较为完备的理论模型，并展开了大量的实证分析。但是正如前文所言，农业保险政策及其具体运行机制将在农业保险的影响中发挥重要作用。由于国外的农业保险政策以及农户类型与中国存在较大差异，国外的研究结论不能贸然推广至中国。但是，目前针对中国农业保险政策实际的理论分析框架还较为缺乏，无法从理论上分析农业保险政策的影响及其机制。因此，必须全面且深入地了解中国农业保险政策及其运行机制，并在此基础上构建基于中国农业保险政策实际的理论框架，以从理论上分析中国农业保险政策对农户生产行为的影响，并明确其机制与途径。

第二，基于产出和投入两个视角，系统分析和解释中国农业保险影响的微观机制及途径的研究依然不足。全面且深入分析农业保险对生产行为的影响及其机制需要在综合考虑产出和投入两个视角的基础上，运用微观层面数据进行严格的实证分析。然而，一方面，现有针对中国农业保险对产出影响的研究，大多为省级或市级宏观层面数据，难以识别和深入分析农业保险影响的微观机制；另一方面，部分使用农户微观层面数据的研究绝大部分仅基于产出或者投入单个视角进行分析，未能系统且深入解释农业保险的影响途径。主要是因为农业保险主要通过投入影响产出，割裂了两者之间的联系，仅以单个产出或者投入为例的分析，难以得到全面且深入的研究结论及其与农业发展、环境相关的政策含义，这也是现有结果出现较大差异的一个主要原因。因此，有必要使用更加细致的微观层面数据，基于产出和投入视角系统并且深入解释我国农业保险的影响机制及途径。

第三，农户异质性在农业保险影响中的作用需要进一步详细且深入的研究。农户异质性也是现有研究结论出现较大差异的主要原因之一。由于我国农业发展现状的特殊性，农业生产者经营主体由小农户与规模户共同组成，农户规模异质性较强。因此，两种类型农户之间的农业保险微观机制存在较大差异,从而响应行为也存在明显不同。由于国外农户类型与国内明显不同,而国内的研究尽管关注到这一现象(郭军、马晓河,2018),但是大多是定性讨论和案例分析,使用农户微观层面数据进行计量分析的比较少,且没有深入且细致地讨论小农户和规模户的分类及其行为出现较大差异的深层次原因及其机制。因此,仍然需要进一步详细讨论规模异质性农户之间的农业保险响应行为出现较大差异的根源及其机制,并运用微观数据进行深入研究论证。

第四,使用回归方法估计的农业保险方程中,内生性处理仍然需要进一步讨论与完善。农业保险与生产行为之间存在联立性已在学术界达成共识,这表明农业保险与农户生产行为之间存在非常复杂的内生性关系。然而现有使用宏观层面数据的研究较少考虑两者之间的联立性问题;部分基于农户层面数据的研究则基于联立方程模型、内生转换模型等多种方法识别两者之间的因果关系。然而,由于选择工具变量需要在深入了解我国农业保险微观运行机制的基础上进行合理选择与论证,因此在现有研究的基础上,针对内生性解决及工具变量选取仍然需要细致且深入地论证。

第 3 章

中国农业保险政策及其运行机制

从第 2 章内容可以看出,深入研究农业保险对农户生产行为的影响,需要全面且详细地了解中国农业保险政策及其运行机制。因此,本章内容将在重点回顾中国农业保险发展历史的基础上,阐述中国农业保险的发展现状,并详细介绍了中国农业保险政策的宏观及微观机制,以为后文构建理论模型、实证模型以及工具变量的选取奠定基础。

3.1 中国农业保险发展历史回顾与现状

与国际上其他国家相比[①],中国农业保险起步较晚。1934 年,中国第一份农业保险(耕牛保险)开办于安徽省和县。此后至中华人民共和国成立前,部分地区出现零星的农业保险试点,但均很快停办。中华人民共和国成立后,成立了中国人民保险公司,开展了部分农业保险业务。

1982 年之前,农业保险要么是局部地区带有互助性质的小规模保险试点,要么是由政府主导和开办的农业保险业务,均由于不同的原因

[①] 如德国于 18 世纪后期最早开办农作物雹灾保险,西欧部分国家在 19 世纪就出现了牲畜保险(庹国柱、王国军,2002;孙蓉、朱梁,2004)。

导致农业保险业务停办。1982年之后，在改革开放背景下，开始实行商业性质的农业保险业务，政府不再进行干预，由保险公司进行市场化经营。但是从1981~2003年，中国农业保险业务急剧萎缩，赔付率居高不下（张跃华等，2006）。中国农业保险再一次面临停办的局面。

在此背景下，学术界对中国农业保险的市场失灵问题进行了大量的讨论，即为什么中国商业性农业保险业务无法成功？事实上，这不仅是中国面临的特殊问题，这也是世界范围内存在的普遍问题（Smith & Glauber，2012）。中国学者主要基于中国农业保险发展的实际情况展开分析，主要认为农业保险是一种"准公共产品"（李军，1996），具有"双重外部性"（冯文丽，2004；费友海，2005），而且由于农业保险展业成本高，保障程度低，出现"供需双冷"的局面（庹国柱、王国军，2002），导致中国农业保险市场出现失灵。张跃华等（2016）则认为"准公共产品"以及"双重外部性"等理论存在一定局限性，有多种因素导致农业保险市场失灵，包括系统性风险、道德风险与逆向选择等，这与米兰达和格劳伯（Miranda & Glauber，1997）的观点较为相符。

关于中国农业保险出现市场失灵原因的解释虽然不一，但均蕴含着共同的政策含义，即政策性农业保险是解决农业保险市场缺失的一种重要途径（张跃华等，2007）。这意味着中国农业保险的发展需要政府这一重要主体的参与。因此，2004年中央一号文件提出要："加快建立政策性农业保险制度，选择部分产品和部分地区率先试点，有条件的地方可对参加种养业保险的农户给予一定的保费补贴"。同年，安信农业保险股份有限公司于上海市成立，成为中国第一家专业性农业保险公司。而且上海市依托该公司探索实施了政策性农业保险制度，对参保农户提供保费补贴。随后，一批专业农业保险公司相继成立（如安华农业保险公司、国元农业保险公司等），为中国建立政策性农业保险制度和开展农业保险业务提供了可供依托的市场主体，同时也拉开了中国政策性农业保险改革的序幕。

在此背景下，2005年部分省区市（如宁夏、内蒙古、安徽等）开始了农业保险补贴试点工作，为全国政策性农业保险制度的建立积累经验。并且在2004~2007年间，中国连续4个中央一号文件均明确提出要推进政策性农业保险试点，加快构建中国农业保险制度。因此，2007年，中国在中央层面正式启动了农业保险补贴政策，覆盖了吉林、内蒙古、新疆、江苏、四川、湖南六个省区和玉米、水稻、棉花、大豆、小麦和能繁母猪六个农产品品种。此后，中央层面的农业保险补贴范围和品种不断扩大，涵盖了小麦、水稻、玉米、棉花、油料作物、糖料作物、森林、橡胶、能繁母猪、育肥猪、奶牛、藏系羊等多种农作物和牲畜。主要是因为这些作物是与国计民生有重大关系的主要农产品品种，特别是粮食作物，全部由中央政府提供保费补贴。此外，对于其他农产品以及地方特色作物，如蔬菜、甘蔗等，由地方政府根据地区具体情况，提供适当的保费补贴。此外，中央政府补贴覆盖的省区市也在逐步扩大，目前已经覆盖了31个省区市。

全国农业保险补贴政策的实施标志着中国政策性农业保险制度的建立，在政府的大力支持下得以逐步完善。2007年至今，每年的中央一号文件均明确提出相关政策措施以进一步完善政策性农业保险制度，从而使中国农业保险发展迅速。2017年中国农业保险保费收入已达到479.06亿元，为全球仅次于美国的第二大农业保险市场（事实上，中国在2013年就已成为全球第二大农业保险市场，当年保费收入为306.7亿元）。同时，农业保险市场也逐步完善。截止到2016年，全国大约有26家保险公司在从事农业保险市场经营业务，为主要粮食作物、经济作物、牲畜、森林、水果、蔬菜、药材和区域农产品提供约170种保险产品。但是，受区域政策导向影响，某些地区可能仅覆盖了部分农产品的保费补贴，因此在这些地区并不是所有农产品都能获得保险产品供给。

3.2 中国主要农业保险产品及补贴政策

3.2.1 中国主要农业保险产品

从农业保险产品类型来看，中国实施的农业保险产品主要为多重灾害险。顾名思义，该种保险产品覆盖了多种灾害，一般主要为旱灾、涝灾、雹灾、风灾等自然灾害，其保险赔付主要基于灾害带来的产量损失进行计算。这表明，触发该产品赔付需要两个条件。一是发生灾害，即参保地块当年受到过保险合同中覆盖的自然灾害；二是灾害带来产量损失，这要求发生的自然灾害必须带来产量损失才能启动赔付。从中国实施政策性农业保险计划以来，全国实施的农业保险产品主要为多种灾害险，特别是玉米、水稻和小麦等粮食作物，均为多重灾害险。

在发展多重灾害险的同时，中国部分地区也启动了指数保险试点工作。指数保险与多重灾害险不同，其赔付主要基于预先设定的指数（价格、降雨量等指数），而不是实际产量损失。目前，中国指数保险试点主要由地方政府推动，在部分地区存在小范围试点，产品类型主要有生猪价格指数保险、水稻降雨指数保险。指数保险的优势在于可以有效避免多重灾害险中存在的道德风险和逆向选择，但是其主要问题为基差风险较大（吕开宇等，2014），抑制了农户的参保需求。因此，尽管得到政府、保险公司的支持，指数保险已试点多年，但发展规模仍然较小，普及范围不广。

此外，为了发挥农业保险的风险保障效果，中国提出开展农产品收入保险，并在局部地区开始试点。收入保险主要以参保农户的收入为保障目的。由于农业生产收入受产量和农产品市场价格共同影响，因此收入保险不仅能够分散农业生产过程中的自然风险，也能分散市场风险，从而保障农户收入。该类保险产品起步较晚，2017年中央一号文件开始提出要建立农产品收入保险制度。目前，仅在部分地区开展了相关小范围试点工作，如新疆棉花收入保险。

从农业保险险种来看，目前中国粮食作物保险仍然占据主导地位。尽管中国农业保险已经覆盖绝大部分农产品，但是粮食作物保险仍然处于主导地位，这主要由粮食作物在中国农业中的地位决定。保障粮食安全是中国农业支持政策的重要目标，因此粮食作物保险也是政策性农业保险的主要险种之一。这主要体现在以下三个方面：第一，粮食作物保险是中国政策性农业保险施行之初首批纳入覆盖范围的险种，而且此后历次实施新型保险产品均从粮食作物保险开始试点；第二，粮食作物保险享受保费补贴比例最高，达到85%，且参保比例也远远高于其他险种；第三，中国政策性农业保险的主要目标之一是提高粮食产量和保障粮食安全，而粮食作物保险是实现这一目标的重要抓手。因而，研究粮食作物保险具有重要的政策含义。

3.2.2 中国农业保险补贴政策

中国政策性农业保险主要按照"政府引导、市场运作、自主自愿、协同推进"十六字方针开展。其中，政府引导作用主要体现在农业保险保费补贴政策方面，也是中国政策性农业保险制度的核心。

中国农业保险保费补贴资金主要由中央、省和县三级政府提供。对于不同险种，保费补贴比例存在些许差异。对于大宗农产品，如玉米、水稻、小麦等粮食作物，中央政府补贴比例可达到40%，省、县的保费补贴比例分别为35%、20%，如此保费补贴比例可达到85%。对于其他农产品，中央政府提供的保费补贴比例有所调整，导致总补贴比例出现变化，大致在75%~80%间浮动。对于不在中央财政补贴范围内的农产品，由各级地方政府出台相关补贴政策，一般而言，政府保费补贴比例均在50%以上。

当然，受区域发展水平影响，地区间保费比例存在差异。部分地区囿于财政资金紧张，无法为本县所有农户提供保费补贴，会采取一定措施限制参保人数，如仅选择一定数量乡镇开展农业保险业务，然后每年在各乡镇间轮流开展，以控制政府需要支付的补贴资金总量。然而，对于财政资金充足的地区，各级政府均可为农户提高保费补贴，因此其保费补贴比例可能较高。在部分地区，甚至村级组织也可提供保费补贴，补贴比例可达到100%。在这种情况下，村内所有农户的所有地块均参保，甚至存在部分农户不知道已经参保的情况。

在政府引导下，农业保险的保费和保额也由政府和保险公司按照"低保障、高覆盖"的原则设计。所谓"低保障、广覆盖"是指为了推广农业保险，扩大农业保险覆盖面，而降低农业保险保障水平，即保额。主要是因为高保额必然意味着高保费，一方面会降低农户，特别是小农户参保意愿，另一方面也必然推高政府补贴资金，带来财政压力。

目前中国实施的主要产品为多重灾害作物险，而且粮食作物险是中国农业保险体系的主要保险产品。因此本书主要以粮食作物保险为例，具体介绍中国农业保险的保费、保额以及补贴资金等相关信息。由于地区间保费和保额均会有所差异，本书以粮食主产区黑龙江为例，能够较好地代表全国粮食作物保险的基本情况。

表3-1详细列出了黑龙江省水稻、小麦、玉米和大豆四种粮食作

物保险的保费和保额等详细情况。从表中发现,保险公司基于不同作物的成本收益确定相应的保额水平,因此四种粮食作物的保费和保额水平均存在明显差异。此外,保险公司也为农户提供不同保障水平的保险产品,当然农作物保险补贴与保险费和保险金额成正比,较高的保险金额对应的保费也更高,农民可以根据自身实际需求选择相应的保险产品组合。

表3-1　　　　　　　　主要粮食作物的保费和保额　　　　　　单位:元/亩

类目	玉米			水稻			大豆		小麦	
保费	15	20	25	15	20	25	15	18	15	18
保额	155	250	320	220	360	470	155	200	180	220
费率(%)	9.68	8.00	7.81	6.82	5.56	5.32	9.68	9.00	8.33	8.18

注:由于实际表述需要及约定俗成的习惯,本表中采用了"元/亩"这一非法定计量单位。本书其他各章使用这一单位的原因同此,不再一一阐述。

资料来源:安邦财产保险公司黑龙江分公司提供。

同样可以看出,中国当前农业保险的保障水平较低,仅能覆盖农业生产物化成本。以玉米作物为例,如表3-1所示,玉米保险的保费可以分为15元、20元和25元三档水平,分别对应155元、250元和320元的保额水平。在政府提供保费补贴的情况下,农户只需支付3~5元/亩的保险费,基本不存在预算约束问题。但是,保额水平普遍较低,表3-1中所有保险产品的最高金额不超过500元/亩,即当年如果遭受特大自然灾害,导致农作物绝产,最多仅能获得400~500元/亩的赔付,勉强相当于单位物化成本,更不用说其中更低保障水平的保险产品,难以有效分散生产风险。

3.3 中国农业保险的运行机制

农业保险的运行机制主要是指各农业保险主体在农业保险运营过程中如何发挥自身作用,以保障农业保险顺利运转。其中,农业保险主体包括政府部门、基层村民组织、农业保险公司以及农户四类。农业保险运行主要可以分为承保和理赔两大部分。因此,本章内容主要从承保和理赔两部分阐述农业保险运行机制。

3.3.1 农业保险承保机制

农业保险的承保主体为农业保险公司,承保对象为农业生产者。由于政府需要补贴保费,会对参与经营区域内农业保险业务的农业保险公司进行审查与监管,以防止发生骗保、骗补问题。因此,农业保险公司需要经由当地政府批准,才可进入相应区域开展农业保险业务,并领取政府发放的保费补贴。

由于中国小农众多,农业生产经营较为分散,逐户逐地块签署农业保险合同成本过高。为了节省运营成本,保险公司通常选择与基层政府或者村民组织等相关机构合作。由这些机构负责统计、整理和清查参保农户及相应地块,并代为收取保险费用,最后将参保结果向农业保险公司反馈。保险公司负责对参保信息进行抽查核实。

理论上,保险公司要求村内超过一半的农户购买保险,或者需要为所有经营土地投保。但是,按照政府规定的保险业务开展原则,农民应自愿选择参加保险。在实践中,农民往往能够决定是否购买农作物保险,或购买多少以及为哪些地块购买保险。因此,即使一个村庄的参与率很低，农业保险公司也不能拒绝为其提供保险。

农业保险承保业务一般在当季作物播种后的半月之内完成，主要基于以下两点考虑：①承保时间过晚易导致较为严重的逆向选择。如果承保时间晚于播种时间过长，农户能够依据当前农作物长势以及天气信息判断未来产量及受灾可能性，从而决定将更容易受灾或者产量较低的地块参保，导致较为严重的逆向选择问题。②承保时间在播种之前易出现虚假投保问题。如果承保时间在播种之前，无法判断农户在将来是否真正在投保地块上从事农业生产，从而出现虚假投保或者骗保问题。如此的机制安排也进一步表明，在实际的农业生产决策中，农业保险和生产行为的确相互影响，这也为理论和实证模型中的处理提供了经验证据。

3.3.2 农业保险理赔机制

购买保险行为完成后，直至收获期，一旦发生灾害，参保农户可以向保险公司报告。保险公司应该记录在案，并现场进行勘察受灾情况以确定生产损失。但是，最终的赔付往往基于最终的实际产量损失，而不是每次自然灾害带来的经济损失。主要是因为：首先，发生灾害后，农作物存在自然恢复过程或者农户需要采取一定措施进行抢救；其次，每次发生灾害进行勘察和定损的成本过高，直接以最终实际产量计算赔付金额，可以节省成本。

收获期间，农业保险理赔定损人员将基于最终产量与保险合约中的约定产量之差确定赔付金额，具体按照以下公式计算：

$$I = A \times (1 - Y) \times D$$

其中，I 是参保农户从保险公司获得的保险赔付。A 是保险合同中规定的保险金额。Y 是作物损害的比率，其通过实际产量和平均产量之间的比率计算。其中，平均产量基于过去三年参保农户所在县的平均产量计算。D 为农户负担的损失比例。农险公司在制定赔付细则时，会提高农户自担风险比例，以在一定程度抑制道德风险，一般会设置 20%~30% 的免赔或起赔额，即当产量损失达到起赔或免赔额时，农险公司开始启动赔付机制。

农业保险的赔偿金额基于灾害发生时间会有所不同。这是因为不同生长季节的自然灾害会造成不同程度的损害。例如，如果灾害发生在播种和灌浆期间，保险公司将承担 40% 的赔偿金额；如果灾害发生在收获期间并导致绝产，保险公司将承担 100% 的补偿金额；此外，免赔额已设定为 20%，这意味着农民需要承担由危害引起的总损失的 20%。

此外，在定损理赔过程中，难以根据农户地块上的实际产量测算损失，而是基于区域内（一般为村）平均产量计算当年损失。由于实际理赔过程中，估计每个参保地块的实际产量成本十分高昂，因此保险公司会选择以村级平均损失计算全村赔偿金额，以控制全村赔偿金额总量；然后全村参保农户共同分担所有赔偿金额。当然，在具体确定每户赔偿金额时，相应提高受灾较为严重区域农户的分担权重，降低受灾程度较弱农户的赔偿权重。这种方法节省了保险公司的运营成本，并且能够控制赔偿金额，但也在一定程度上降低了农民获得足够赔偿的可能性，并造成赔付资金分配不公平。

3.4 中国农业保险运行机制存在的问题及其原因

上一节内容从总体上描述了中国农业保险的宏观政策及微观承保理赔机制，为了解农户参保后生产行为的转变奠定了基础。同时，在中国农业保险运行机制中，仍然存在诸多问题，而这些问题将会对农户生产行为产生重要影响。

第一，农业保险的保障水平相对偏低，对农户生产行为影响较小。

由前文农业保险政策可知，中国农业保险保额相对较低，仅能覆盖农业生产的物化成本。从宏观数据来看，同样可以得到类似的研究结论。图3-1中描述了2007~2016年期间，中国农业保险价值和保障水平的变化趋势。其中，保险价值为当年农业保险的总保险金额，保障水平为当年总保险金额占农业总产值之比。

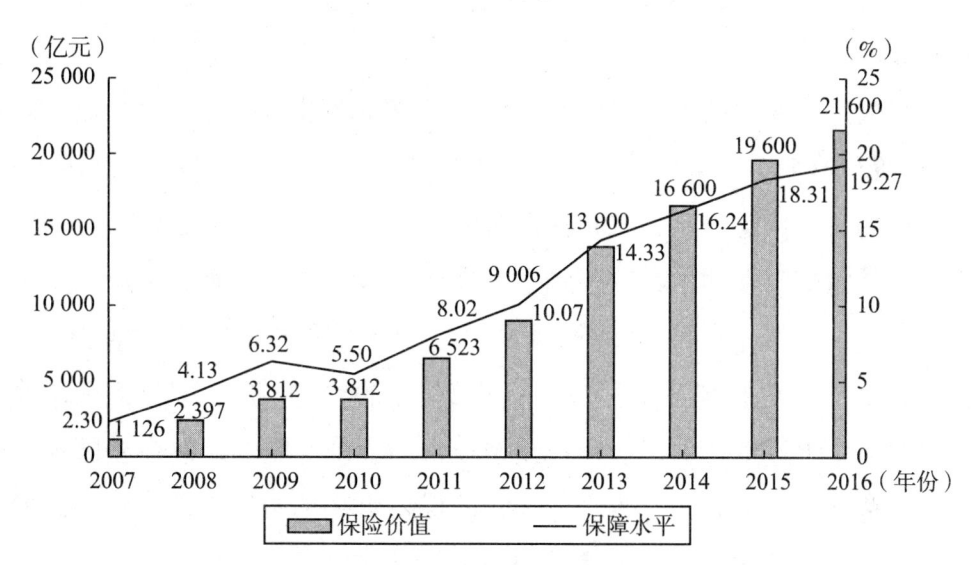

图3-1 农业保险的保险价值与保障水平变化趋势

资料来源：2008~2017年《中国保险年鉴》。

从图3-1中可以看出，2007~2016年，中国农业保险的保险价值及保障水平均呈现增加的趋势。其中，保险价值从2007年的1 126亿元增加到2016年的21 600亿元，保障水平则从2007年的2.3%增加到19.27%。尽管两个指标均有所增加，但仍然维持在较低水平，风险保障作用相对较弱。

农业保险的主要目标之一是分散自然风险并稳定农业收入。然而，较低的保障水平并不能保证实现这一目标，从而难以满足农户生产需求。首先，在微观层面，图3-1中就已表明，农业保险的保额处于较低水平。以玉米保险为例，最高水平的保额为320元/亩。根据《中国农产品成本收益汇编》，2016年每亩玉米平均收入为765.9元，物化成本为369.55元，总成本为1 065.59元。这意味着最高支付额低于实际成本，包括种子、化肥、农药、灌溉和机械等成本，并且无法弥补因灾害造成的所有损失。其次，在宏观层面，中国农业保险的总保额尚不足以覆盖农业总产量的20%，这意味着绝大部分农业产出的风险没有得到有效保障。

造成这一结果的主要原因在前文中已有所涉及。一是中国农业保险按照"低保障、广覆盖"的原则开展，其主要目的为开发绝大多数均能负担的农业保险产品；二是保额过高意味着政府财政补贴资金也相应提高，受财政资金约束，往往难以开发保障程度较高的农业保险产品。

当然，在保障水平如此低的情况下，是否能够影响农户的生产行为仍然需要进一步的实证证据。张跃华等（2006）基于上海的调查认为风险保障水平过低，对于农户产出及投入不会产生影响。但在全国农业保险普遍推广开来后，尽管农业保险的保障水平仍然处于较低水平，但也有所提升，其结论是否依然适用，需要进一步验证。

第二，农业保险中信息不对称程度较高，存在道德风险问题。

由于保险市场信息不对称引起的道德风险和逆向选择被视为保险产品（包括农作物保险）的主要障碍。当代理人以改变其遭受损失概率的方式购买保险，并改变其生产行为时，就会引发道德风险和逆向选择问题。因为许多可弥补损失和规模的生产行为通常是购买个体购买保险决策的内生因素（Smith & Glauber, 2012）。在农业保险中，由于信息不对称，农民更倾向于为高风险地块购买保险，而不为低风险地块投保，从而引发逆向选择行为。由于道德风险和逆向选择提高了保险产品风险池的总体风险，显著增加了保险公司面临较高损失的概率，从而影响农业保险市场的发展。许多研究也认为，农业保险市场失灵的根本原因在于信息不对称问题（Goodwin & Smith，1995）。

中国农业保险市场中信息不对称问题尤其严重。这主要是由中国小农户众多、农业生产分散这一特殊国情决定。首先，在承保环节，农业保险公司无法对农户的参保行为进行监督。特别是小农户众多，土地经营分散，农业保险公司无法掌握农户生产经营信息，主要依赖于村级组织开展承保业务，无法进行全面核查。其次，在灾害发生期间，农业保险公司难以监督农户的救灾行为。发生灾害后，农户若不积极救灾有可能导致更大程度的损失，增加保险赔付概率，但是农业保险公司无法对这一行为进行有效监督；最后，在理赔环节，农业保险公司难以准确测量每一地块的产量信息，仅能通过村级层面产量进行估算，存在虚报产量的空间。这些信息不对称问题均会导致中国农业保险中存在较为严重的道德风险和逆向选择问题，这一结论已经得到了现有研究的证明（庹国柱，2018）。

为应对信息不对称带来的道德风险和逆向选择问题，农业保险公司也采取了一系列应对措施。首先，在防止逆向选择方面，农业保险公司要求农户为所有地块购买保险，以防止农户只为质量较差和风险较高的地块购买保险；其次，在弱化道德风险方面，提高农户自担风险比例，即设置20%~30%的免赔额，当受灾损失超过20%时，保险公司才启动赔付；最后，在最终理赔时，保险公司倾向于通过与农户博弈，试图压低赔付金额，以尽量减少保险赔偿金额，降低道德风险带来的损失。

然而，这些应对措施不仅难以实现预期效果，反而带来一定的负面影响。首先，正如前文所言，农业保险公司难以掌握农户的所有地块信息，且无法强制农户投保。因此，在实际投保过程中，农户仍然可以选择投保他们认为更容易受到自然灾害影响的地块，导致逆向选择问题仍然普遍存在。其次，在实际中的调查发现，设定较高的免赔额或者减少定损过程中的赔偿金额尽管在一定程度上能够削弱道德风险，但也会进一步降低农业保险的风险保障水平，难以满足农民有效需求，弱化其参保动机，这与中国农业保险的政策目标相左。

当然，由前文可知，部分地区存在农业保险政策性较强的情况，由政府为农户提供全部保费，所有农户全部参保，不存在逆向选择问题。但这一情况仅在个别地区存在，不足以影响全局。而且，尽管这些农户不存在逆向选择，在参保之后，仍然可以通过调整生产行为以获得保险赔付，表明道德风险问题仍然存在。

第三，农业保险赔付不规范，保险公司与农户"合谋"现象普遍，不利于农业保险发挥风险保障的作用。

由中国农业保险理赔机制可知，由于难以精确到地块，农业保险公司估算每户赔付金额，并通过与农户博弈确定理赔金额。在博弈过程中，往往容易出现保险公司与农户"合谋"现象，导致农业保险赔付不规范。具体合谋机制如下：首先，无论参保农户是否遭受损害，保险公司都会向他们支付相当于或略高于保险费的赔偿金，以吸引农户第二年继续投保。其次，当自然灾害确实发生时，无论给农户造成多少损失，保险公司仅支付与未发生灾害时相同或稍高的赔偿金。如此"合谋"，一方面农户和保险公司均可从中获得稳定的收益，不会产生较大波动；另一方面，也可以降低保险公司定损和理赔成本。因此，双方均可从合作中获得较大利益。

但是按照该机制，其本质上相当于保险公司和农户共同分担政府补贴资金，使得农业保险补贴成为一种转移支付，丧失风险保障功能，补贴效果大打折扣。主要是因为政府为农户购买保费提供了较高比例的补贴资金，并将补贴直接兑付给保险公司。因此，尽管每年保险公司固定支付给农户一定赔付，但也能从政府补贴中获得收入，保证一定收益。

这就相当于农户和保险公司共同享受了政府补贴收益,且补贴资金较大部分比例由保险公司享有,而不是参保农户。对于农户而言,农业保险变成每年几乎固定金额的转移支付,导致农业保险难以发挥其应有的风险保障功能,可能弱化农业保险对农户生产行为的影响。

这一问题普遍存在主要基于以下两个方面的原因。

首先,农业保险运行和管理成本过高。作为中国农业保险产品体系的主要部分,多重灾害作物保险本身就需要较高的管理成本,而且产品的精算效果较差(World Bank,2007)。特别是在以小农户为主的中国,更是面临非常高昂的经营与管理成本。

农业保险运行的高成本主要来自三个方面。第一,农业保险公司难以精准地向小农户提供农业保险。保险公司必须为购买较少农作物保险的小农户提供服务,但是这必然导致高昂的销售和营销成本。第二,前文也已提到,受灾后,农险公司的定损成本可能更高。保险公司评估在空间分布上较为分散和细碎化的地块上的损失十分困难。在以小农户为主的农业经济中,一个重要的特征是土地分割。当农民遭受作物损失时,保险公司必须访问许多小农户并勘查众多参保地块,而不像在发达国家,保险公司仅需要查看较少的大型农场。第三,解决纠纷的成本较高。由于小农户众多,当农民和保险公司无法就损失达成一致时,解决此类纠纷的时间和货币成本很高。

当然,为了降低管理成本,保险公司也采取了一系列减少运营费用的方法,包括与村庄合作和调整定损方法,但是这也相应地降低了农业保险的服务质量和风险保障水平,不利于实现农业保险补贴的政策目标及其可持续发展。

其次,农业保险公司必须应对系统性风险。系统性风险指在一定区域范围内同时发生自然风险,如大范围的干旱、洪水和冻灾。这意味着保险公司无法在空间上分散风险,从而无法保持盈利并保障足够的储备以弥补与大范围自然灾害相关的灾难性损失。这是私营部门提供农业保险的普遍性问题。米兰达和格劳伯（1997）也认为系统性风险过高可能导致农业保险市场失灵。

邢慧茹和陶建平（2009）也认为中国的系统性风险是商业作物保险市场失败的主要原因。图3-2显示了2010~2017年中国农业保险费和赔偿金额。如图3-2所示，尽管保险收入高于赔偿金额，但如果没有政府补贴，农业保险的赔偿金远远超过保险收入。例如，2017年农业保险总保费为479.1亿元，农民保险总额为334.5亿元，表明整个农业保险业的利润约为140亿元。但是，如果基于平均保费补贴比例的70%计算，若没有政府补贴，保费收入只会在150亿~200亿元左右。这意味着在没有政府补贴的情况下农作物保险市场不会存在，系统性风险造成的巨大损失是农作物保险业面临的主要挑战。

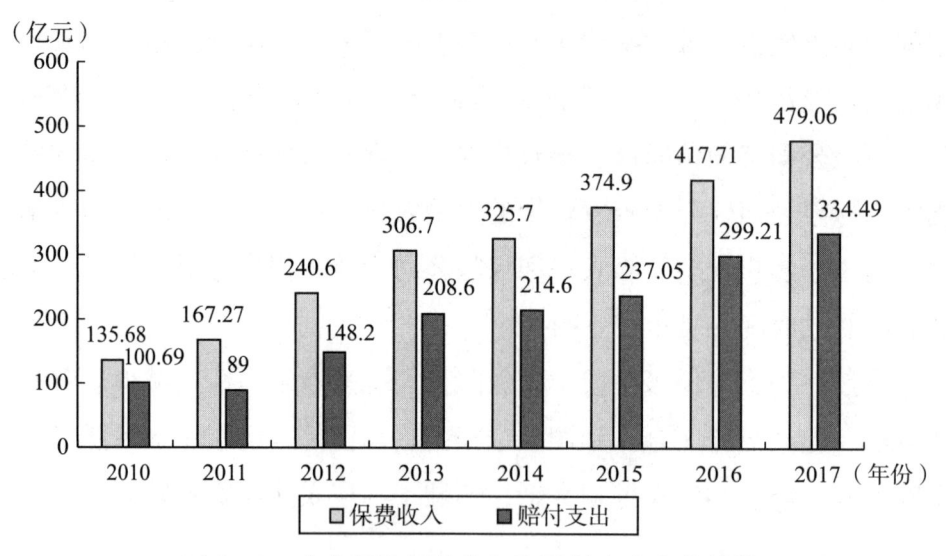

图3-2 农业保险保费收入和赔付支出变化趋势

资料来源：2011~2018年《中国保险年鉴》。

农业保险公司若想保证农业保险业务的可持续运行，必须应对系统性风险带来的大范围损失。这说明，农业保险公司也有分散经营风险的需要。因此，农业保险公司通过一切途径压低保险赔付资金，稳定现金流，保证业务平稳盈利。这也是农险公司选择提高农户自担风险比例、与农户"合谋"的重要原因。

第四，上述问题存在的最重要原因在于中国分散的农业生产经营方式。

通过上述分析可以看出，造成中国农业保险运行机制存在问题的最主要原因就是中国特殊的农业生产现状，即分散的农业生产经营方式。这一现状主要包括两个方面：①小农户众多。小农户众多必然导致农业保险公司经营管理成本高，难以规范地向市场提供农业保险产品；②土地细碎化。小农户众多伴随的另一个生产特征是土地细碎化，进一步抬高了农业保险公司的定损与理赔成本，从而使农业保险公司选择"合谋"或者降低保障水平等方式。其中具体原因已在前文中予以详细说明，这里不再赘述。

值得说明的是，这些问题对分析农业保险的运行机制及其影响非常重要。但是鉴于农业生产经营方式的重要性，在不同的农业生产方式下，农业保险运行机制可能存在较大差异。

3.5 农业保险运行机制中的规模异质性影响

上述分析表明，农业保险运行机制中存在的问题主要来源于中国分散的农业生产经营方式。这意味着，如果分散的农业生产经营方式发生变化，保险运行机制也相应改变，从而对农户生产行为产生重要影响。因此，有必要进一步详细探讨中国农业生产中的不同农户经营方式。

目前，中国规模户与小农户并存。两者的生产经营方式截然不同，小农户土地大多细碎分散，而规模户大多集中经营，因此农业保险运行机制在两类农户中可能存在明显差异。这也意味着农业保险将对不同规模农户的生产行为产生不同的影响。

规模户与小农户之间产生差异的原因主要在于两类农户的信息不对称程度、农业收入重要程度以及博弈能力存在明显不同。当然这些差异的根源在于农业生产规模不同。

在信息不对称程度方面，与小农户相比，规模户与保险公司之间的信息不对称程度较低，交易成本不高。主要是因为规模户的土地数量多且集中，在承保和理赔环节农业保险公司均能与规模户直接交易，且基于地块实际产量进行理赔，易于监督其行为，因此赔付较为规范；但小农户经营分散，与保险公司之间的信息不对称程度较高。

在农业收入重要程度方面，规模户农业收入占比更高，更有足够动力争取保险赔付。由于规模经营户土地面积较大，受灾时获得赔付总额较高，能够发挥较好的分担风险和保障再生产作用，而且规模户家庭收入以农业收入为主，保险赔付对于家庭生活和生产十分重要。因此规模户有足够动机争取更多赔偿资金；但是由于小农户农业收入占家庭总收入比重很低，而且土地面积较小，保险赔付资金总额很低，他们争取保险赔付的动机相对较弱。

在博弈能力方面，规模户话语权更强，能够从保险公司争取到足够的保险赔付。首先，规模户的土地数量较多，一般是当地农业保险业务的主要对象，在理赔过程中拥有足够话语权争取更高的理赔金额。其次，尽管保险公司设置了起赔点，但产量损失并未达到起赔点时，规模户也会积极要求农险公司进行赔付。农险公司为提高规模户参保积极性，也会满足他们的部分赔偿要求。最后，尽管农业保险公司通过多种方式限制农户道德风险，但参保的大规模户会在与保险公司的理赔博弈中争取更多赔偿资金。而由于政府提供了大量保费补贴，农险公司为争取规模户参保，也愿意适当满足其赔付要求。但小农户并不具备上述条件，在争取赔付资金时，其话语权相对较弱，需要付出更多的时间成本。因此，规模户的道德风险效应更强。

总之，在中国当前农业保险运行机制下，不同规模农户所获得的赔偿概率和金额并不一致。尽管中国目前农业保险运行机制存在诸多问题，农业保险保障水平较低，且赔付不规范。但产生这些问题的主要原因是分散的农业生产经营方式。当这一条件发生变化，运行机制也相应改变。因此，不同规模农户面临不同的保险机制，大规模户能够获得相对较高的赔付概率，而小农户的风险保障需求无法满足。这也意味着农业保险公司压低小农户保险赔付资金的同时，适当增加了大规模户的赔付。

通过上述分析可以发现，中国当前实施的农业保险产品主要为多重灾害险，且粮食作物保险仍然占据主导地位。由政府为农户提供农业保险保费补贴，其中粮食作物保险的补贴比例可达85%。在部分经济较为发达的地区，补贴比例可达100%，即由各级政府直接为农户全部购买农业保险；但是在部分财政资金较为紧张的地区，农业保险业务开展区域相对较少，农户参保仍然受限。当然，在农业保险的运行机制中，仍然存在诸多问题。包括：农业保险的保障水平相对偏低，难以满足农户生产需求；信息不对称程度较高，存在道德风险和逆向选择问题；农业保险赔付不规范，保险公司与农户"合谋"现象普遍。这些问题将对参保农户的生产行为产生重要影响，而且其产生的主要原因在于中国分散的农业生产经营方式。由于大规模户与小农户的生产经营方式存在较大差异，不同规模农户所获得的赔偿概率和金额并不一致。与小农户相比，大规模户在争取赔偿资金方面，其博弈和议价能力更强，因为有更高的赔偿概率与赔偿金额。

第 4 章

国际农业保险政策及启示

构建农业保险政策与农户生产行为之间的理论模型，不仅需要深入考察中国农业保险政策及实际运行机制，也需要详细了解世界其他地区的农业保险政策情况及其主要启示。因此，本章内容将选择欧盟、美国、日本三个农业保险政策发展相对较为完善的国家进行系统分析，全面介绍其农业保险政策、补贴、产品以及实际运营等方面内容，为构建一般化及中国农业保险与农业生产行为之间的理论模型，并确定实证方法奠定基础。

4.1 欧盟农业保险政策及启示

农业既是基础产业，又是弱势产业，需要一种制度安排来减少农业风险对生产活动造成的不利影响，农业保险是符合该要求的有效解决方案。同时，农业保险作为世界贸易组织的"绿箱政策"，是世界各国普遍实行的一种农业保护和支持方式。欧盟地区不仅是保险的发源地，也是当今世界十分活跃的保险市场之一，其保险制度相对完备，农业保险在欧盟内部的国民经济中也占据着十分重要的地位。本书从欧盟农业保险政策的演变出发，介绍当前欧盟农业保险政策的现状，最后阐述欧盟农业保险政策存在的问题和未来的发展趋势。

4.1.1 欧盟农业保险政策演变

欧盟的农业保险有着悠久的历史，早在18世纪末，德国就提供了早期的保险计划。到19世纪末，许多欧洲国家都制定了农作物保险计划，主要是防雹。第一批农业保险产品出现在欧洲各国，形式是由相互保险公司和合作社提供的农作物冰雹保险和基本牲畜保险。最初，大多数农业保险方案要么是私营部门涵盖特殊风险（如作物冰雹）的形式，要么是公共部门针对系统性风险（如干旱、洪水）的形式。

20世纪30年代，多重风险作物保险（MPCI）产品的出现，为各种风险提供了全面的保护，并越来越多地受益于政府的保费补贴和再保险支持，这是覆盖系统性风险和将保险渗透性提高到可管理水平所必需的。随着全球化市场中商品价格波动的加剧，多重风险作物保险在一些市场得到了扩展，为大多数农作物和某些牲畜类型提供了生产和收入保护。但林业和水产养殖保险绝大多数仍完全由私营部门提供，缺乏政府补贴支持。

1962年，欧共体开始推行共同农业政策，其目的在于增加农民收入、提高农业生产效率、促进农业发展。农业保险开始在欧盟各国农业保护政策中扮演越来越重要的角色。在西欧，葡萄牙和西班牙于1980年推出了国家补贴MPCI计划。

自20世纪90年代以来，政府的趋势是通过私营保险部门促进农业保险，通常由政府财政支持［公私伙伴关系（PPP）］。1990年苏联解体后，东欧许多国有垄断性的农业保险公司被私有化，由私营部门的商业性保险公司自主经营农险业务。2001年，欧洲委员会发布《欧盟农业的风险管理工具》和2005年第74号通报，强调利用农业保险来替代市场和价格政策的必要性，目的是在不增加欧盟预算的前提下探索不违背世界贸易组织农业协议规定的各种措施。农业保险成为欧盟农业支持政策中一个非常重要的政策工具，为欧盟农业的稳定发展发挥着重要保障作用，有力地支撑了农业生产者收入的稳定增长。

当前欧盟农业保险市场已成为全球最主要、最活跃的农业保险市场之一。欧盟农业保险从最初的单一险种发展到综合保险，支持了农业产业结构的变化。随着时间的推移，一些较大的公共部门保险计划已转变为公私合作伙伴关系（PPP），而商业保险则同时存在。针对小农生产系统的指数保险已经出现，政府风险转移产品和农业综合企业保险已经开发出来。

4.1.2 欧盟农业保险政策现状

近年来，欧盟委员会一直在强调有效的农业保险的重要性，并努力在欧盟成员国实施这方面的统一解决方案。根据欧洲议会和理事会的现行条例（第1305/2013号条例第36条），成员国可以共同出资，为农民购买作物、牲畜保险提供预支款。国家预算的财政援助不得超过因不利天气事件（霜冻、冰雹、冰、雨和干旱）或病虫害等自然灾害造成的经济损失的作物、牲畜保险费的65%。除此之外，成员国还可以向共同基金或收入稳定工具提供预算援助，以确保对收入严重下降的农民进行补偿。收入下降情况是指由于不利气候事件、动植物疾病造成的损失超过前三年平均年产量的30%（或前五年期间三年平均产量，不包括最高和最低值，第1305/2013号条例第36条）。实施该系统的国家包括比利时、法国、克罗地亚、匈牙利、意大利、拉脱维亚、立陶宛、马耳他、荷兰和葡萄牙（欧盟农业风险管理计划，2017）。

4.1.3 欧盟主要农业保险产品

如前所述，农业保险市场始于200多年前的欧洲，其形式是私人部门提供牲畜死亡保护，并命名为农作物冰雹灾害险。然而，只有在过去的50年里，欧盟农业保险产品的范围才有了迅速的发展。发展的主要原因是政府提供了广泛的支持，包括补贴保费、补贴交付和损失调整费用以及公共部门提供再保险服务。广义上讲，欧盟农业保险包括一般保险概念下的生产资产（生物系统），包括农作物保险、牲畜保险、指数保险、价格保险、保证金保险和森林保险等，这些类别主要承保自然灾害和生物风险。

第一，作物保险。

农作物冰雹保险始于100多年前的中欧国家，关于覆盖气候风险的作物保险是从冰雹险开始的，除干旱外，其他主要险种（如火灾、霜冻、洪水、暴雨、大风等）逐渐增加。例如，意大利最初只有农作物冰雹保险，但逐步修改了保险单，包括冰雹和暴雨在内的至少两种自然灾害。土耳其已经开发了一种名为"危险作物"的综合保险，在塔尔西姆保险池下提供。

到21世纪初，几乎所有欧盟国家都有农作物冰雹计划，在多数情况下，这一计划进一步演变为综合的列名风险保险。西班牙于2001年启动了基于指数的作物保险，通过卫星获得的粗分辨率植被指数覆盖牧场。法国在2016年推出了类似产品。奥地利在2007年推出了天气指数保险，以覆盖干旱风险，并补充农作物冰雹和其他指定的危险产品。

欧盟的作物保险，最大的 MPCI 项目在法国、西班牙和意大利（Bardaji et al., 2016；Santeramo et al., 2018），而德国有成熟的单一农作物冰雹风险保险市场（Reyes et al.，2017）。欧盟成员国采用农作物保险的差异部分可以解释为文化和历史差异。例如，在匈牙利和波兰，作物保险部分是强制性的（Zubor Nemes et al.，2018；Was & Kobus，2018）。在匈牙利，农民的农场面积超过10公顷（可耕地）或5公顷（菜地），则必须购买保险；在波兰，如果农民要获得直接付款，他们至少要为其使用的农业种植面积的一半购买保险。

第二，牲畜保险。

大多数欧盟成员国都有涵盖疾病的牲畜保险。例如奥地利、德国、保加利亚、捷克共和国、芬兰、希腊、波兰、西班牙、瑞典等国，牲畜保险包括政府下令扑杀流行病后的牲畜死亡率和/或营业中断。在缺乏公共援助以弥补流行病造成的损失的国家，已经为一些牲畜类别（如德国、荷兰、瑞典、西班牙、意大利）制订了私人保险计划。在一些国家，牲畜疫病间接损失保险的普及率很高。在希腊和西班牙，已经建立了购买力平价计划，政府可以作为受补贴的牲畜死亡保险的保险人或再保险人。

但欧盟各成员国和各部门牲畜保险的可用性和采用率各不相同。例如，德国的主要牲畜部门采用率很高，保险完全基于私人，即没有公共支持。西班牙是另一个高采用率的例子，在自愿的情况下提供公共支持（Bardaji et al.，2016）。在荷兰，肉鸡连锁养殖场可以通过私人共同基金为家禽疾病投保（Meuwissen et al.，2013）。

第三，指数保险。

只有少数产品存在。基于指数的保险的一个突出例子是在奥地利，以干旱指数的形式针对一些特定的农作物和草地（Url et al.，2018）。覆盖应申报植物检疫风险（即病虫害）的作物保险在欧盟并不普遍。一些成员国在丹麦、德国、匈牙利、意大利、荷兰和西班牙实施了植物检疫保险，作为气候保险的补充（欧洲联盟委员会，2017a）。

第四,保证金保险。

荷兰和比利时(分别基于法国 Matif 和德国 Eurex 期货市场上小麦和猪肉的组合对冲),以及法国香槟地区的谷物,提供了以私人为基础的育肥猪试点。后者是基于收入减去氮肥成本,分别以播种时的谷物价格和氮肥的年度区域平均价格来衡量。由于猪肉市场流动性低,两年后生猪行业的对冲试点被中止。此外,荷兰和比利时的养猪连锁企业认为,对冲工具相当复杂。法国的保证金保险也没有得到市场的太多兴趣。然而尤尔等(Url et al., 2018)表明,各类保证金保险正在调查中。

第五,森林保险。

欧盟的森林保险主要是应私人森林所有者和较大合作社的要求而发展的。法国和西班牙为私人森林所有者提供保险,而互助保险公司和土地所有者协会在斯堪的纳维亚提供种植园保险。欧盟主要农业保险产品及保险具体如表4-1所示。

表4-1　　　　　　欧盟农业保险的主要险种、产品概述

类型	子类型	示例	投保风险	主要保险产品
农作物保险	一年生大田作物	大米、玉米、小麦、大麦、大豆、燕麦、油菜、棉花、扁豆	自然灾害(主要是冰雹、霜冻、风暴、旱灾、水灾、雪灾)、火灾、病虫害	列名风险、多重风险、天气指数、收益指数、卫星指数、价格指数
	多年生大田作物	甘蔗		
	蔬菜(田间)	西红柿、卷心菜、香料		列名风险、天气指数

续表

类型	子类型	示例	投保风险	主要保险产品
农作物保险	园艺作物	苹果、梨、樱桃、柑橘、荔枝、猕猴桃、无花果、菠萝、香蕉、浆果	自然灾害（主要是冰雹、霜冻、风暴、旱灾、水灾、雪灾）、火灾、一些病虫害	
	园艺（坚果）	杏仁、核桃		
	工业林木	茶、咖啡、橡胶、椰子、可可		
	葡萄栽培	葡萄、葡萄藤		
	观赏植物	花		列名风险
	药用植物	大麻、鸦片		
	草地	草原、牧场	干旱	卫星和天气指数
牲畜保险	一般牲畜	牛、猪、羊、山羊（全部圈养或监管）	自然灾害（主要是风暴、洪水）、火灾、闪电、爆炸和飞机撞击、意外事故、疾病和流行病（不包括政府屠宰令）、某些方面的业务中断、繁殖动物的生育能力、流产风险	列名风险、卫星指数（干旱）、死亡率指数、收入保险
	特殊牲畜	毛皮动物（水貂）、鹿、自由放养动物（牦牛）		列名风险
	家禽	鸡、鸭、火鸡、鸵鸟		
	繁殖动物	牛、猪、家禽		
	动物园/马戏团动物	大象、海豚、老虎、狮子、熊	意外事故、疾病造成的死亡、有时会造成业务中断	

续表

类型	子类型	示例	投保风险	主要保险产品
水产养殖保险	一般水生动物（岸上和离岸）	金枪鱼、鲑鱼、罗非鱼、梭鱼、鲤鱼、鳟鱼、牡蛎、贝类、虾	自然灾害（风暴、洪水）、疾病死亡率、火灾、闪电、爆炸和飞机撞击、食肉动物、碰撞、业务中断的某些方面	列名风险、天气指数
	特种水生动物（陆上和离岸）	海藻、牡蛎（珍珠）、海参、螃蟹、贝类	自然灾害、火灾、闪电、爆炸和飞机撞击、疾病导致的死亡率	
	观赏鱼	锦鲤、龙鱼	死亡率、幼畜损失	
	设备设施	网、笼子、设备、建筑物、设施	自然灾害、火灾、闪电、爆炸和飞机撞击、碰撞	列名风险
林业保险	商品木材（种植园）	阔叶针叶树种	自然灾害（主要是风暴、野火、洪水、干旱）、有时是病虫害、额外成本（重建、索赔准备）、碳信用（仅在某些市场）	列名风险、部分指数产品
	特种木材（种植园）	竹子、檀香木、柚木		
	天然林地（公有）	各种乡土树种		
	园林树木、苗圃	装饰性乔木和灌木	自然灾害	列名风险

资料来源：Agricultural Risk Transfer, Roman Marco Hohl。

4.1.4 欧盟农业保险经营体系

欧盟地区不仅是保险的发源地，也是国际上十分活跃的保险市场之一，保险在欧盟内部的国民经济中具有十分重要的地位，其农业保险制度也相对完善。欧盟被视为区域经济一体化的最高形式,但其各个成员国之间仍然具有相对独立的自主权和决策权,在农业保险方面表现为每个国家都具有自己特色的保险制度。当然,各个国家的农业保险制度也处于改革和完善之中。

单一和多重风险保险单已经在欧盟多个地区推出。绝大多数会员国都可以购买私人单一风险保险。就至少部分补贴的单一风险或收益保险计划而言,奥地利、比利时、克罗地亚、法国、意大利、立陶宛、匈牙利、马耳他、荷兰、葡萄牙和西班牙都有补贴。德国是唯一不提供补贴的多险种保险的国家。补贴力度最大的两个国家是西班牙和意大利,这两个国家对收益保险费的补贴比例高达65%。尽管提供如此巨额补贴,但保险的参与率仍然较低,意大利的保险参与率仅约为15%。一些国家也已经开始在单一风险和收益产品之外尝试其他形式的保险。法国和西班牙提出了基于天气的指数保险,但尚未取得多大成功。德国和瑞士也在考虑类似的基于指数的计划。意大利最近推出了谷物收益保险,是欧盟最早实施这一保险形式的国家之一。2016年,法国对大田作物和某些水果采用了一种新型保险。这种补贴保险针对生产成本增加、产量损失和其他因素(如质量和价格下降)造成的损失提供赔付。

从表4-2可以看出,欧盟农业保险主要可以分为三类。第一类是公共、非补贴模式,如希腊等国家。政府通过成立专门的机构或由非营利的民间机构来经营农业保险,却不提供任何补贴。第二类是私营、部分补贴模式(PS),是大多数欧盟国家采取的农业保险补贴方式,如西班牙、葡萄牙、捷克等国家,农业保险主要由少数几家规模较大、占支配地位的私营保险机构(dominated company)来经营,政府则通过相关机构提供农民投保保费补贴、保险公司费用补贴及再保险补贴三部分,类似于"公私合营"模式。同时,对于这些私营保险机构而言,服务和价格的竞争机制是较为常见的,但相比之下,其竞争更主要集中于服务、风险保障的范围等领域,而并非集中于传统的价格竞争。第三类是私有化主导型模式,部分国家如保加利亚、法国、匈牙利等对于单一风险保险采取的是私营、非补贴模式。这是因为单一农业风险造成影响面小,可保程度高,与一般财产风险区别度不大,所以政府无须对其进行补贴,私营保险机构也能较好地经营。

表4-2　　　　　　　　欧盟农业保险的分类和代表国家

欧盟三种农业保险体系	代表国家	单一风险保险	多重风险保险
公有化主导型	希腊	公共、非补贴	公共、强制、部分补贴+公共、部分补贴+公共、非补贴
公私合作型	西班牙	私营、部分补贴	私营、部分补贴
	葡萄牙	私营、部分补贴	私营、部分补贴
	捷克	私营、部分补贴	私营、部分补贴
	卢森堡	私营、部分补贴	私营、部分补贴
	罗马尼亚	私营、部分补贴	私营、部分补贴
	斯洛伐克	私营、部分补贴	私营、部分补贴
	斯洛文尼亚	私营、部分补贴	私营、非补贴
私有化主导型	芬兰	私营、非补贴	私营、非补贴
	保加利亚	私营、非补贴	私营、非补贴
	法国	私营、非补贴	私营、非补贴
	匈牙利	私营、非补贴	私营、非补贴
	瑞典	私营、非补贴	私营、非补贴

资料来源:Alasa (1992), Enesa (2004), Ibarra and Mahul Alasa (2004), Skees et al. (2005), Skees and Enkh-Amgalan (2002), Skees et al. (2001), Stoppa and Hess (2003), The World Bank (2005)。

因此,概括地讲欧盟内部的农业保险可以分为公有化主导型体系、公有与私有合作型体系和私有化主导型体系三种不同类型的农业保险体系。例如，希腊是一个典型的公有化主导型体系国家，西班牙和葡萄牙则是公有和私有合作型体系的代表，而法国等国家则是典型的私有化主导型农业保险体系。这里，我们分别对欧盟三种农业保险体系的代表性国家的农业保险制度作简单介绍。

第一，公有化主导型体系。

在公有化主导型体系下，农业保险完全由政府控制和管理，通常包括一种统一的产品，保险条件是标准的，由垄断的国有保险公司分销。政府保险计划通常以小农为对象，在社会福利方面运作，是支持自给自足农民财务生存能力的几个方案之一。通常，小农户从100%的保费补贴中受益，而大农户通常需要在一定程度上为保险和管理费用作出贡献。这些方案通常包括高保险渗透率和风险分散，特别是在强制保险的情况下（例如为借款农民提供保险）。公共部门的保险计划被认为是低效的，因为采用了统一的保险条款，投保人往往没有按风险分类。

公有化主导型体系的特点主要体现在以下两方面：一是国家利用其权力机器实行强制性保险制度，并且提供国家援助基金；二是在资金来源上，特别保险主要靠保费收入，而公共保险的资金来源则不仅包括保费收入，而且还包括公共基金、风险管理基金以及保险投资收入等。

专栏1 欧盟公有化主导型体系代表国家——希腊

在希腊，农业部和希腊农业保险协会推出了一种新的强制性农业保险制度。国家通过其保险公司收取强制性缴款，并保证赔偿范围。除此之外，提供商业保险，但私营部门的作用在很大程度上受到限制。

希腊政府通过国有保险公司在一定程度上对农业生产实行宏观调控，即强制开办农业基本保险，以保证农业生产的基本损失得到补偿。希腊的农业保险制度包括公共保险和特别保险两个部分：公共保险对由于冰雹、暴风、暴雨、洪水、干旱、雪灾、熊等动物对谷物践踏以及其他规定的自然灾害和家畜疾病给农民造成的损失提供强制性保险，保险费不是按相关风险大小进行计算，而是按照每一个"农业单位"（农作物产值的3%和家畜产值的0.5%）进行计算；特别保险则对公共保险没有涉及的险种如水产业以及公共保险险种中的补充保险需求提供保险，作为对公共保险的补充。

资料来源：根据中国经济网（http：//intl.ce.cn/zhuanti/gcjj/zw/200909/25/t20090925_20094410.shtml）相关报道整理。

第二，公有与私有合作型体系。

在公有与私有合作型体系下，私营部门和公共部门在PPP下合作管理和承保农业保险计划。如今，大多数大型农业保险计划都是以购买力平价的形式运作的，保险风险转移是政府风险管理的一个组成部分，是对灾害援助计划的补充。这些系统通常显示出多样化的投资组合，由于高渗透率减少了逆向选择，在合理的管理成本下进行管理，并在应用技术和商业承销标准时产生可持续的承销结果。然而，购买力平价需要政府以补贴和再保险保护的形式提供大量支持。

这一体系的主要代表是西班牙和葡萄牙。西班牙和葡萄牙采用公有保险和私有保险合作的形式，国家主要提供保险补贴和再保险保障，私人制保险公司是这个体系中不可或缺的一部分，通过它来规避基本农业风险及实现风险管理。其农业保险制度主要包括三部分内容：收成保险、农作物灾害基金和理赔超定额补偿。收成保险是指对火灾、冰雹、雷击、爆炸、霜冻、雪灾、龙卷风、暴雨所造成的农作物损失提供基本保险保障，发挥这一功能完全依靠私有保险公司，没有包括在收成保险中的风险，由农作物灾害基金提供保险援助，实施方式为贷款和利息补贴，理赔超定额补偿主要针对私有保险公司而言，这一点也是公有和私有合作型保险制度的典型特征。政府向私有保险公司提供针对收成保险的再保险服务，这样私有保险公司在发生较大保险事故的情况下，便有权根据再保险合同向政府申请理赔超定额补偿。

专栏2　欧盟公有与私有合作型体系代表国家——西班牙

西班牙是欧盟传统的农业国，粮食产量居欧盟第三位，农业在西班牙社会和经济方面具有重要的战略意义。西班牙是保险业比较发达的国家，西班牙以较少的农业人口取得如此良好的农业发展成效，与该国完备而高效的农业保险机制密不可分。

1978年，为降低农业生产经营风险，西班牙颁布《农业保险法》，鼓励农民自愿参加保险，对不参加农业保险的农民，若遭受灾害，则政府将不给予援助。同时，通过成立西班牙农业保险再保险共同体（以下简称"西班牙农共体"），政府为农民提供保费补贴，并为西班牙农共体提供再保险支持，形成完备的农业保险大灾风险分散机制，促进了农业保险的快速发展。经过几十年的改革与发展，西班牙政府不断加强对西班牙农共体的大灾支持力度，农业保险的保障水平不断提高，覆盖面不断扩大，对稳定农业生产、促进农民增收起到了重要作用。

在西班牙，农业保险政策由中央政府决定，为自治区提供指导方针，自治区可以根据自己的需要加以应用。1978年以前，农业保险完全由私营公司经营。他们只承保冰雹和火灾对农作物（主要是谷物）造成的损害，因为他们认为其他自然风险不具备被视为可保险的条件。因此，当农业部门遭受这些不可保险风险的损害时，政府感到有义务制定适当的措施来支持受影响的农民。1980年，政府颁布了一项立法，建立了一个国家农业保险计划，称为联合农业保险（Seguros Agarios Combinados）计划，这是一个由 Agroseguro 担保的公私合营企业，其任务是向西班牙所有地区提供补贴农业保险以及自愿的农民。Agroseguro 是欧洲最大、最全面的国家农业保险计划，承保200多个不同的农作物、牲畜、水产养殖和林业项目。

1. 西班牙农业保险框架

西班牙农业保险体系的主要功能是为遭受损失的农业产品（农作物和牲畜）和森林提供补偿。损失包括三种情况：一是由天气非正常变化引起的损失；二是牲畜疾病等造成的损失；三是森林火灾，目前，这项业务正在研究之中。

这个体系的基本框架有以下几个主要特点：一是政府和商业保险公司共同参与；二是参与者遵循自愿性的原则，即农民自愿购买商业保险，保险公司自愿参加农业保险集团；三是充分利用保险技术；四是中央政府和地方政府提供一定的补贴。与一般保险相同，农民主要通过保险公司销售网络和中介机构购买保险。但是，农业保险合同必须每年续签。为了避免逆选择风险，一个农民如果投保的话，必须投保其所有的土地。

2. 西班牙农业保险体系

（1）农业部的国家农业保险协会。主要职责包括三项：一是制定农业保险发展规划（1年规划和3年规划）。二是制定农业保险发展的可行性研究报告。三是对农业保险发展提供补贴，其中中央政府每年通过农业部预算为购买农业保险的农民补贴保费，其占保费收入的

30%~45%。在中央政府提供补贴的同时，地方政府也相应提供补贴。中央政府和地方政府补贴总额占农业保险保费的50%~60%。

(2) 经济部的国家保险局。主要职责包括：监管保险合同；参与评价理赔标准；审批农业保险集团年度计划。

(3) 经济部的保险补偿协会。该协会具有一定的特殊性，既由经济部管理，又有较大的自主权，主要职责是为一些风险较大的业务提供强制性再保险，并且监管对灾害损失的评估情况。

(4) 农业保险集团公司。西班牙农业保险集团公司（Spanish Insurance Group for Multiperil Crop Insurance，以下简称"农业保险集团"）是一家股份制公司，成立于1980年4月17日。成立农业保险集团的主要目的是为参加该集团的保险公司经营和管理农业保险业务。农业保险集团采取股份公司的形式，参与集团的各家保险公司是集团的股东，股份比例根据业务量大小来确定。农业保险集团的主要职责有：作为共保集团的法定代表人；设计产品；代表共保集团向中央政府提交有关文件；行政性管理；评估灾害损失并进行赔付。农业保险集团设有咨询部门，为社会提供农业保险方面的咨询服务。农业保险集团是一家管理性的企业，相当于一家共保组织。农业保险集团不直接签订保单，但是集团内所有保险公司销售保单的保费收入归集团所有，并由集团负责接受客户索赔，进行赔付，集团内各家公司相当于代理公司。农业保险集团的再保险安排分为两部分：一部分是国家再保险，由经济部下属的农业保险补偿协会提供，根据不同产品，将保费的3%~30%交纳再保险费；另一部分是商业再保险，根据市场情况在国际再保险市场分保。国家通过农业保险集团发放补贴，因此，只有参加该集团的保险公司才能享受到国家对农业保险业务的补贴。这种共保模式主要有以下优点：一是使集团的偿付能力更加充足；二是具有规模效益，从而降低管理成本；三是对灾害的评估标准比较统一。

(5) 保险公司。主要职责包括两项：通过自己的商业网络出售保单；根据在农业保险集团的股份比例，承担相应的风险，并获得相应收益。

3. 西班牙农业保险制度的主要特点

(1) 农民参与该系统是自愿的。

(2) 公共行政部门提供补贴，平均补贴是保险费总额的50%，其中40%来自地方政府（其中10%来自地方政府）。

(3) 所有保险合同均适用免赔额。

(4) 指数用于覆盖某些风险，这种保险方式的重要性有限。

(5) 损害评估和赔偿的确定由与Agroseguro签订合同的自由职业专家进行。在损失调整过程中，通常有两次实地考察，一次是在沟通损失后，另一次是在收获时。被保险人必须出席，以表明他同意或不同意损失调整结果。

(6) 根据现行法律，在作物生产中，赔偿金必须在预期收获日起60天内支付。对于牲畜生产来说，这种延迟从损坏之日起减少到40天。

4. 西班牙农业保险体制的优点

西班牙、法国和欧盟其他一些国家都认为，西班牙农业保险体制运行比较成功。无论是国家还是农民，对这套机制都比较满意。

对国家来说，这套体制的优点体现在以下方面：第一，政府能够通过提前制定预算，用于对不同的农业风险进行补偿；第二，政府能够减少其经济上和政治上的管理费用；第三，补偿根据受灾的损失来确定，体现了公平的原则；第四，有利于鼓励商业化运作，国家只对保单持有人提供帮助。

对农民来说，这套体制的优点体现在以下方面：第一，受灾农民能够直接得到补偿；第二，补偿快，在收获季节结束后，完成定损后的60天以内，农民就能拿到赔款；第三，对于气候造成的损失由于能够较好地得到补偿，农民可以增加农业生产的投入；第四，能够使农民的收入水平相对保持稳定。

资料来源：根据中国经济网报道（http：//intl. ce. cn/zhuanti/gcjj/zw/200909/25/t20090925_20094410. shtml）以及胡子京（2014）整理。

第三，私有化主导型体系。

在私有化主导型体系下，商业保险公司或互助保险公司在纯粹的市场化保险制度下，专门管理农业保险的所有方面，而这些保险制度并没有从政府的支持中获益。商业保险产品是根据投保人的需求而定制的灵活产品，涵盖政府赔偿计划通常无法解决的风险和风险（例如冰雹、霜冻、野火、某些疾病），或在政府支付之外提供赔偿（如牲畜疫病）。大多数农作物冰雹保险方案、牲畜、水产养殖和林业产品都以私营部门保险制度为基础。由于高风险集中度和分散的市场，一些商业保险方案存在逆向选择和道德风险，保险渗透性低，风险分散性低，保费率高。系统性风险的存在需要大量的再保险保护。这个体系也被称为民办公助模式，实际上，欧盟内部很多国家都采用这一农业保险制度，即主要由私有保险公司经营一国的农业保险。

专栏3 欧盟私有化主导型体系代表国家——法国

法国是欧盟的第一农业大国，农产品占欧盟的40%的左右，其中谷物、甜菜等在欧盟等排名第一。法国有2%是农业家庭，农业总产值占GDP的2.3%。同时，法国的自然灾害频发，冰雹、干旱等都会对农业生产造成严重的影响。为抵御自然风险、降低农民损失，法国自

1840年就开始探索发展农业保险制度。历经170多年的发展完善，法国农业保险制度已成为世界上成熟的农业保险制度之一，为法国农业的发展稳定发挥了重要作用。

1840年，为降低农业生产经营风险，法国Isere省的部分农民发起成立了地方相互保险组织。随后，这种做法在全国迅速推广开来。1900年7月，法国政府颁布农业互助保险法，确定了农村相互保险组织的法律地位。农民相互保险社是法国农业保险的最基层经营单位，直接面向农民提供各类保险服务。自20世纪40年代开始，为了进一步规划促进农业保险的发展，法国政府开始对相互保险机构进行了合并，形成分地区的相互保险机构，向农业相互保险合作社提供再保险保障。1946年，法国政府成立了中央再保险公司（CCR）作为国有再保险公司，代政府为法国农业保险提供再保险保障。此外，考虑到农业保险的特殊风险性，法国政府于1964年设立国家农业巨灾基金，主要针对一些不可保自然灾害而设立，例如严重的洪涝、干旱等，并委托中央再保险公司负责管理，对法国农业及农业保险的稳定发展发挥了重要作用。

从2005年起，法国有政府补贴的农业保险体系开始运作。在新的农业保险体系下，政府对多风险的作物产量保险给予35%的保费补贴，对刚开始经营的青年农民的保费补贴比例是40%。这一补贴只针对免赔额为25%的保费收入而言（免赔额比例由保险合同确定），如果免赔额低于25%，那么保险公司将收取更多保费，而对于多出来的这部分保费是不给予补贴的。在法国，养殖业受气候影响小而不享受保费补贴。补贴主要来自中央政府，地方政府一般不出钱。2005年，农业保险实际补贴金额为2 200万欧元；2006年以来，农业保险保费补贴预算达到3 000万欧元左右。从2010年开始，欧盟成员国政府对农业保险保费补贴的比例上限由原来的50%提高到65%，其中，由成员国政府支付1/4，欧盟委员会支付3/4。1980年至今，农业巨灾基金共支付赔款约 40 亿欧元，其中用于干旱 22.33 亿欧元，冻害 8.95 亿欧元，洪水 6.57 亿欧元。

1. 法国的农业保险体系和框架

法国的农业保险体系基本上由私有保险公司形成，政府主要提供必要的政策支持。法国的私人农业保险主要为下列损失提供保险：由于冰雹对所有谷物造成的损失，暴风雨对玉米、油菜、向日葵等造成的损失，霜冻对酿酒的葡萄造成的损失以及由于各种原因造成的烟草损失和动物损失等。支撑这类保险的资金来源主要是保费收入。政府的政策支持包括通过以特定利率的贷款和担保提供公共灾害援助金来补偿那些没有被涵盖在私人保险里面的自然灾害所造成的损失，通过特别公共援助金对由于干旱给畜牧业造成的损失以及其他灾害所造成的损失进行援助。

2. 法国农业保险框架主要由三部分构成：

（1）商业保险。即由保险公司承保农业风险中的可保风险，主要是由于冰雹、风暴等对农作物和建筑物造成的损失，国家通过农业灾害保证基金对其中一些险种，如水果和蔬菜的冰雹险、主要农作物的复合保险等，进行保费补贴。

（2）根据 1964 年 7 月 10 日法律设立的国家农业灾害保证基金，对农业生产中的不可保风险进行补偿，包括农作物收成和牲畜养殖损失。

（3）根据 1982 年 7 月 13 日法律建立的农业保护体制，即法国国家再保险公司。主要是对自然灾害造成的其他不可保风险进行补偿，包括自然灾害对建筑物和机动车辆造成的损失，法国国家再保险公司对承保这些风险的保险公司提供再保险支持。

资料来源：根据中国经济网报道（http：//intl.ce.cn/zhuanti/gcjj/zw/200909/25/t20090925_20094410.shtml）以及陈珏（2016）整理。

4.1.5 主要问题与趋势

第一，主要问题。

虽然欧盟的农业保险政策起源较早，保险制度相对完备，但仍存在逆向选择与道德风险、欧盟层面的统一和本地化保险之间的冲突、欧盟低收入国家农业生产体系面临特殊挑战这三点主要问题。

（1）逆向选择与道德风险是农业保险面临的普遍问题，欧盟地区也不例外。逆向选择和道德风险都与优化投保人的选择有关，并影响了大多数农业保险计划，尤其是那些基于赔偿的计划。

一方面，欧盟农业保险中的逆向选择问题。逆向选择是建立在高度不对称的信息基础上的，投保人无法从投保人那里获得评估风险的所有数据，从而导致赔付概率更高，无法反映在保费结构中。欧盟农业保险中的逆向选择可分为两种，一种是跨期，这是由于生产者只在风险高于正常水平的时期投保；另一种是空间上只有高风险的农民购买保险，而低风险的生产者（为高风险的农民提供补贴）认为保险的价值很小，这种情况经常发生在保险公司未能对风险进行分类并向所有投保人提供相同条款的情况下。大量研究表明，欧盟 MPCI 项目存在一定程度的逆向选择，只有风险高于平均水平的农民才会购买保险。覆盖系统性风险（如 MPCI 下的干旱）的作物保险产品往往比指定风险保险（如作物冰雹保险）具有更高的逆向选择比率，后者的损失更具随机性和局部性。牲畜、林业和水产养殖保险的逆向选择较少，因为通常在保险生效前进行现场风险评估，并允许更好的风险分类。

另一方面，欧盟农业领域保险的道德风险问题非常突出。道德风险发生时，投保生产商在发生损失时故意改变正常的损失减轻措施，从而影响假定作为保险赔偿收到的损失金额。例如当作物出现不适迹象时，农民使用较少的作物保护和更少的劳动，或者牲畜经营者更换带病牲畜的耳标。

（2）欧盟层面的统一和本地化保险之间的冲突。由于欧盟各成员国不同的历史自然背景，各国的农业发展状况以及农业在国民经济中的地位各不相同，因此加强整个欧盟的合作和建立本地化的保险政策时困难重重、众口难调。因此，可在欧盟层面实施政策，以促进国家作物保险计划的灵活性；在个别成员国一级，可以设计不同类型的保险，以符合特定的当地农业结构和现有数据。在所有情况下，必须将作物保险计划与其他政策措施结合起来，以尽量减少对农业市场的扭曲。

（3）欧盟中的低收入国家的农业生产体系面临着特殊的挑战，例如保加利亚等国，往往存在小农结构、有限的保险基础设施和数据、政府的支持很少以及农民普遍不了解保险概念等问题。

第二，发展趋势。

欧盟农业保险的发展趋势将取决于农业部门的持续发展、气候变化（可能受气候变化的驱动）、进一步全球化和更多的农业融资和投资等方面。欧盟未来的发展趋势主要有以下三点。

（1）由于生产制度、耕作方式、平均农场规模和市场准入有很大不同，欧盟中的发达国家和发展中国家的农业保险发展将继续采取不同的方式。一般而言，农业保险将继续与政府政策、农业金融举措和生产体系的持续结构性变化一起发展，一些剩余的公共部门体系可能会转变为购买力平价。

（2）未来可能会增加营业中断保险、区域性风险分担和风险转移等新领域的需求。由于全球化的供应链容易受到当地供应限制（如种子、化肥、疫苗接种、设备等）的影响，这些限制可能会对地区造成财务影响，因此营业中断保险是一个可能引起越来越多保险兴趣的领域。随着农产品可追溯性的提高和食品安全对消费者的重要性越来越大，高效的责任保险产品很可能会出现需求。同样地，随着环境保护法和环境保护法的要求越来越严格，农业保险业的要求也越来越高。由于生产波动性较大，拥有大型灾害援助方案的低收入或中等收入小国的财政负担日益沉重，可能导致对区域性或区域性风险分担和风险转移的需求增加。

（3）大数据算法也可能会改变对不同层次风险的理解和防范，并将支持欧盟定制保险的开发。与其他保险业务一样，欧盟农业保险将受益于以较低成本提高效率的新技术，包括通过数字平台和区块链实现一般数字化、通过智能手机分销产品以及使用无人机进行风险和损失评估。以农田一级的永久作物监测为目标的举措将提供大量数据集，在此基础上可以降低基差风险制定更有效的指数保险。

4.2　美国农业保险政策及启示

美国作为较早提出农业保险政策且实施效果较好的国家之一，其农作物保险是联邦政府进行农业风险管理的重要工具，在保护农民收入与促进农业生产方面发挥了重要作用。本书重点从政策演变、发展现状及特点、存在的问题及未来的发展趋势三个方面对美国农作物保险政策进行了梳理。

4.2.1　美国农业保险政策演变

在美国政府正式介入农业保险体系前的百余年时间里，美国农业保险都是由美国私营保险公司经营的，而其在 19 世纪末 20 世纪初的失败教训引起了美国政府的高度重视。1922 年，美国议会决议通过成立议会委员会对当时农作物保险发展情况进行全面调查,并于1923年4月举行相关听证会,这是美国首次将农作物保险问题提升至国家层面。尽管此次行动并未对美国农作物保险产生实质性影响,但也为此后农作物保险制度发展奠定了基础。20世纪30年代初期,被称为"黑色飓风"的沙尘暴对美国农业生产的影响则更为直接和具体。据美国农业部历史数据显示,1932~1934年,美国玉米、小麦、燕麦、大米、大豆及棉花的收获面积减少了近3亿亩(0.2亿公顷)。而1934年和1936年出现的大规模旱灾更使得美国政府对完善农作物保险制度的重视程度不断提升,而农作物保险制度也逐步成为农业法案的重要组成部分。现有研究普遍将美国国会1938年2月16日通过的《美国联邦农作物保险法》视为其农业保险制度正式确立的标志(朱朝晖和夏益国,2013)。此后,美国农业保险制度演进大致可划分为三个阶段:

第一阶段:政府独立经营阶段(1938~1980年)

在此阶段,美国农业保险业务主要由隶属于联邦政府农业部的美国联邦农业保险公司(federal crop insurance company,FCIC)负责经营,该公司由政府直接经营并给予财政支持,主要负责保障农户收入免受作物损失和价格下跌的影响。其农业保险试点主要在美国农作物主产区进行,涉及农作物种类包括玉米、小麦、大豆、棉花等大宗类农产品。

1938年的《联邦农作物保险法案》明确指出其目的在于通过农作物保险的稳定制度来提高农业的经济稳定性,进而提高国家福利。具体来看,此阶段美国农业保险业务的主要特点表现为:①以多种灾害性农业保险(multiple peril crop insurance,MPCI)为主,为主要农作物可能遭受的病虫害及自然灾害提供作为生产价值的最根本保障;②农户自主选择是否参与农业保险;③政府对纯保险费部分不给予补贴,仅就农作物保险的附加费进行承担。

然而,在农业保险出现初期,由于农户参与意愿低、经营成本高等原因，截至1970年，美国参保面积仅1.2亿亩左右（0.08亿公顷），占比不足10%。1973年，美国国会通过的《农业与消费者保护法》将关注重点由稳定粮食作物价格转向调整生产模式以实现产量最大化，鼓励农场主扩大生产规模，进而促进了农业工业化生产的发展。然而，尽管该法案扩充了纳入保险的商品种类，农作物保险项目参与率仍然低于国会预期。总体来看，该阶段农业保险政策效果并不理想。

第二阶段：政府与私营保险公司共同经营的"双轨制"阶段（1980~1996年）

1938~1980年间，《联邦农作物保险法案》前后经历了十二次修订，而1980年9月26日美国国会通过的《联邦农作物保险法案》修订案正式允许私营保险公司参与农业保险业务，这标志着美国农业保险制度进入了政府与私营保险公司共同经营的"双轨制"阶段。具体来看，在此阶段，美国私营保险公司负责出售保险单并执行理赔理算，而美国联邦农业保险公司除经营农业保险外，还负责代表政府对私营保险公司的管理费、运行费进行补偿并给予损失补贴，对购买了农作物保险的农业生产者提供保费补贴及再保险服务，获得的保费收入由私营保险公司和联邦保险公司共同享有。此外，1980年修订的《联邦农作物保险法案》不仅将农作物保险纳入社会保障的重要形式之一，也使得农作物保险计划成为美国灾害保护的重要形式之一，农业保险计划基本覆盖了美国所有拥有重要农业的县。

1988年，美国国会通过了《联邦作物保险委员会法案》，授权相关委员会对联邦作物保险计划及提升该计划的发展建议等系列内容作出全面评价，但委员会在此基础上提出的有关提高参保率的建议并未被国会及美国政府采纳。1990年颁布的《食物、农业、资源保护和贸易法案》针对农作物保险和灾害援助方面的特殊权利授予进行了规定，例如授权私营保险公司开发额外的可以和联邦作物保险产品包装在一起的产品、允许联邦作物保险提高保费比率以降低损失、授权联邦农业保险公司采取行动控制欺诈行为等。

总体而言，美国联邦作物保险计划范围在此期间得到了迅速扩张。具体来看，1996年签订的保险单数量达162.33万单，相较1981年签订保险单数量提高了289.5%；承保面积达2.049亿英亩（约合0.83亿公顷），相较1981年承保面积提高了355.3%；参保率达44%，相较于1981年的参保率提高了28%；保费收入超过18.384亿美元，相较于1981年保费收入提高了387.9%（Joseph W. & Keith J. Collins，2011）。此外，在1980年《联邦农作物保险法》修订案通过之时，政策制定者寄希望于通过扩大农作物保险计划减少在灾害救助补贴上的支出，并要求自1981年起取消灾害援助项目，然而这一目标并没有实现，而灾害援助项目则逐渐发展成为美国农业保险项目的重要补充内容之一。1981~1988年间，美国农业稳定与保护服务部门（agricultural stabilization and conservation service，ASCS）累计发放了69亿美元的直接灾害支付，其中56亿美元与作物损失相关。直至20世纪90年代初期，美国国会每年在灾害救助补贴上的支出仍远大于农作物保险，这一局面使得联邦农业保险陷入了沉重的财政危机。

对此，美国国会于1994年通过了《联邦农作物保险改革法案》（*Federal Crop Insurance Reform Act*），旨在协调联邦农作物保险和灾害救助之间的关系，彻底重构美国农产品安全网络。具体来看，该法案的主要措施有：①取消了联邦农作物保险覆盖的所有农作物的灾害救助计划，只保留针对联邦农作物保险未覆盖的"非保险农作物灾害救助计划（uninsured crop assistance program）"。②把联邦政府对农场主的各种支持政策与购买联邦农作物保险挂钩，推行强制性保险（mandatory insurance），即只有购买了联邦农作物保险的农场主才有资格获得价格支持计划下的不足支付（即市场价格达不到目标价格而产生的收入不足支付）、优惠贷款和其他的一些津贴。③建立了巨灾保险计划（catastrophic risk protection endorsement，CAT），这一措施的主要目的在于为农场主提供最基本的风险保障，规定投保人可以获得超过实际历史产量 50% 以上的产量损失、价格为管理部门确定的价格的 60% 的保障。该法案有效提高了联邦作物保险的利用率及农民的参保率，基本实现了以农业保险为主，以灾害援助项目为辅的长期稳定目标，但其居高不下的费用支出和损失率表明当前的农业保险制度仍需进一步改革。

第三阶段：政府监督 + 私营公司经营的"单轨制"阶段（1996 年至今）

为减轻联邦政府在农业支持政策方面的财政预算压力，1996 年 4 月 4 日，时任美国总统威廉·杰斐逊·克林顿（William Jefferson Clinton）签署了《联邦农业完善与改革法案》（*Federal Agricultural Improvement and Reform Act*），旨在通过加强并完善农业生产市场导向来实现这一目标。配合其国会后续通过的《农业部机构改革法》，美国农业部的内部机构及其相应职能发生了较为明显的转变，美国农业政策的市场化特征也逐渐凸显。就其与农业保险制度相关的内容来看，该法案提出在美国农业部下建立风险管理局（Risk Management Agency，RMA），规定由其代表联邦政府对美国农业保险进行监管。与此同时，美国各州政府也将在农业保险制度体系中承担一定监管责任，而联邦农业保险公司不再直接经营农业保险业务。该法案为私营保险公司赋予了更大的创新自主权，也标志着美国农业保险制度正式进入政府监督下的私营保险公司"单轨制"经营阶段。

依照《联邦农业完善与改革法案》，风险管理局由保险服务部门、产品管理部门和风险服从部门三部分构成，主要负责通过以市场为基础的风险管理方式帮助农业生产者对其农业生产风险进行管理，进而提高农业生产的经济稳定性。而其监管作用主要体现在：①提高风险管理的可利用性和有效性；②完善并保障风险管理运营制度的安全、效率及效果。③确保客户及利益相关者对风险管理工具和产品拥有成分的认知及理解；④确保农作物保险行业的监管有效性并加强对欺诈、浪费及乱用行为等的管理。

此外，美国国会在此阶段还颁布了一系列相关法案，为美国农业保险制度创建了良好的发展环境。例如，2000 年，美国国会颁布了全新的作物保险改革法——《农业风险保障法》（Agricultural Risk Protection Act），旨在为美国农业生产者的农业生产及收入提供保障，进而提高联邦作物保险计划的效率及完整性；2002 年，美国国会正式通过并颁布了《不正当支付信息法》（The Improper Payments Information Act of 2002），旨在授权包括风险管理局等在内的所有联邦机构对农业保险计划推进过程中的不当支付行为进行识别并加以根除；2008 年《食物、保护和能源法案》（Food, Conservation and Energy Act）从监管等方面入手对农作物保险进行了改善；2014 年《农业改革、粮食和就业法案》（Agricultural Reform, Food and Jobs Act）针对当期美国农业发展特点新增了一系列保险项目，扩大了农作物保险项目的覆盖范围。

由此可见，美国农业保险制度的发展在此阶段得到了政府的大力支持，私营保险公司的市场化程度也显著提高，相较于此前一阶段，美国农业保险计划规模进一步扩大，且农作物保险赔付率明显降低。具体来看，美国联邦农作物保险的保费收入在 20 世纪 90 年代翻了三番，进入 21 世纪后，农作物保险保费收入增幅显著，并于 2011 年突破百亿大关，达到 120.66 亿美元，此后每年的农作物保险保费收入基本保持在 100 亿美元左右。此外，相较于 1994 年之前美国联邦农作物保险的高赔付率，1994 年后，除极端年份（2002 年和 2012 年）以及赔付支出略高于保费收入的年份（1995 年、1999 年、2000 年和 2013 年）外，其余年份赔付率均低于 100%，1994~2016 年，联邦农作物保险平均赔付率为 84.77%（张燕媛，2018）。

4.2.2 美国农业保险产品体系及特点

为提高农民农业生产管理效率、降低市场风险及自然灾害风险等对农民农业收入的影响，美国政府出台了一系列相关政策，这些政策以保障农民收入为核心目标，以维护食物可持续充分供给为根本目标，统称为农业安全网（Shields，2015），其最早源于 20 世纪 30 年代的"罗斯福新政"。而美国农作物保险制度自进入政府监督＋私营公司经营的"单轨制"阶段以来发展迅速，为美国农业生产者提供了全方位、多层次的风险保障，现已成为美国农业安全网政策的核心。总体来看，现阶段美国农业保险产品种类丰富，承保面积及参保率、保费收入、保险补贴等整体呈上升趋势，且赔付率逐步降低。该部分重点从保险项目类型、经营效果、经营特点三方面对美国农作物保险发展现状进行了归纳。

第一，美国农作物保险项目类型。

美国农作物保险发展至今已有百余年历史，在此过程中，通过结合不同地区、不同作物以及不同投保人的不同保险需求水平，美国农作物保险在保费、保险责任、保障水平及补偿条款等方面不断进行调整和完善，现已形成二十余种农作物保险项目，可保农业产品除玉米、小麦、大豆、棉花、花生、大米等大田作物以及水果、坚果、蔬菜、苗圃作物等特色作物外，还包括牧场、饲料作物、牲畜等，累计超过 130 余种。现有研究普遍根据其承保风险类型将美国农作物保险项目分为产量类保险和收入类保险两大类（夏益国等，2014；Shields，2015a），具体来看：

产量类保险主要用于对农业生产的农作物产量损失进行补偿。主要包括:产量保险(yield protection)、实际历史产量保险(actual production history)、排除产量的实际历史产量保险(actual production history yield exclusion)、区域产量保险(area yield protection)、美元计划(dollar plan)、降水指数保险(rainfall index)、植被指数保险(vegetation index)。具体来看:

实际历史产量保险(actual production history)主要针对由干旱、水涝、冰雹、大风、病虫害等风险因素造成的产量损失进行补偿,保险标的为当年的产量。投保人可选择历史产量的50%~75%进行投保(部分地区可达85%)。依照美国农业部规定,历史产量为投保人近4~10年的年平均产量。保障价格可选择实际价格的55%~100%,实际价格根据当年风险管理局公布的价格确定。

产量保险(yield protection)与实际历史产量保险的区别在于该项目使用的农作物价格为商品交易条款规定的期货市场价格,而不是风险管理局确定的价格,投保人可以选择保障项目价格的55%~100%不等。

排除产量的实际历史产量保险(actual production history yield exclusion)是指在计算用于确定保险额的产量时,允许农业生产者将极端年份的产量从历史产量中剔除,以保证农业生产者所选保险金额不受极端年份产量影响(谢凤杰等,2016)。

区域产量保险(area yield protection)用于对在某一地区的总体产量低于保险合同中所约定的产量时提供补偿。合同约定产量由期望产量与保障因子决定(80%~120%),保障价格为项目价格。当个人产量偏低而总体产量高于保障产量时,个人将不会获得补偿。

美元计划(dollar plan)用于补偿由于产量下降而造成的损失,保险金额取决于特定地区的种植成本,最大保障范围不超过巨灾保险的保障范围。

收入类保险产品主要用于承保被保险人因灾而致产量下降或由于市场价格下跌而至收入损失风险，主要包括：收入保险（revenue protection）、实际历史收入保险（actual revenue history）、区域收入保险（area revenue protection）、牲畜风险保护计划（livestock risk protection）、牲畜毛利润保险（livestock gross margin）、农场整体收入保障计划（whole-farm revenue protection）、堆叠收入保障计划（stacked income protection plan）、边际收益保障计划（margin protection plan）。具体来看：

收入保障保险（revenue protection）用于保障由于收获价格低于预期价格、实际产量低于历史产量，或由于两者共同出现而造成的生产者实际收入低于保障收入的损失。根据是否附加收获价格期权条款，收入保障保险具体可分为附加收获价格期权条款和排除收获价格的收入保险两种，两者的主要区别在于排除收获价格的收入保险可通过选择排除收获价格来确定保障程度，进而保证收入由预期价格唯一确定，即当收获价格大于预期价格时保障程度也不会增加，且相较于附加收获价格期权条款，排除收获价格的收入保险的保费较低。

实际历史收入保险（actual revenue history）用于保障投保农场因低产量或低价格或两者同时波动造成的实际收入低于保障收入的损失。保障收入由批准收入（根据农户提交的记录和签署的赔偿要求计算得到单位面积的历史收入，并以此作为单个作物收获年度的收入标准）、保障水平（50%~75%的范围内选择）和预期收入指数（反映正常产量和预期价格下作物年度的可能收入，用于调整已批准的收入）三者乘积计算得到。

区域收入保险（area revenue protection）亦即团体收入风险保险。该保险与投保农场的实际收入无关，而以所在区域的平均收入为参照标准，当该区域作物单位面积收入低于被保险人选择的触发赔偿收入时，农户即可获得赔偿。触发收入由该县平均产量、预期价格和保障水平

（一般在 70%~90% 之间）三者的乘积计算得到。与收入保障保险类似，区域收入保险也可根据是否排除收获价格分为附加收获价格期权条款和排除收获价格期权条款两类。

农场整体收入保障计划（whole-farm revenue protection）是对此前调整后总体收入保险（adjusted gross revenue）的进一步完善，是针对整个农场收入的保险项目，适用于负债不超过 850 万美元，以种植业、养殖业或种养结合为主营业务的农场。该项目的保障水平及保费补贴比率会随农场经营产品种类的多少而有所变动，具体来看，经营一种农产品的农场可根据选择的不同保障水平获得基本的联邦政府保费补贴，而经营两种及两种以上农产品的农场则可获得全农场保费补贴。

堆叠收入保障计划（stacked income protection plan）是针对陆地棉（upland cotton）的区域性收入保险项目，农业生产者可单独投保，也可配合其他现行保险产品一起投保，该险种在设计上与区域收入保险类似，以地区收入为基础，以 5% 为梯度递增，提供 10%~30% 的损失保障，当该地区收入低于预期收入的 90% 时，开始支付赔偿。

边际收益保障计划（margin protection plan）是基于区域生产数据的保险计划，农业生产者可独立购买，也可与产量保险或收入保险一同购买，当农业生产者预期边际收益发生意外损失时可获得赔付，农业生产者可选择不同保障水平，保障预期收益的 70%~90%，较高保障水平对应较高保费。

在上述农作物保险项目中，排除产量的实际历史产量保险、农场整体收入保障计划、堆叠收入保障计划、边际收益保障计划是《2014 年农业法案》为完善美国联邦农作物保险体系和适应农业发展新特点而新增的项目。此外，《2014 年农业法案》还新增了补充保障选择保险（supplemental coverage option，SCO），旨在为生产者基本农作物保险提供补充保障。补充保障选择保险把对生产者的保障增至实际历史产量或预期收入的86%。与累积收入保险一样，补充保障选择也属于区域保险，即当县级实际产量或收入达不到县级预期产量或收入的86%时，补充保障选择保险启动赔偿。补充保障选择保险于2015年正式上市，初期保险费补贴率为65%。

总体来看，1980年之前，美国农业保险以产量险为主，其中最具代表性的即为覆盖土豆、大豆、柑橘等在内的28种农作物在内的"多种灾害性农业保险"，该保险项目直至1996年在美国仍十分常见。然而自《1994年联邦农作物保险改革法案》在联邦农作物保险项目中引入了收入保障保险以来，其在美国农业保险项目中的地位逐渐攀升。2002年，收入类保险产品的保费收入在总保费收入中的占比已经接近50%，而自2011年起，收入类保险产品保费收入比例始终维持在80%以上。据统计，2018年，仅收入保障保险就承担了68.69%的保险责任，其保费收入在美国农业保险项目总保费收入中的占比达到73.02%。由此可见，美国农业收入保险已经成为美国最重要的农业保险产品（王云魁和杨红丽，2020）。对比两类农作物保险可以发现，产量类保险产品更加侧重于对农民收入浅度损失（shadow loss）的补偿，而收入类保险产品则更侧重于对农民收入的深度损失（deep loss）进行补偿（Erik，2016；Mesbah et al.，2018），两类保险产品共同实现了对农业生产经营风险深度和广度的覆盖，有效保障了农民的农业生产收入，进而提高了农业生产的稳定性。

第二，美国农作物保险经营效果。

在联邦农作物保险项目推行之初，其经营效果十分不理想，直至1989年，全美农作物保险净投保面积才突破1亿英亩（约合0.40亿公顷），保险费平均补贴率只有25.2%，保险费总收入为8.14亿美元。随后，在经历了1994年和2000年的两次大规模改革后，保费补贴率的大幅提高使得农民投保的积极性也得以激发，1995年全美农作物保险净投保面积首次突破2亿英亩（约0.81亿公顷），保险费平均补贴率由1994年的26.8%大幅上升至1995年的57.6%。《2000年美国农业法案》再次提高了农作物保险费率补贴，2001年达到60%。自2017年以来，联邦农作物保险净投保面积始终保持在3亿英亩（约1.21亿公顷）以上，大田作物投保率维持在87%左右，保险费平均补贴率约为63%左右。具体来看：

保险责任及保费收入变化情况。根据风险管理局全国作物保险业务报告数据显示，自1989年以来，美国农业保险保费收入整体上呈现不断增长状态，尤其2007年之后的农业保险市场发展更是迅猛，只是在2018年有所回落。2008~2018年，美国全国农业保险责任年均达到954.48亿美元，年均保费收入达到95.54亿美元。近年来，美国农业收入保险保费占农业保险总保费的比重高达83%，其中，2018年大麦、玉米、棉花、高粱、水稻、大豆和小麦这些主要农作物的保险责任达到311.53亿美元，保费收入为29.54亿美元。

保险补贴变化情况。除丰富农作物保险产品种类、提高保险风险覆盖程度外，增加保费补贴也是美国政府提高农作物保险可得性、促进农民参保的最重要手段之一。近年来，随着农作物保险保费收入的不断增长，农作物保险的补贴金额也在成比例增长，根据《2014年农业法案》，美国作物保险预算达到898亿美元，约占当年农业财政总预算的11%。2016年，美国政府农业保险支出已超过农作物商品项目和土地休耕项目（congressional research service，2018）。

1989~2018年，联邦政府给农作物保险的财政补贴总额累计达到886.86亿美元（含费用补贴等），仅2011年就达到74.63亿美元。1989~1994年，农业保险平均补贴率（补贴额/总保费收入）为0.26；1995~2008年，补贴率始终保持在0.5以上，平均为0.57；2009年，美国农业保险补贴率突破0.6，2009~2018年间的农业保险平均补贴率为0.62。2001~2018年,美国政府对农业保险的支持力度显著提高,平均保费补贴率达到0.61,每英亩①政府补贴额约为17.294美元,是1989~2000年平均每英亩补贴额的4.38倍。

此外,为促进美国农业保险发展,美国政府除为农户提供保费补贴外,还为私营保险公司提供了运营费用补贴以及再保险支持,其中,对农户或农业保险公司的保费补贴并非由联邦作物保险公司事先发放,而是通过承保合同以及再保险协议与农业保险公司年终统一核算。对农业保险公司再保险支持和运营费用补贴(如保费收缴、查勘和保险理赔等)由联邦作物保险公司执行。在由风险管理局、联邦作物保险公司和农业保险公司构成的美国农业保险运行体系实际运营过程中,农业保险公司普遍依托下级代理商参与市场竞争,而对代理商的支付在其运营费中的占比最高。

依照2000年《农作物风险保障计划》(The Agricultural Risk Protection Act of 2000)规定,对风险覆盖程度为75%的保费补贴由18%提高到55%。此后,美国政府在保费补贴等方面投入不断增加。2000年之前,美国农业保险项目每年财政投入不超过10亿美元;2000~2004年,该部分财政投入增加到33亿美元,其中用于支付保费补贴的费用占到56%;2010~2014年美国农业保险项目每年财政投入达到了86亿美元,保费补贴占87%(Zulauf,2016)。据美国国会研究服务局统计数据显示,2007~2016年,美国农业保险项目总支出达720亿美元,其中对农民的直接保费补贴达430亿美元,对农业保险公司补贴累计达280亿美元,风险管理局运营支出7.54亿美元,分别占美国农业保险项目总支出的59.7%、38.9%和1.0%。根据美国国会2018~2027年农业法案预算,在现有政策体系下,农业保险项目将保持农业政策中最

---

① 1英亩=0.405公顷。

大支出项目的地位，其中农作物保险项目的预算占比约为9%（congressional research service，2018）。

保险赔付额及赔付率变化情况。据美国风险管理局网站数据显示，1989~2015年间，美国农业保险赔付支出波动较大，1999~2013年间，赔付支出始终呈上升趋势，且因2011年美国南部地区7个州遭受龙卷风及强风暴袭击而在2011~2013年间突破100亿美元。基于这一情况，美国农业保险立即针对保费及补贴标准进行了调整，加之巨灾保险制度等的辅助作用，其农业保险赔付支出得到了较好的控制。2015年，美国农业保险赔付支出为50.394亿美元。就其保险赔付率来看，1989~2003年间，美国农业保险赔付率相对较高，平均高于百分之百，而在2003年之后，农业保险赔付率则基本维持在100%以下，2003~2018年间，美国农业保险平均赔付率为74%，保险赔付额总体上覆盖了农业生产者所缴保费，对农业生产起到了加强的保障作用。

第三，美国农作物保险的经营特点。

作为一种市场化、社会化的互助机制和风险转移机制，美国农作物保险在风险管理过程中发挥着不可忽视的重要作用，结合上述对美国农作物保险项目发展现状的梳理，可以发现，美国农作物保险制度在运营过程中主要表现出以下特点：

注重对农作物保险项目的动态调整。由于农业生产活动存在较大的地区差异，美国农作物保险项目会根据农业生产者所在地区、种植作物、保险需求水平等作出调整，在保费、保险责任、保障水平和补偿条款等方面都有着不同的保险合同形式（魏加威和杨汭华，2020），可有效保障农业生产者的收入水平。此外，美国农作物保险的责任范围也在不断扩大，除覆盖主要自然或市场风险外，对投保人所遭受的其他不利事件，如没有能力种植或由于不利天气造成的过多质量损失等也会提供保险。

高度重视数据库建设，有效降低了农作物保险的赔付支出。为保障农作物保险项目的有效推进，美国针对耕地信息、作物产量、农产品价格等都构建了完备的数据采集系统，通过对每块耕地进行编号，农业生产者可实时记录每一块耕地的基础信息及产量情况，加之完善的农产品交易市场和价格采集系统，为美国政府进行费率厘定提供了充分的数据支持，有效提高了农作物保险的经营效率（王云魁和杨红丽，2020）。

注重对私营农业保险公司积极性的调动。为充分激发私营农业保险公司的参与积极性，美国政府通过允许私营保险公司自主进行保费厘定与分级、允许其自行开发农业保险产品、减免其部分营业税及其他税收并提供业务费用补贴等方式，为私营农业保险公司创造了良好的发展空间。此外，相对完备的巨灾风险保障体系也为私营保险公司的发展提供了保障，尤其是美国政府自1997年始发行的农业巨灾债券，使得私营保险公司在巨灾发生后有足够能力承担补偿责任并保证运营的可持续性。

4.2.3 主要问题与趋势

美国现行的农作物保险制度虽然有效减缓了农民的收入波动，且在一定程度上促进了农业生产的发展，但其在经营过程中依旧面临着诸多问题和挑战。具体来看：

首先，虽然美国现已针对农业生产、自然灾害、农产品市场价格等建立了较为完备的数据库及数据实时监测系统，但由于影响农产品供求的因素较多，农业生产和农产品价格的波动仍然较大，加之农场产量报告和气候变化带来的不确定性，使得美国农业保险在运营过程中仍旧存在较大风险；其次，为提高农业保险对农业生产者的保障程度，美国现有农业保险承保的范围较广，在一定程度上增加了农业保险的经营困难；再次，多种灾害险项目本身就具有较高的经营风险，加之现行农作物保险逐步偏向收入类保险，更进一步增加了农业保险的经营难度；最后，逆向选择和道德风险等问题依然普遍存在，这也是美国农业保险经营过程中始终面临的问题。

此外，美国农作物保险项目补贴及赔付向大规模农户的偏移趋势显著（White & Hoppe，2012；McFadden et al.，2018）。据统计，1991～2015年，规模在年收入100万美元以上的农场获得的美国农业保险项目赔付占比从12.1%增加到了32.7%，而年收入小于35万美元的小规模农场获得的赔付从47.5%下降到了22%。这主要是由于美国农业生产经营的集中化及其引发的对风险管理工具更高的需求造成的（MacDonald et al.，2013）。

结合上述对美国农作物保险发展现状及存在问题的表述，美国农作物保险市场呈现以下发展趋势：

第一，市场化趋势进一步凸显。虽然目前美国农作物保险制度在整体上仍有美国政府进行调控，但其市场化趋势已经十分显著，未来，随着整个农业生产体系市场化的不断完善，农作物保险作为其风险管理的重要手段之一，其市场化程度必然会逐步提升。

第二，注重农业可持续发展。在有了农业保障后，农场主可能会规避道德风险，采取过量使用化肥农药、采取破坏环境的生物技术等来提高产量。《2014年农业法案》增加了对农业生态环境保护的补贴力度，将农业环境、资源保护等纳入到农业保险计划中，以期引导农业生产者转变农业生产方式。为保障农业的可持续发展，可能会注重生态环境及资源保护。

第三，对不同农业种植区进行风险划分，进一步提高保险项目效率。具体来看，依托完备的数据信息及先进的精算模型，美国政府拟对不同农业种植区进行风险划分,针对高风险地区的农业生产者,其保险产品可主要由政府提供,而中低风险地区的农作物保险项目则由私营保险公司经营。在为农业生产者提供必要的风险保证基础上,提高农业保险项目的经营效率,也可在一定程度上提高私营农业保险公司的经营收益。

4.3 日本农业保险政策体系及其实践

4.3.1 日本农业保险发展历程与现状

总的来看,日本农业保险的发展历程较为长久(龙文军,2006;孙炜琳等,2007)。1603~1867年,此期间内日本还属于幕府统治时期,为了巩固其统治地位,日本通过一系列的制度例如"设仓""广惠仓"等对遭受到灾害损失的农民进行救济,这些制度起初均来自于日本对其他国家的效仿等;此时,日本并未形成真正意义上的农业保险制度。1929年,日本首次以法律条文的形式出台了《家畜保险法》,主要是针对家畜例如牛、马等的死亡进行保险;随后,1938年日本农业保险的保障范围进一步扩大至种植业,主要是针对小麦、水稻以及桑树等农作物进行保险,据此出台的法律文件是《农业保险法》(贾云赟,2018);此时,日本才真正意义上形成农业保险制度(鲍文,2013)。日本农业保险的发展历程可以大致分为以下四个阶段:

1945~1957年间,日本共济制农业保险初步建立。第二次世界大战使得日本的农村、农业均受到了重创,因此政府不得不出台相应的救济政策来恢复农业、农村的发展以提高农业生产率进而改善农民生活水平，政府的救济政策主要以农业保险的恢复与完善为重点。首先，保险项目种类日益繁多。1947年通过《农业灾害补偿法》明确了三大类保险项目，分别是家畜共济、农作物共济以及蚕蛹共济，并且《农业灾害补偿法》是由1929年的《家畜保险法》和1938年的《农业保险法》整合而成的（江生忠和费清，2018）；1949年，进一步对农业设施实施共济保险制度；随后1951年针对农机具实施共济保险。其次，保险组织机制日渐完善。共济制农业保险机构主要由政府、共济组合、农民等层级构成；政府起主要的领导作用，在政府的引导以及推动下，农业协同共济组合联合会得以成立，随后在县、市、町、村等中间层以及基层来成立相应的共济组合的分支机构。最后，保险基金的使用以及法律体系日渐形成。1952年日本政府针对农业保险基金如何规范、合理使用出台了相应的《农业共济基金法》；1957年日本政府针对农业保险理赔机制的进一步完善出台了相应的农业保险法律体系。据此，共济制农业保险初步建立完成。

1958~1980年间，日本共济制农业保险快速发展。1947年的《农业灾害补偿法》虽然使得日本农业保险得到了初步发展，但随着时间的推移，此法律也呈现出很多不合理的问题，例如保险赔付依据、赔付水平不合理；保险费率不合理；保险品种、保障范围不合理；强制保险标准不合理等等，导致农业保险的购买率很低，因此政府不得不对《农业灾害补偿法》进行修订完善。一是扩大农业保险赔付依据，提高农业保险赔付水平。二是根据风险水平的差异制定不同且合理的农业保险费率，并严格执行其计算方法。三是增加保险品种，扩大农业保障范围；例如日本分别于1972年、1979年针对水果、旱田作物和园艺等作物进行农业保险。四是针对强制保险标准进行适当放松，例如适当调整了强制保险的种植面积。据此，共济制农业保险得到快速发展。

1981~2013年间，日本共济制农业保险调整完善。这一期间，日本农业生产面临的外部环境的压力越来越大,这一压力主要来源于国外农产品的进口冲击,传统的农业保护政策已经不适用于国际化环境的需要,因此日本的农业保险制度必须进行调整完善。一方面,针对农户进行农业保险培训,扩大农业保险覆盖面积的同时提高农民的风险防范意识;另一方面,针对农业保险本身,增加保险品种,扩大农业保障范围,例如将农业生产资料、部分经济作物等纳入农业保险范围,提高农业保险的保险力度;随着科技以及互联网的发展,在农业保险过程中要运用先进的科学技术以提高农业保险力度,例如地理信息系统(GIS)等信息技术。据此,共济制农业保险得到调整完善。

2014年至今,引入并实施了农业收入保险。原有的共济制农业保险存在很多的问题,例如价格风险防范弱、可保农产品缺乏组合、农民老龄化、政府政策不完善等(穆月英和赵沛如,2019),因此必须建立新的农业收入保险制度。2014年6月,农业收入保险首次被提出,旨在针对农民收入进行保障;随后2017年,日本农林水产省专门制定了《农业收入保险制度》,并开始在小规模内试点;2019年,农业收入保险制度得以正式实施。农业收入保险以农业经营者的整体销售收入为保险对象,在考虑自然风险的同时引入市场风险,扩大农业保险覆盖范围的同时保障农民收入水平,并且这一保险制度还符合国际规则的要求,整体上可以提升日本农业的竞争力和农民的收入水平。

据日本农林水产省网站数据显示(见表4-3),2018年日本共有195.5万农户参与农业保险,其中农作物共济、家畜共济、果树共济、旱田作物共济以及园艺设施共济参与农户数量分别是1 276千户、57千户、56千户、66千户、140千户;总的保险金额是30 256亿日元,其中农作物共济、家畜共济、果树共济、旱田作物共济以及园艺设施共济的保险收入分别是10 879亿、9 955亿、1 027亿、2 026亿、6 369亿日元。

表 4-3　　　　　　　　　　2018 年日本农业保险现状

业务			加入户数（千户）	加入数量	加入率（%）	保险金额（亿日元）	保险费（亿日元）			国库负担比例（%）
							总额	国库负担	农户负担	
农作物共济（千公顷）			1 276	1 697	—	10 879	195	102	94	52.31
水稻			1 230	1 430	92.3	9 580	78	39	39	50.00
旱稻			0.1	0.03	3.7	0.1	0.01	0.003	0.003	30.00
麦类			46	266	97.6	1 300	118	63	55	53.39
家畜共济（千头）			57	—	—	9 955	622	285	337	45.82
乳用牛等	旧制度		14	2 034	92.4	3 436	358	167	191	46.65
	新制度	死亡		116		285	13	6	7	46.15
		疾病		72		12	9	4	4	44.44
肉用牛等	旧制度		41	1 979	91.6	4 350	186	83	104	44.62
	新制度	死亡		408		1 250	16	7	9	43.75
		疾病		227		24	10	5	5	50.00
马	旧制度		1	21	77.2	244	7	3	5	42.86
	新制度	死亡		0.5		3	0.1	0.04	0.05	40.00
		疾病		1		0.1	0.03	0.02	0.02	66.67
种猪	旧制度		1	168	26.5	85	2	1	1	50.00
	新制度	死亡		60		32	0.3	0.1	0.2	33.33
		疾病		5		0.2	0.1	0.1	0.1	100.00
肉猪	死亡		1	2 113	19.5	234	20	8	12	40.00
果树共济（千公顷）			56	35	—	1 027	36	18	18	50.00
收获			54	34	22.7	928	35	18	18	51.43
树体			2	1	3	99	1	0.4	0.4	40.00
旱田作物共济			66	—	—	2 026	109	60	49	55.05

续表

业务	加入户数（千户）	加入数量	加入率（%）	保险金额（亿日元）	保险费（亿日元）			国库负担比例（%）
					总额	国库负担	农户负担	
农作物（千公顷）	66	294	71.7	2 024	109	60	49	55.05
蚕桑（千箱）	0.2	2	—	1	0.02	0.01	0.01	50.00
园艺设施共济（千栋）	140	613	55.2	6 369	61	30	31	49.18
合计	1 595	—	—	30 256	1 024	494	529	48.24

注：表中加入数量的单位根据具体农业保险业务产品而定。例如，农作物共济的加入数量为千公顷，家畜共济的加入数量为千头。

资料来源：https://www.maff.go.jp/j/keiei/nogyohoken/attach/pdf/toukei_zisseki-31.pdf；日本农林水产省网站。

4.3.2 日本农业保险的政策及产品体系

第一，日本共济制农业保险的运营体系。

日本共济制农业保险的运营体系根据运营途径的不同可以分为以下两种（见图4-1）：首先是图4-1的左侧部分，即原有的日本共济制农业保险的运营体系；其次是图4-1的右侧部分，即现有的日本共济制农业保险的运营体系；两种共济制农业保险运营体系的关键区别在于农业共济组织是否合并，而农业共济组织出现合并情况也是为了更好地适应日本农业、农户的变化。

从原有的共济制农业保险运营体系来看，主要分为以下三层结构：一是组合者与农业共济组合层面，由组合者加入成立农业共济组合，组合者指的就是日本农户，农业共济组则是指设立在市町村一级的农业共济事务机构；在这一过程中，组合者需向农业共济组合缴纳共济保费，

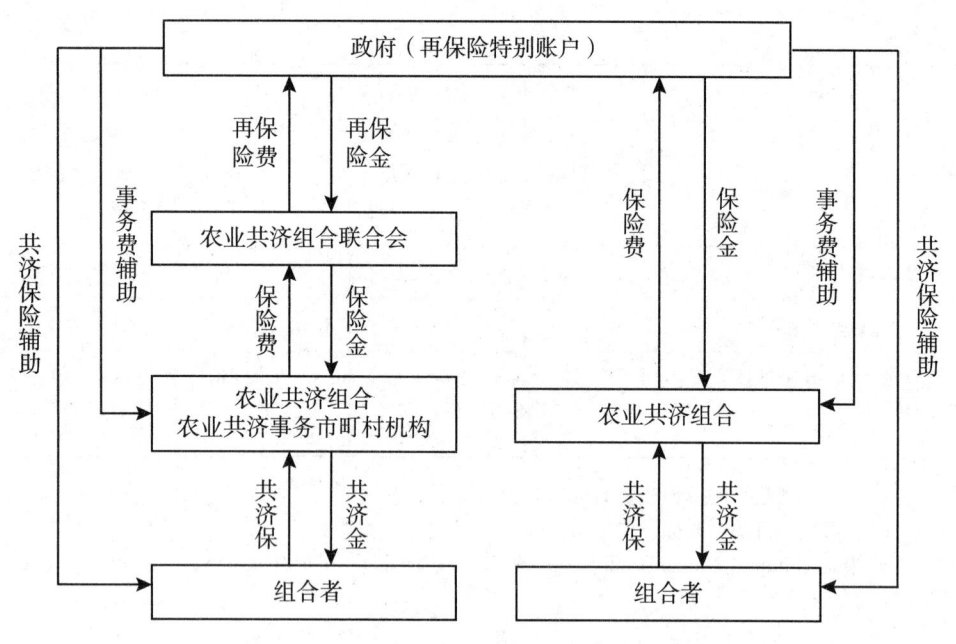

```
                    ┌─────────────────────────────┐
                    │   政府（再保险特别账户）    │
                    └─────────────────────────────┘
           再保   再保              保险   保险
           险费   险金              费     金
    事务费  ┌─────────────────┐           事务费
    辅助    │ 农业共济组合联合会 │           辅助
 共          └─────────────────┘                   共
 济          保险费  保险金                          济
 保                                                保
 险   ┌──────────────────┐    ┌──────────────┐    险
 辅   │ 农业共济组合      │    │ 农业共济组合  │    辅
 助   │ 农业共济事务市町村 │    │              │    助
      │ 机构              │    └──────────────┘
      └──────────────────┘
        共济保  共济金          共济保  共济金
      ┌──────────────────┐    ┌──────────────┐
      │     组合者        │    │    组合者    │
      └──────────────────┘    └──────────────┘
```

图 4-1 日本共济制农业保险的运营体系

反过来农业共济组合向组合者提供共济金。二是农业共济组合与农业共济组合联合会层面，由市町村一级的农业共济组合联合成立农业共济组合联合会，农业共济组合联合会是指设立在县、中央一级的农业共济事务机构；在农业共济组合联合会中也会设立不同的职务，比如会长、理事会、监事会等来各司其职；在这一过程中，农业共济组合需向农业共济组合联合会缴纳保险费，反过来农业共济组合联合会向农业共济组合提供保险金。三是农业共济组合联合会与政府层面，农业共济组合联合会给政府缴纳再保险费，政府也会设立专门的再保险特别账户用来管理这部分资金（金仙玉，2019），在需要的时候向农业共济组合联合会提供再保险金。整体来看，农业共济组合将从组合者那里收取上来的共济保费以保险费的形式再缴纳至农业共济组合联合会一级，联合会再拿着这部分资金以再保险费的形式缴纳至政府一级；在需要的时候，政府会、农业共济组合联合会、农业共济组合也会一级一级地将共济金提供到农户手中；三个层面间形成的关系也是不一样的，一、二层面的两者间形成的是保险关系，三层面的两者间形成的则是再保险关系。

为了更好地适应日本农业、农户的变化，共济制农业保险的结构需要做出相应的改变，即农业共济组织发生合并。数据显示，农业共济联合会、农业共济组合分别由2013年的38个、241个下降至2017年的17个、141个，在这个过程中，相应地出现了"一县一组合"的模式。从现有的共济制农业保险运营体系来看，主要分为以下两层结构：一是组合者与农业共济组合层面，由组合者加入成立农业共济组合，组合者需向农业共济组合缴纳共济保费，反过来农业共济组合向组合者提供共济金；这一层面与原有的共济制农业保险运营体系的第一层面相同。不同的是第二层面，现有的共济制农业保险运营体系是农业共济组合直接与政府发生关系，农业共济组合给政府缴纳保险费，政府在需要的时候向农业共济组合提供保险金；在提高农业共济组合办事效率的同时也能减少成本支出，很好地推动了日本共济制农业保险的高效运营。

第二，日本农业收入保险的运营体系。

日本农业收入保险的运营体系与日本共济制农业保险的运营体系的大致框架结构相同，唯一不同的是在日本农业收入保险的运营体系中多了全国农业共济组合联合会（以下均简称全国联合会）这一层组织机构（见图4-2）；因此本部分主要是针对全国联合会的组成、出现背景、工作职责三个方面来进行介绍。一是全国联合会的组成，其组成成员是农业共济组合或者农业共济联合会，并且属于全国范围内的组织。二是全国联合会的出现背景，在日本共济制农业保险的运营体系中，农业共济组合联合会是主要的实施主体，起到承上启下的作用，并且能够根据组合者区域分布的不同分别进行核算从而高效运行此保险体系；但是在日本农业收入保险的运营体系中，组合者区域分布的不同将会导致其纳税方式等出现差异，因此地区性的核算在全国层面难以做到统一管理；因此，出现了全国联合会，在全国范围内对农业收入保险进行管理与运营。三是全国联合会的工作职责，首先全国联合会负责的是统筹管理职务，具体的业务操作则由组成成员——农业共济组合或者农业共济联合会来执行。

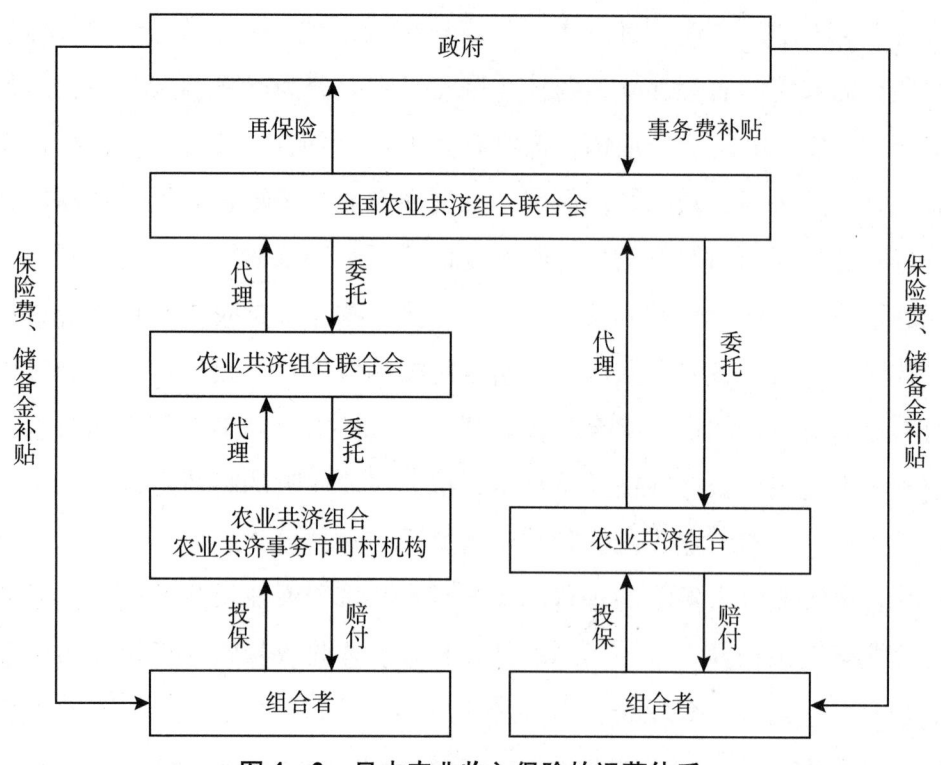

图 4-2 日本农业收入保险的运营体系

第三，日本农业保险产品体系。

并不是所有的农业产品都可以作为农业保险品种，需要满足三个条件：一是农业保险品种必须是与农业生产生活息息相关的，即涉及民生问题，比如农作物共济中的水稻、旱稻、麦类等作物；二是农业保险品种必须能够准确度量，即有确定的产量、价格等指数可以度量，这样才能在保险基准的基础上计算保费等，才能使得农业保险真正落实到实际操作当中；三是农业保险品种必须是针对农户自身需求的，针对农户关心的，但是又有风险的作物进行保险制度，才能提升农户的参保率，更有效地发挥农业保险制度的保障作用。

日本农业保险制度依法设置了农业保险业务类型和保险品种，并且根据保险对象的不同可以分为两类：即以每年产量损失为对象的产量保险和以资产损失为对象的资产保险。如表4-4所示，农业保险的业务种类包含六个方面，已基本覆盖了农业生产生活的需要（龙文军，2006）。本部分主要对这六种保险类型适用的保险品种、适用情况、所属保险类型进行介绍：（1）农作物保险，适用品种是水稻、旱稻、麦类等，适用情况是因遭受自然灾害、病虫害导致的产量减少，比如台风、洪水灾害、旱灾、冻灾、雪灾及其他气象灾害、火灾、病虫害以及鸟兽造成的灾害；属于产量保险类型。（2）家畜保险，适用品种是牛、马、猪等，适用情况是因疾病、死亡等造成的资产损失，比如在饲养过程中发生的死亡、致残、疾病以及伤害；特殊的情况如法定的传染病或巨灾引起的损失由国家再保险负责赔偿；属于资产保险类型。（3）果树保险，适用品种是橘子、苹果、梨、葡萄、伊予柑、猕猴桃、李子、桃、梅子、枇杷、栗子、柿子、菠萝、指定柑橘等，适用情况是因遭受自然灾害、病虫害导致的产量减少、资产损失，比如遭受自然灾害及病虫害等引起水果产量、质量下降，进而导致产量减少，更严重的会导致果树死亡，从而导致资产损失；因此以水果产量损害为对象的属于产量保险，以果树损害为对象的属于资产保险。（4）旱田作物保险，适用品种是经济作物比如甜菜、大豆、马铃薯、洋葱、甘蔗、小豆、荞麦、茶、甜玉米、扁豆等，适用情况是因遭受自然灾害、病虫害导致的产量减少；属于产量保险类型。（5）园艺设施保险，适用品种是特定园艺设施（塑料屋等）、附属设施以及设施内的农作物等，适用情况是遭受自然灾害导致园艺设施发生损坏，进一步影响到园艺设施内作物的产量、收入等减少；属于资产保险类型。（6）任意保险事业，适用品种是建筑物、农机具以及其他上述以外的农作物等，适用情况与园艺设施保险相同，同样属于资产保险类型。

表4-4　　　　　日本农业保险的业务种类以及保险品种情况

业务种类	保险品种	投保方式	保险类型
农作物保险	水稻、旱稻、麦类	强制加入	产量保险
家畜保险	牛、马、猪	自愿加入	资产保险
果树保险	橘子、苹果、梨、葡萄、伊予柑、猕猴桃、李子、桃、梅子、枇杷、栗子、柿子、菠萝、指定柑橘	自愿加入	产量保险 资产保险
旱田作物保险	甜菜、大豆、马铃薯、洋葱、甘蔗、小豆、荞麦、茶、甜玉米、扁豆	自愿加入	产量保险
园艺设施保险	特定园艺设施（塑料屋等）、附属设施以及设施内的农作物	自愿加入	资产保险
任意保险事业	建筑物、农机具以及其他上述以外的农作物等	自愿加入	资产保险

日本农业保险制度在依法设置农业保险业务类型和保险品种的基础上采取强制加入与自愿加入相结合的方式来鼓励农户投保。如表4-4所示，除农作物保险采用强制加入的方式外，其余保险类型均采用自愿加入的投保方式，这主要与农作物在日本整个国家中所占的主导地位有关。日本的主要粮食作物就是大米和小麦，稳定粮食的生产与供给对于日本稳定发展起关键性作用，因此日本政府必须要求对农作物生产实施强制投保，但并不是所有的农户都必须投保，只有种植面积达到一定规模的农户才会被要求强制投保（刘晓丹，2018），而种植面积的规模确定又因所属地区生产情况、经营规模等的不同而有差异。比如水稻种植

户的种植规模在都、府、县内以及北海道的标准分别是 20~40 公亩①、30~100 公亩；旱稻、麦类种植户的种植规模在都、府、县内以及北海道的标准分别是 10~30 公亩、40~100 公亩；以上规模的农户都必须实施投保；除此之外，种植规模在 5~20 公亩的种植户也可自愿进行投保。

4.3.3 日本农业保险的补贴

日本共济制农业保险的运作中必须有政府的财政支持，本部分将从财政支持的必要性、有何补贴、补贴比例如何以及政府和农协的补贴比例等几个方面来进行介绍。

首先，政府进行财政补贴很有必要，即国库负担部分保险金、事务费很有必要，主要于日本农业所处的自然环境有关系。日本农业所处的自然环境相对来说较为恶劣，地处于亚洲季风气候带，极易发生自然灾害，对农业的生产损害性极大，因此农业的保险费率要远高于其他方面的保险费率，比如农业中的水稻、麦类等保险费率分别为 2.75%、11.57%，分别高达一般建筑物发生火灾时保险费率的 55 倍、231 倍，如此高的保险费率使得农户加入合作社的自主性不强；进一步地，日本共济制农业保险的运营过程必然会产生一些事务经费，这些事务经费的产生也会成为农户加入合作社的障碍之一；一个国家的粮食是否安全对国家的稳定发展很重要，因此日本政府为了稳定农业的生产，也必须帮助农户负担一部分费用。

其次，日本共济制农业保险财政支持的具体情况如表 4-5 所示。可以看到，2018 年，大致上日本农户与日本财政负担的农业保

---

① 1 公亩 = 0.01 公顷。

费呈 1∶1 状态，具体险种上农户与财政负担比例会有略微差异，其中农作物共济、果树共济、旱田作物共济中财政负担的比例不低于 50%，相反家畜共济、园艺设施共济中财政负担的比例是低于 50% 的。在具体的业务种类下边，各险种所获的财政支持情况也是有区别的，比如在农作物共济中，水稻、旱稻以及麦类的财政负担比例分别是 50.00%、30.00%、53.39%，可以看到保险品种、保险费率等的不同使得其财政补贴比例也会有所差异。

表 4–5　　2018 年日本共济制农业保险财政支持情况

业务种类	总额（亿日元）	财政负担（亿日元）	农户负担（亿日元）	财政负担比例（%）
农作物共济	195	102	94	52.31
水稻	78	39	39	50.00
旱稻	0.01	0.003	0.003	30.00
麦类	118	63	55	53.39
家畜共济	622	285	337	45.82
乳用牛等	380	177	202	46.58
肉用牛等	212	95	118	44.81
马	7.13	3.06	5.07	42.92
种猪	2.40	1.20	1.30	50.00
肉猪	20	8	12	40.00
果树共济	36	18	18	50.00
产量	35	18	18	51.43
树木	1	0.40	0.40	40.00
旱田作物共济	109	60	49	55.05
园艺设施共济	61	30	31	49.18
合计	1 024	494	529	48.24

从表 4-6 可以看到，2011～2017 年日本共济制农业保险预算中农业共济相关事项费用是逐年下降的，其中共济保费国库负担款是不随时间变化的，而农业共济事务业务费负担款是逐年下降的，这说明农业共济相关事项费用的下降主要归因于农业共济事务业务费负担款的下降，即农业保险共济结构的改革降低了其事务业务费，从而进一步降低了相应的农业补贴款。

表 4-6　　　　2011～2017 年日本共济制农业保险预算情况　　单位：百万日元

项目	2011 年	2012 年	2013 年	2014 年	2015 年	2016 年	2017 年
农业共济相关事项	91 103	89 345	89 199	89 136	89 023	88 589	88 235
其中：国库负担	50 110	50 110	50 110	50 110	50 110	50 110	50 110
共济事务业务费负担	40 285	38 685	38 585	38 525	38 425	38 025	37 689

4.3.4　日本农业保险承保与理赔实践

第一，日本共济制农业保险中的承保。

首先，日本共济制农业保险中的承保率以及承保方式是多种多样的。从表 4-7 可以看到，日本农业保险承保率根据保险品种的不同有所差异，农作物保险的承保率最高、家畜共济次之、旱田作物共济第三、园艺设施共济第四、果树共济最小，这主要与农作物在日本整个国家中所占的主导地位以及强制投保方式有关。日本共济制农业保险有多种承保方式，农民可以根据自身需求选择不同的承保方式，因此也会有相应的不同的承保率、承保范围、赔付标准以及赔付机制等，以种植业为例进行说明（见表 4-8）。种植业的承保方式分为以下四种，分别是"一笔方式""半抵偿方式""全额抵偿方式""灾害收入共济方式"，同样的农民可以根据自身需求选择不同的承保方式。根据 2016 年数据显示，总的来说农作物共济大多选择"一笔方式"，其中水稻选择的也是"一笔方式"，但麦类选择的则是"灾害收入共济方式"，跟农产品种类不同有很大关系；总的来说果树共济大多选择"半抵偿方式"，其中苹果选择的是"半抵偿方式"下的特定危险方式，而橘子选择的则是"灾害收入共济方式"；旱田作物共济不管是从总体来说还是单就大豆作物来说，选择的均是"全额抵偿方式"。进一步的，以农作物共济为例（见表4-9），承保方式分为以下五种，分别是以耕地为单位、以农户为单位的半抵承保与全抵承保、灾害收入保险、产量保险；不同承保方式下保障的目标农作物不同，相应的赔付标准以及赔付机制也不同。除种植业共济外，家畜共济的承保方式分为两种，分别是以全头数加入的一般共济和以单头数的种公牛、种公马等加入的特别共济。

表4-7   2018年日本农业不同品种的保险承保率

农业品种	分类	承保率（%）
农作物共济	水稻	92.3
	旱稻	3.7
	麦类	97.6
家畜共济	乳用牛等	92.4
	肉用牛等	91.6
	马	77.7
	种猪	26.5
	肉猪	19.5
果树共济	果实产量	22.7
	树木枝干	3.0

续表

农业品种	分类	承保率（%）
旱田作物共济	蚕茧以外	71.7
	蚕茧	—
园艺设施共济		55.2

资料来源：根据《平成30年产（度）农业共济业绩［令和2年8月时点］》资料整理。https：//www.maff.go.jp/j/keiei/nogyohoken/attach/pdf/toukei_zisseki – 31.pdf；日本农林水产省网站。

表4–8　2016年种植业中不同承保方式的面积比例　　单位：%

农作物品种	一笔方式	半抵偿方式	全额抵偿方式	灾害收入共济方式
农作物共济（总计）	68	8	9	15
水稻	79	9	9	3
麦类	7	0	9	84
果树共济（总计）	10	64	2	24
橘子	—	36	0	64
苹果	11	89	—	—
旱田作物共济（总计）	5	8	86	0
大豆	13	3	84	—

资料来源：根据日本农林水产省网站 https：//www.maff.go.jp/j/keiei/nogyohoken/nogyokyo-sai/index.html 的"各共济事业"板块下的"农作物共济""果树共济""畑作物共济"相关内容整理而成。

表4–9　农作物常见的承保方式和具体内容

承保方式	对象农作物	内容
以耕地为单位	水稻、旱稻、麦类	耕地减产量＝基准产量－实际产量；若减产量较基准产量高于30%，则支付额外部分相应的赔偿金

续表

承保方式	对象农作物	内容
半抵承保：以农户为单位	水稻、麦类	针对遭受灾害的耕地，若减产量较农户基准产量高于20%，则支付高出部分相应的保险金
全抵承保：以农户为单位	水稻、麦类	农户减产量，较其余农户基准产量高出10%，则对高出部分进行保险金支付
灾害收入保险	麦类	关注品质的同时，农户需保证产量较基准产量更低；若减少产值>10%，则需对高出部分支付相应的保险金
产量保险	水稻	

资料来源：根据日本农林水产省资料整理。

其次，日本共济制农业保险中的承保率以及承保方式是随时间不断丰富完善的。日本共济制农业保险成立之初，仅实施单一的承保方式，后来随着农业管理规模和损害评估的扩大，其相应的管理成本也在增加，为了降低此成本，出现了全额抵偿、收入共济等其他承保方式；同样地，在确定保险费率时，政府先确定基准费率，确定标准是参照收支平衡的目标以及以往的保险情况；随后农业共济组合再确定自己的保险费率，确定标准是政府确定的基准费率；此保险费率应大于等于基准费率。

第二，日本农业收入保险中的承保。

农业收入保险以农业经营者的整体销售收入为保险对象，在考虑自然风险的同时引入市场风险，扩大农业保险覆盖范围的同时保障农民收入水平（王学君和周沁楠，2019）；承保范围主要包括因遭受自然灾害导致的产量减少以及因遭受市场波动导致的价格降低等情况，产量的减少以及价格的降低均会进一步导致农业经营者销售收入减少；承保对象覆盖了种植业、饲养业等，包括农作物以及初级或初加工农产品、家畜等。并非所有的价格降低、收入减少都可以获得收入保险的赔付，只有投保人在正常且尽职尽责的经营过程中因遭受外在的自然灾害或者市场波动影响导致的收入减少才能获得赔付，若存在恶意行为导致产生损失的情形将不能获得赔付。2020年，在全球范围内的新型冠状病毒的影响下，日本农户的生产种植以及销售情况必然会受到影响，因此导致的销售收入的下降可以获得农业收入保险的理赔。

第三，日本共济制农业保险的赔付制度。

日本共济制农业保险的赔付制度在运行过程中均体现出了严明的结构分层，不管是原有的三阶段的共济制农业保险运营体系还是现在的两阶段的共济制农业保险运营体系，层级之间均在进行有效协作且关系稳定，并且在整个运营体系运作的过程中均有政府事务费和共济保险费用的辅助，更好地保障了此保险制度的落地实施。

在三阶段的共济制农业保险运营体系下（见图4-1左侧），组合者需向农业共济组合缴纳共济保费，农业共济组合需向农业共济组合联合会缴纳保险费，农业共济组合联合会给政府缴纳再保险费，政府也会设立专门的再保险特别账户用来管理这部分资金；反过来，在需要进行理赔时，政府会向农业共济组合联合会提供再保险金，农业共济组合联合会向农业共济组合提供保险金，农业共济组合向组合者提供共济金。整体来看，农业共济组合将从组合者那里收取上来的共济保费以保险费的形式再缴纳至农业共济组合联合会一级，联合会再拿着这部分资金以再保险费的形式缴纳至政府一级；在需要理赔的时候，政府会、农业共济组合联合会、农业共济组合也会一级一级地将共济金提供到农户手中。

在两阶段的共济制农业保险运营体系下（见图4-1右侧），出现了"一县一组合"的模式，因此理赔机制也会相应缩减中间环节。组合者需向农业共济组合缴纳共济保费，农业共济组合给政府缴纳保险费；在需要进行理赔时，政府直接向农业共济组合提供保险金；在提高农业共济组合办事效率的同时也能减少成本支出，很好地推动了日本共济制农业保险的高效运营。

第四，日本农业收入保险的赔付制度。

日本农业收入保险的赔付制度最大的优点就是科学且灵活，以下将从日本农业收入保险的赔付方式、赔付金额的计算等方面来进行介绍。首先是日本农业收入保险的赔付方式，主要包含两种承保方式，即"一次性的保险方式"（以下简称"保险"方式）、"非一次性的储备方式"（以下简称"储备"方式）；两种承保方式最大的区别在于是否可选择，其中"保险"方式不可选择，为必选项；"储备"方式则为可选择项。具体来说，在当年未进行理赔时，"保险"方式下的保费将不予返还，而"储备"方式下的保费是可以返还的，甚至在出现理赔且具有剩余的情况下仍具有返还性质。其次是日本农业收入保险赔付金额的计算，由于赔付金额＝基准收入×补偿限度×支付率，因此赔付金额的大小主要受基准收入、补偿限度、支付率这三个指标的影响。（1）基准收入，根据农业经营者过去5年的收入，且结合期间实际的经营计划得到的平均收入作为基准收入；（2）补偿限度，"保险"方式以及"储备"方式的补偿限度存在等级划分的差异，比如"保险"方式的补偿限度的上限是基准收入的80%，且分为80%、70%、60%、50%四个档次（见表4-10），而"储备"方式的补偿限度仅分为10%、5%两个档次；（3）支付率，"保险"方式以及"储备"方式的支付率同样存在等级划分的差异，比如"保险"方式的支付率分为50%、60%、70%、80%、90%五个档次，"储备"方式的支付率则分为10%、20%、30%、40%、50%、60%、70%、80%、90%九个档次。

表 4 –10　　　　　　保险方式下基准收入的赔付限度标准

申请加入收入保险时蓝色保险的年数	基准收入的赔付限度（％）
4 年及以上	80、70、60、50
3 年	78、70、60、50
2 年	75、70、60、50
1 年	70、60、50

资料来源：王学君和周沁楠（2019）。

根据上述日本农业收入保险的赔付方式以及补偿限度等的划分，收入保险的赔付机制也被分成了不同的类型。第一种是"基本类型赔付"，在该赔付机制中赔付方式为"保险"方式和"储备"方式相结合，并且对于补偿限度不作要求，即当投保人没有获得任何实际销售收入时仍可获得理赔。因此这种类型的投保费用要高一些，相应的获得的赔付金额也高。第二种是"选择补偿下限"，在该赔付机制中赔付方式仍为"保险"方式和"储备"方式相结合，但对补偿限度作出要求，即规定出补偿下限，当投保人的实际销售收入低于补偿下限时不能获得理赔。因此这种类型的投保费用相对中等，相应的获得的赔付金额也处于中等水平。第三种是"选择低补偿限度"，在该赔付机制中赔付方式仅为"保险"方式，并且补偿限度也较低，或者说不对补偿限度作出要求。因此这种类型的投保费用最少，相应的获得的赔付金额也最少。

具体的以基本类型赔付为例来计算赔付金额。假设投保人申请加入收入保险时蓝色保险的年限为 5 年，并且补偿上限是基准收入的 90％。其中基准收入为 2 000 万日元，"保险"方式下基准收入的赔付限度选择 70％，"储备"方式下基准收入的赔付限度选择 10％，两种方式下的支付率均选择 90％。在这些前提假设下，投保人需缴纳保险费 13.608 万日元（2 000 × 70％ × 90％ × 1.08％）、储备金 45 万日元

（2 000×10%×90%×25%）、事务费3.488万日元［0.32+2 000×（70%+10%）×90%×（22/10 000）］，因此总共需缴纳保费为62.096万日元；当获得理赔时，"保险"方式下的赔付金额为1 260万日元（2 000×70%×90%）、"储备"方式下的赔付金额为180万日元（2 000×10%×90%），因此总的收入保险赔付金额是1 440万日元。

4.3.5 发展趋势与启示

第一，未来日本农业保险的发展趋势。

（1）进一步扩大农业保险覆盖范围，完善农业保险体系。农业生产形式以及农民的需求角度均是在随时间不断变化的，因此新的农业保险品种也要相应产生，同时各个农业保险品种的赔付机制以及赔付方式、标准等也需作出相应变化；更进一步的，农业保险体系也将继续随着政府政策、农业金融举措和生产体系的持续结构性变化同步发展完善。

（2）进一步采用大数据等新技术，科学化农业损失评估。以往"损害评价员"对农业损失进行的人为主观判断必然会产生很多的争议与矛盾，因此，为了更好地保障农业投保人的利益，需要更加科学化、客观化的农业损失评价方法；人造卫星、数字平台以及区块链等新技术的应用将会实现一般数字化、通过智能手机分销产品以及使用无人机进行风险和损失评估。

（3）进一步加大财政支持力度，强化风险管理支持活动。农业的生产生活活动不仅要面临自然环境中不可抗力风险的威胁，还会受到经营过程中一些因素的影响，比如农作物种植过程中的病虫害、土壤等的影响，家畜养殖过程中病毒、饲养等的影响，因此需要进一步加大财政支持力度，强化对其风险管理的支持活动。

第二,对中国农业保险的启示。

(1) 完善农业保险法律法规,夯实农业保险制度基础。中国农业保险的法律法规并不完善(王子迅,2013);目前实施的除《农业法》,仅有《农业保险条例》,并且此条例不足以形成健全的农业保险法律法规体系,在农业保险的运营体系、赔付机制及流程等内容上都存在空白部分,很难在法律层面保障小规模农户的投保利益(郭军和马晓河,2018)。因此,中国农业保险制度的完善需借鉴日本的做法,完善农业保险法律法规,夯实农业保险制度基础。

(2) 提高财政补贴效率,加大政府支持保障力度。目前,中国对于农业保险的补贴金额是逐年增大的,但存在补贴金额使用效率不高的问题;农业保险中的财政补贴并未真正增加农民投保的积极性,并且会滋生腐败等问题。因此,参照日本财政补贴的做法,中国也需对补贴机制进行调整,同时加大对补贴资金使用的监管管理,因地制宜地实施财政补贴,更好地发挥财政补贴对于农业保险、农民生产等的保障支持作用。

(3) 顺应国内农业政策变化,同时遵循国际WTO农业规则。以往的农业支持政策体系是以增加产量为主要目标的,现在的则是以提升农业竞争力为主要目标的(叶兴庆,2017)。目前,中国农产品价格并不能任意上涨,但是农产品的生产成本却在日益增加,因此中国小农户农业生产的竞争力并不强且呈现出弱化的趋势;农业保险的出现可以增强小农户抵御风险能力,使得小农户可以更好地发展现代农业(王鑫和夏英,2021)。因此,参照日本农业收入保险的做法,改变农业政策目标至农业保险,既顺应国内农业政策的变化,又遵循了国际WTO农业规则的约束。

第 5 章

农业保险对农业生产影响的理论分析

结合中国以及国际农业保险政策及产品情况,本章内容运用微观经济学理论和数理经济学方法,构建农业保险与农户生产行为之间的理论模型,探讨不同风险偏好农户在不同的参保条件下,其生产行为的变化。基于此,提出了研究假说、实证方法以及可用于验证的数据。

5.1 不同风险偏好和参保条件下农户生产行为

在不确定条件下,农户必须基于未来预期产出做出生产决策,无法根据实际产出选择成本最小化生产路径。因此,基于利润最大化目标的生产者行为理论不再适合分析不确定条件下农户生产行为。为了考虑风险因素在农户生产决策中的影响,经济学中一般使用期望效用理论分析农户生产行为。该理论认为农户的生产目标是期望效用最大化,即农户关注未来不同生产风险下的期望收益及其方差(Robison & Barry,1987;Dillon & Anderson,1990;Hardaker et al.,1997),而不是生产利润。该理论一般基于冯诺依曼—摩根斯坦效用函数(Von Neuman - Morgenstern utility function,VNM)进行分析,其潜在假设为生产者对不同风险的偏好连续且独立(Mas-Colell et al.,1995)。

第5章 农业保险对农业生产影响的理论分析

然而,期望效用理论的假设在现实中较难满足。首先,基于期望效用函数的期望效用最大化假设没有考虑生产者的投入决策与不确定性状态之间的关系(Chambers & Quiggin,2000;Rasmussen,2004),而在现实中农户进行生产决策时,能够主观判断未来不确定性状态及其产出分布,并基于此确定生产投入组合,以应对不同的生产风险。其次,期望效用理论假设生产者对不同生产状态的偏好独立,但事实中,农户对不同风险状态的偏好并不独立,他们可以基于不同偏好和风险发生概率合理安排生产组合,其目标并不是简单的最大化期望效用,而是在不同生产状态下潜在的最优产出组合。

为弥补期望效用理论的不足,state-contingent 方法被提出用于分析不确定条件下的生产者行为。这一概念由阿罗和德布鲁(Arrow & Debreu,1954)提出和发展。赫什雷佛(Hirshleifer,1965)将该方法应用于研究不确定条件下投资者的投资行为,赫什雷佛和赖利(Hirshleifer & Riley,1992)将其进一步扩展到不完全信息市场下消费者选择行为研究领域。钱伯斯和奎金(Chambers & Quiggin,2000)结合对偶理论,论证了这一方法在不确定条件下生产者行为研究中的可行性,并探讨了这一方法的优势(Quiggin & Chambers,2006)。在此基础上,拉斯穆森(Rasmussen,2003)提出了应用该方法分析生产者行为的边际原则。此外,该方法在理论和实证研究中都得到了较为广泛的应用(Chambers & Quiggin,1996,1997;Rasmussen & Karantininis,2005;Jean-Paul Chavas,2008;Holden & Quiggin,2017),表明这一方法已经较为成熟,能够应用于相关问题的实际分析。

农业保险的机制在于分散农业生产风险,是农户在面临不确定条件下的生产选择之一。现有研究大多采用期望效用方法分析农业保险下的生产者行为选择(Spence & Zeckhauser,1971;Ehrlich & Becker,1972;Ahsan et al.,1982;Nelson,1987;Ramaswami,1993;Babcock & Hennessy，1996）。但是，由于期望效用理论的局限性，在期望效用最大化目标的假设下，分析农业保险下农户生产行为变化的方法较为复杂，且难以直观表现农户投入决策与预期产出之间的关系。因此，钱伯斯和奎金（2000，2001，2002）使用 state-contingent 方法分析了农作物保险对农户生产路径选择的影响，并着重论述了该方法在分析农户参保及生产行为分析中的优势。该方法主要是将不确定性问题转化为确定性问题进行研究，不仅能够保障使用传统微积分方法，简化分析，也能有效研究在不确定条件下的农户生产行为，从而较好地回答本书提出的研究问题。

为更加准确、简单且直观地展现中国农业保险对农户生产行为的影响，本书主要在钱伯斯和奎金（2000，2001，2002）构建的理论框架的基础上，使用 state-contingent 方法分析中国农业保险对农户生产行为的影响。因此，下文的理论模型主要是在钱伯斯和奎金（2000，2001，2002）的框架下，结合前文中中国农业保险的实际情况进行构建。

5.1.1 理论模型基本设定

存在生产风险时，农户面临未来产出的不确定性，必须在风险发生之前做出生产决策。本书使用 s 表示农户面临的潜在生产状态，每一个状态对应可能的生产风险或风险组合，s 取值为 $s=1, 2, \cdots, s$，在 state-contingent 方法下，农户并不关注期望效用，而是未来潜在产出空间的效用，其效用函数为：

$$U(y) = U(y_1, y_2, \cdots, y_s)$$

其中，$U(\cdot)$ 为连续可微且非递减的拟凹函数，表示农户的效用水平；$y_1, y_2, \cdots, y_s$ 分别表示在第 s 个生产状态下的利润函数，其公式为：

$$y_s = p_s Z_s - C$$

其中，p_s 为生产状态 s 下的产出价格；Z_s 为在生产状态 s 下的产出水平，由投入水平 x 决定，其定义为：$Z_s = f_s(x)$；C 是成本函数，其含义为能够生产产出组合 Z 的最低成本水平，其定义为：

$$C(w, Z) = \min_x \{w \cdot x : x \in X(Z)\}$$

其中，w 为投入品价格，由 w_1，w_2，…，w_s 组成，分别表示生产状态 s 下的投入品价格；x 为投入品数量，由 x_1，x_2，…，x_s 组成，分别表示生产状态 s 下的投入数量。$X(Z)$ 为投入品集合，表示能够生产产出向量 Z 的所有投入组合。

值得注意的是，模型中的目标函数基于单个地块层面设定，而不是家庭所有地块的产出。由于中国农户以小规模分散经营为主，每一家可能拥有多个空间上不相连的地块，地块生产条件存在一定差异，单个地块上的生产决策往往也由农户独立做出。因此，考虑单个地块层面的效用最大化能够更为准确地刻画农户生产行为。

首先，为简化分析，本书将产出价格水平 p_s 固定常数 p。理论上，当不同生产风险发生时，产出价格水平也会相应发生变化。但由于农产品市场几乎接近完全竞争市场，小农户单个地块上的产出水平不会导致整个产品市场价格发生波动；其次，农户在做出生产决策时，并不认为其单个地块上的生产风险足以影响整个农产品市场的产出水平。因此，产出价格水平 p 外生育农户的生产决策。最终，本书构建的利润函数为：

$$y_s = pZ_s - C(w, Z)$$

为了研究农业保险下农户生产路径选择的转变，需要对比分析在购买和没有购买农业保险情况下，农户生产选择行为的差异。因此，本书将首先分析没有农业保险情境下农户的生产行为。

5.1.2 风险中性农户的生产行为

在实际中,大多数农户倾向于规避风险,但由于风险中性农户仅关注期望收益的大小而不是产出水平的风险大小,其生产选择相当于无风险下农户的生产路径。因此,本书首先假设农户为风险中性,并分析其生产路径,以与后文风险规避农户的生产行为进行对比,以分析存在生产风险时,风险规避农户的最优生产选择之间的差异。

值得注意的是,本书从风险中性农户的生产行为开始分析,并不是假设农户是风险中性的,而是为分析风险规避农户的生产行为奠定基础。在理论和实证模型中,本书均假设农户是风险规避的。

由于风险中性农户不关注产出向量的风险水平,仅关注期望产出,因此,其目标函数可以表示为:

$$\max\{\sum_{s=1}^{S} \pi_s p z_s - C(w, Z)\}$$

其中,π_s 为状态 s 发生的概率。由于风险发生的客观概率难以估计,且农户决策主要基于自身生产经营和掌握信息对未来发生风险的主观估计,此处 π_s 为风险发生的主观概率,并且满足条件 $\sum_{s=1}^{S} \pi_s = 1$,即所有生产风险发生概率之和为 1。$\sum_{s=1}^{S} \pi_s p z_s$ 是单个地块上的期望产出。因此,风险中性农户的最优化问题为选择生产变量 z_s 以实现期望收益最大化。

使用拉格朗日乘数法求解上述最优化问题,得到上述目标函数的一阶条件为:

$$\pi_s p - \frac{\partial C(w, Z)}{\partial z_s} = 0$$

重新整理该一阶条件，可以得到风险中性农户的均衡生产条件：

$$\sum_{s=1}^{S} \frac{\partial C(w, Z)}{\partial z_s} = \sum_{s=1}^{S} \pi_s p = p \qquad (5-1)$$

$$\frac{\frac{\partial C(w, Z)}{\partial Z_s}}{\frac{\partial C(w, Z)}{\partial Z_t}} = \frac{\pi_s}{\pi_t} \qquad (5-2)$$

方程（5-1）表示增加一单位某一生产状态下的产出水平所带来的边际成本等于产出价格水平乘以该生产状态的发生概率；增加1单位所有生产状态下的产出水平所带来的边际成本等于产出价格水平。这意味着，在最优生产水平上，农户生产的边际成本等于边际收益。如果边际成本低于边际收益，农户将会选择继续增加所有生产状态下的产出水平；如果边际成本低于边际收益，农户将减少所有生产状态下的产出水平。方程（5-2）表明农户不同生产状态下产出水平之间的边际转换率等于主观风险发生概率之比。这意味着，在相同的主观概率下，风险中性农户选择能够实现其最大期望利润的生产路径。方程（5-2）中，下角标 s 和 t 分别表示任意两种产出状态。

5.1.3 风险规避农户的生产行为

风险规避农户既关注期望收益又注重规避生产中存在的风险。其目标函数不再是简单的期望利润最大化，而是对未来利润向量 y 效用的最大化。其中，y 是一组利润向量，为农民预期的未来不同生产状态下的利润水平及其方差。使用向量表示产出水平能够同时将期望利润水平和利润风险纳入农户决策过程。效用函数不仅是利润水平的函数，也是利润方差的函数。

因此，风险规避农户的目标函数则变为：

$$\max\{U(pZ - C(w, Z)1^s)\}$$

其中，$y_s = pZ_s - C(w, Z)$，表示在生产状态 s 的利润函数。在不存在农业保险的情况下，农户选择投入变量 Z_s 以最大化其效用水平。

同样使用拉格朗日乘数法求解上述最优化问题，得到一阶条件为：

$$p\frac{\partial U}{\partial y_s} - \frac{\partial C(w, Z)}{\partial Z_s}\sum_{s=1}^{S}\frac{\partial U}{\partial y_s} = 0$$

将一阶条件加总，得到：

$$\frac{\partial C(w, Z)}{\partial Z_s} = p\frac{\partial U}{\partial y_s} \bigg/ \sum_{s=1}^{S}\frac{\partial U}{\partial y_s}$$

重新整理，可以得到风险中性农户实现效用最大化的均衡生产条件：

$$\sum_{s=1}^{S}\frac{\partial C(w, Z)}{\partial z_s} = p\sum_{s=1}^{S}\frac{\partial U}{\partial y_s} \bigg/ \sum_{s=1}^{S}\frac{\partial U}{\partial y_s} = p \qquad (5-3)$$

$$\frac{\dfrac{\partial C(w, Z)}{\partial Z_s}}{\dfrac{\partial C(w, Z)}{\partial Z_t}} = \dfrac{\dfrac{\partial U}{\partial y_s}}{\dfrac{\partial U}{\partial y_t}} \qquad (5-4)$$

与方程（5-1）类似，方程（5-3）是风险规避农户的无套利条件，即风险规避农户既不会选择增加也不会选择减少任一生产状态下的产出水平。为简化分析，假设成本函数是位似函数，即单调变换函数，在图形中表现为，等成本线是相互平行且永不相交的光滑曲线。在成本函数为位似函数的条件下，风险规避农户和风险中性农户将会采取同样的成本水平，即在同一条等成本线上进行生产（Chambers & Quiggin, 2000）。这是因为风险规避农户与风险中性农户一样，同样不会选择同时增加或减少全部生产状态下的产出水平，如果成本函数是位似函数，则风险规避农户的最优生产点不会滑向另外一条等成本线，仍然维持在原有成本水平上进行生产，从而只是选择增加一种状态下产出，减少另一种状态下产出，以保持在同一成本水平下，即在相同的等成本线上进行生产。

方程（5-4）表明在风险规避农户的最优生产均衡点上，不同生产状态下产出水平之间的边际转换率等于不同生产状态下净利润的边际替代率。这意味着该点位于等成本线与利润无差异曲线相切处。$(\partial U/\partial y_s)/(\partial U/\partial y_t)$ 即为均衡点在无差异曲线上的斜率。但是，该点并不等于公平机会线的斜率，即主观风险发生概率之比。这意味着在相同的主观概率下，风险规避农户无法实现风险中性农户的利润最大化生产点。因此，风险规避农户的期望利润要低于风险中性农户的期望利润。

图5-1直观表现了风险中性和风险规避农户的生产路径。图5-1中，纵轴和横轴分别表示 s 和 t 两种生产状态下的产出水平；公平机会线表示在主观概率 π_s 和 π_t 下的期望产出水平，该线斜率的绝对值为 π_s/π_t，其作用与消费者行为理论中的预算线类似；Z^I 和 Z^A 点所在的线为等成本线，在这条线上，任意生产点的成本相等；图5-1中对角线为45度线，在该线的任意生产点上，Z_t 和 Z_s 两种产出水平相等，表明没有生产风险存在，因此也可称为无风险线。

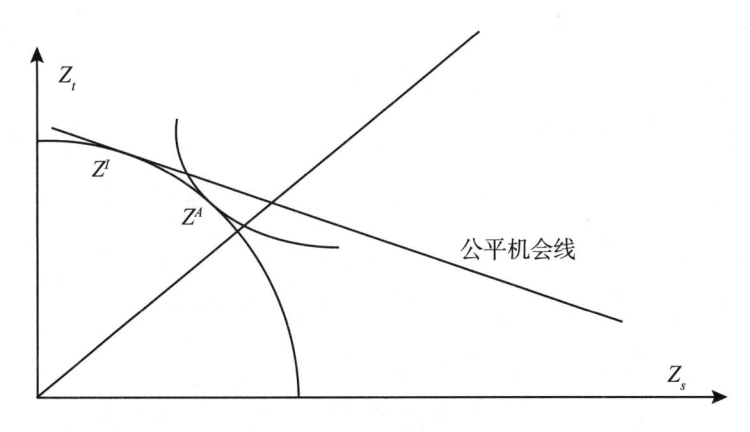

图5-1 风险中性和风险规避农户最优生产路径

注：该图主要基于钱伯斯和奎金（2000，2001）中的相关图表画出。

如图 5-1 所示，Z^I 点为风险中性农户的最优生产路径。该点处为公平机会线与等成本线相切处，在等成本线上的斜率为 π_s/π_t，意味着在该点，风险中性农户的期望利润最大。Z^A 点为风险规避农户的最优生产点。显然，Z^A 点的期望利润水平低于 Z^I 点，由于他们采取相同的成本水平，Z^A 点的期望产出水平也低于 Z^I 点，即风险规避农户的期望产出低于风险中性农户的期望产出。

5.1.4 农业保险下的农户生产行为

尽管中国在试点多种农业保险产品，包括天气指数保险、价格指数保险以及收入保险等，但多重灾害作物险仍然占据主导地位。因此，本书研究的农业保险合约结构主要为多重灾害作物险。正如第 3 章内容所言，尽管多重灾害作物险以是否发生灾害为赔付标准，但在实际中，为简化定损和赔付程序，赔付仍然基于实际产量是否达到合同约定的保障产量。基于此，本书研究的农业保险合约结构如下：

$$I_s = \max\{(1 - Z_s/\bar{Z})A, 0\}$$

其中，I_s 为在生产状态 s 下，农户获得的保险赔付；$\bar{Z}$ 为农业保险合同中约定的保障产量，在实际中，通常按照农户所在县过去三年平均单位面积产出计算。当最终实际产出 Z_s 小于 $\bar{Z}$ 时，农户可以从农业保险公司获得赔付，A 为农户可以从农险公司获得的最高赔付额度，即当 $Z_s = 0$，发生绝产时的保险赔付。当 Z_s 高于 $\bar{Z}$ 时，表明在生产过程中没有发生导致实际减产的灾害，农户不会收到任何赔付。

第一，精算公平农业保险下的农户生产行为。

在设计保险产品时，保险公司基于期望利润为 0 的原则厘定保险费率。精算公平是指农户和保险公司从保险合同中获得的期望收益均为 0，即 $\sum_{s\in\Omega}\pi_s(I_s - q) = 0$，其中，$q$ 为保费。尽管精算公平农业保险在现实中难以发现,但需要将其作为基准进行对比,分析非精算公平农业保险下农户生产行为的转变。因此,本书首先从精算公平农业保险合约开始分析。如果农户是风险规避的,在精算公平的农业保险合同下,其目标函数为:

$$U(pZ + I - q1^s - C(w, Z)1^s) : \sum_{s \in \Omega} \pi_s(I_s - q) = 0$$

使用拉格朗日乘数法求解上述最优化问题,得到一阶条件为:

$$\frac{\partial L}{\partial Z_s} = p\frac{\partial U}{\partial y_s} - \frac{\partial C}{\partial Z_s}\sum_{s=1}^{S}\frac{\partial U}{\partial y_s} = 0 \qquad (5-5)$$

$$\frac{\partial L}{\partial I_s} = \frac{\partial U}{\partial y_s} - \lambda \pi_s = 0 \qquad (5-6)$$

重新整理一阶条件,可得:

$$\sum_{s=1}^{S}\frac{\partial C(w, Z)}{\partial z_s} = \sum_{s=1}^{S}\pi_s p = p \qquad (5-7)$$

$$\frac{\dfrac{\partial C(w, Z)}{\partial Z_s}}{\dfrac{\partial C(w, Z)}{\partial Z_t}} = \frac{\pi_s}{\pi_t} \qquad (5-8)$$

显然,方程(5-7)和方程(5-8)分别与方程(5-1)和方程(5-2)的条件相同,是农户最优生产的无套利条件。这意味着,购买精算公平农业保险的农户,将会采取和风险中性农户相同的生产路径。正如上文所言,风险规避农户的期望产出低于风险中性农户的期望产出。因此,购买农业保险之后,农户的期望产出水平将会上升。在图5-1中,精算公平农业保险下,风险规避农户最优生产点与风险中性农户一致,位于Z^I点。这表明,农业保险由于分散了农业生产风险,使得农户像风险中性农户那样,只关注期望产出,而减少对潜在风险的担忧,因此可以优化要素配置,提高其期望产出水平。

此外,在假定具体效用函数下,联立方程(5-5)和方程(5-6)

可以得到农户的最优保险决策 I^* 和最优投入数量 Z^*。经过求解，最优投入数量为 $Z^* = Z(w, I, q)$，最优保险决策为 $I^* = I(Z, w, q)$。显然，保险决策和投入决策互为对方的函数，这表明保险决策和投入决策为联合决策。这一结论符合实际生产过程中农户的决策过程。农户根据未来预期产出做出生产决策，保险和投入均为生产变量，两者的决策往往同时决定。这一结论也与其他研究一致（Smith & Goodwin, 1996）。

第二，非精算公平农业保险下的农户生产行为。

尽管保险产品基于精算公平原则设计，但实际上，大部分保险产品无法做到精算公平。一是因为保险公司存在管理和运行费用，而相应提高保费水平；二是由于道德风险的存在，保险公司会相应降低保额，或者提高农户自担风险比例，当损失达到一定程度后开始起赔。在非精算公平保险合约下，农户购买保险的期望收益不再为0，而是小于0。

当前中国农业保险产品同样如此。第4章内容表明，中国农业生产仍然以小农经营为主，面对众多参保农户，农业保险公司的定损与核查费用十分高昂；此外，为防止参保农户的道德风险，农业保险公司一般设置20%的起赔点，降低了保额水平。尽管政府为参保农户提供了较高比例的保费补贴，但农户仍然承担一定比例风险。因此，中国目前施行的农业保险产品为非精算公平农业保险。

在非精算公平保险合约下，农户参保的期望收益不再为0。显然，$\sum_{s \in \Omega} \pi_s (I_s - q) = 0$ 这一条件无法满足，而是变为 $\sum_{s \in \Omega} \pi_s (I_s + l(I_s) - q) = 0$。其中，$l(I_s)$ 为在农业保险运行中农户需要支付的额外费用，其为保险赔付的凸函数。因此，农户的目标函数及约束条件为：

$$\max \{ U(pZ + I - q1^s - C(w, Z)1^s) : \sum_{s \in \Omega} \pi_s (I_s + l(I_s) - q) = 0 \}$$

农户选择 I 和 Z 以最大化其效用。使用拉格朗日乘数法，构建以下拉格朗日函数：

$$L = U(pZ + I - q1^s - C(w, Z)1^s) - \lambda \sum_{s \in \Omega} \pi_s(I_s + l(I_s) - q)$$

一阶条件为:

$$\frac{\partial L}{\partial Z_s} = p \frac{\partial U}{\partial y_s} - \frac{\partial C}{\partial Z_s} \sum_{t \in \Omega} \frac{\partial U}{\partial y_t} = 0 \quad (5-9)$$

$$\frac{\partial L}{\partial I_s} = \frac{\partial U}{\partial y_s} - \lambda \pi_s (1 + l'(I_s)) = 0 \quad (5-10)$$

将公式 (5-9) 与公式 (5-10) 联立,可得:

$$\frac{\partial C}{\partial Z_s} = p \frac{\partial U}{\partial y_s} \Big/ \sum_{t \in \Omega} \frac{\partial U}{\partial y_t} = p \pi_s (1 + l'(I_s)) \Big/ \sum_{t \in \Omega} \pi_t (1 + l'(I_t))$$

为简化计算,令 $\pi_s^* = \pi_s(1 + l'(I_s)) \Big/ \sum_{t \in \Omega} \pi_t(1 + l'(I_t))$。显然,$\sum_{s \in \Omega} \pi_s^* = 1$。根据上式,可以得到如下均衡条件:

$$\sum_{s \in \Omega} \frac{\partial C(w, Z)}{\partial Z_s} = p \quad (5-11)$$

$$\frac{\dfrac{\partial C(w, Z)}{\partial Z_s}}{\dfrac{\partial C(w, Z)}{\partial Z_t}} = \frac{\pi_s(1 + l'(I_s))}{\pi_t(1 + l'(I_t))} = \frac{\pi_s^*}{\pi_t^*} \quad (5-12)$$

方程 (5-11) 与方程 (5-7) 结果类似,为农户的非套利条件,表明非精算公平保险下,农户仍然选择与购买精算公平农业保险农户同样的成本水平,他们的最优生产点位于同一条等成本线上。

然而,方程 (5-12) 表明,在最优生产点上,农户不同生产状态下产出水平之间的边际转换率是 π_s^*/π_t^*,而不是 π_s/π_t。这意味着,在非精算公平农业保险下,农户无法实现风险中性农户的最优生产路径。为了比较两者的差别,需要进一步比较 π_s^*/π_t^* 和 π_s/π_t 之间的差异。

根据钱伯斯和奎金 (2000),在风险规避假设下,可以得到如下结论:

$$\left(\frac{\partial U/\partial y_s}{\pi_s} - \frac{\partial U/\partial y_t}{\pi_t} \right)(y_s - y_t) \leq 0$$

将公式（5-10）代入上式，可以得到：
$$(l'(I_s) - l'(I_t))(y_s - y_t) \leq 0$$

由于 $l(I_s)$ 为凸函数，可以得到：
$$(l'(I_s) - l'(I_t))(I_s - I_t) \geq 0$$

联立上述两个公式，得到：
$$(l'(I_s) - l'(I_t))(Z_s - Z_t) \leq 0$$

显然，Z_s 为产出较高的生产状态（如图 5-1 所示），$l'(I_s) < l'(I_t)$，可以得到：

$$\frac{\pi_s^*}{\pi_t^*} = \frac{\pi_s(1 + l'(I_s))}{\pi_t(1 + l'(I_t))} \geq \frac{\pi_s}{\pi_t}$$

根据这一结果，在非精算公平农业保险下，农户不同生产状态下产出水平之间的边际转换率大于其主观概率之比，即

$$\frac{\dfrac{\partial C(w, Z)}{\partial Z_s}}{\dfrac{\partial C(w, Z)}{\partial Z_t}} \geq \frac{\pi_s}{\pi_t}$$

这也表明，购买非精算公平农业保险农户在最优生产点上的斜率要低于其主观概率之比，意味着其期望利润将低于购买精算公平农业保险农户。但是相对于没有购买农业保险的，在图 5-1 上，非精算公平农业保险下，农户的最优生产点将位于 Z^I 和 Z^A 之间。

5.1.5 农业保险对农户生产行为的影响

为了分析农业保险对农户生产行为的影响，需要分别对比有无农业保险的情况下，农户最优生产点之间的差异。即在图 5-1 中，Z^I 和 Z^A 两点产出与投入水平之间的对比。

第一，农业保险对农户生产路径选择的影响。

第5章 农业保险对农业生产影响的理论分析

为了对比两种 Z^I 和 Z^A 两点之间产出的区别，本书将两点进行加权处理。由于 Z^I 的期望产出高于和 Z^A 点，因此 $\sum_s \pi_s Z^A \Big/ \sum_s \pi_s Z^I < 1$。将其作为权重，风险中性农户的加权期望收益为：

$$\frac{\sum_s \pi_s Z^A}{\sum_s \pi_s Z^I} Z^I \leq Z^I$$

显然，$\dfrac{\sum_s \pi_s Z^A}{\sum_s \pi_s Z^I} Z^I$ 与 Z^A 的期望产出相等，但是与 Z^I 点具有相同程度的风险。在同一主观风险发生概率下，风险规避农户选择 Z^A，而不是 $\dfrac{\sum_s \pi_s Z^A}{\sum_s \pi_s Z^I} Z^I$，表明前者给农户带来的效用大于后者，即：

$$U(pZ^A - C(w, Z^A)) \geq U\left(p \frac{\sum_s \pi_s Z^A}{\sum_s \pi_s Z^I} Z^I - C(w, Z^I)\right)$$

在相同的期望产出水平下，Z^A 点给农户带来的效用高于 $\dfrac{\sum_s \pi_s Z^A}{\sum_s \pi_s Z^I} Z^I$，表明 Z^A 的风险程度更低，同样也比 Z^I 点的产出风险低。这意味着，风险规避农户愿意承担牺牲部分期望产出的代价，以规避潜在的生产风险。

由于购买农业保险农户的最优生产点位于 Z^I 和 Z^A 之间。因此，在农业保险下，农户的期望产出水平将提高，同时也会选择更具风险性的生产路径。

第二，农业保险对农户投入行为的影响。

为了对比分析农业保险下农户要素投入及技术采纳行为的转变，首先需要定义以下三组概念。

（1）风险效应与收入效应。由上节内容可知，农业保险会同时增加农户的期望产出与风险，本书将这两种效应分解为风险效应和收入效应。风险效应是指期望产出保持不变，而产出组合的风险发生变化。符号≤用来表示风险的大小，例如，$Z \leq Z'$指，产出向量Z的风险低于产出向量Z'。收入效应指产出组合的风险程度保持不变，但是期望产出水平发生变化。如图 5-2 所示，从 Z^A 到 Z^o 点，为风险效应；从 Z^o 到 Z^I 点为收入效应。其中，$Z^o = \dfrac{\sum_s \pi_s Z^A}{\sum_s \pi_s Z^I} Z^I$。

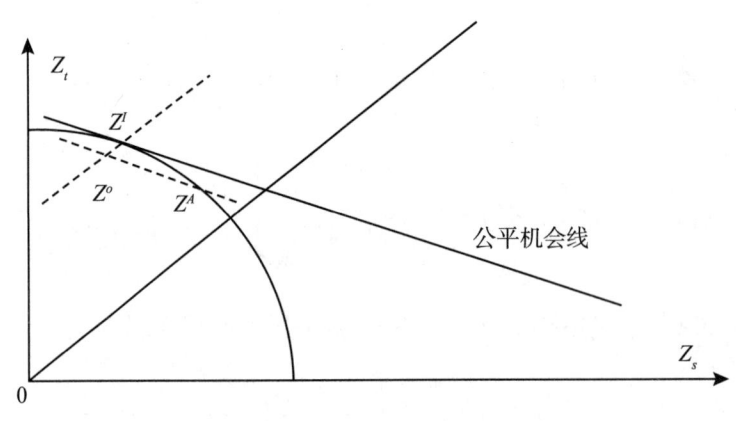

图 5-2 农业保险影响路径分解

注：该图引用自钱伯斯和奎金（2000，2001）中相关图表。

（2）风险替代与风险互补。本组概念主要用来描述产出与投入之间的关系。根据钱伯斯和奎金（2000）的定义，风险替代投入品是指，如果农户预期生产风险程度较低的产出组合，则减少该投入品的使用。使用数学公式表达如下：如果 $Z \leq Z' \Rightarrow X_n(w, Z') \geq X_n(w, Z)$，则投入品 n 为风险替代投入品。同样，风险互补投入品是指，如果农户预期生产风险程度较低的产出组合，则增加该投入品的使用。使用数学公式表达如下：如果 $Z \leqslant Z' \Rightarrow X_n(w, Z') \leqslant X_n(w, Z)$，则投入品 n 为风险互补投入品。

（3）低档投入品与正常投入品。本组概念主要涉及期望产出水平与投入之间的关系。如果农户预期产出水平较高，则增加某投入品的使用数量，该投入品为正常投入品；相反，如果农户预期产出水平较高，则增加某投入品的使用数量，该投入品为低档投入品。

显然，农业保险对投入行为的影响取决于投入品的性质。农业保险的影响分为风险效应和收入效应。如果某投入品为风险替代且低档投入品，则农业保险的风险效应和收入效应均为负，表明购买农业保险会减少该投入品的使用；如果某投入品为风险互补且正常投入品，则农业保险的风险效应和收入效应均为正，表明购买农业保险会增加该投入品的使用。相反，如果投入品为风险互补且低档投入品，或者风险替代且正常投入品，则农业保险对投入使用的影响取决于风险效应和收入效应的大小。

按照拉玛斯瓦米（Ramaswami，1993）的定义，如果农业保险增加某种投入，我们可以称之为风险分散效应；相反，则可以称之为道德风险效应。这两种效应可以作用于一种或者多种投入品。农业保险的最终影响取决于这两种效应的大小对比。

在期望效用理论框架下，同样使用了投入品的风险性质这一概念。贾斯特和波普（Just & Pope，1978）提出风险增加和风险减少这一组概念。该组概念与本书使用的风险替代和风险互补概念类似，其定义为某种投入品在增加产出的同时，减少产出风险为风险减少投入品，增加产出风险为风险增加。因此，我们也可以将风险替代投入品称为风险减少型投入品，风险互补投入品称为风险增加投入品。

5.1.6 农户经营规模的影响

第4章内容表明，在中国农业保险实际理赔过程中，不同规模农户受到农业保险赔付概率及金额有所差异。假设保险理赔条件满足后,农户收到保险赔付的概率为 δ,且 $\delta \in [0, 1]$。由于大规模农户受到足额赔付的概率和金额都较小农户高,显然,$\delta_l > \delta_s$,其中,δ_l 为大规模农户获得赔付的概率,δ_s 为小农户获得赔付的概率。在赔付概率异质性的条件下,农户参加农业保险后的目标函数为:

$$W(pZ + \delta I - q1^s - C(w, Z)1^s) : \sum_{s \in \Omega} \pi_s(I_s - q) = 0$$

同样,根据拉格朗日乘数法,求得其一阶条件为:

$$\sum_{s=1}^{S} \frac{\partial C(w, Z)}{\partial z_s} = \sum_{s=1}^{S} \pi_s p = p \qquad (5-13)$$

$$\frac{\dfrac{\partial C(w, Z)}{\partial Z_s}}{\dfrac{\partial C(w, Z)}{\partial Z_t}} = \frac{\pi_s}{\delta \pi_t} \qquad (5-14)$$

方程(5-13)与方程(5-14)均为农户最优生产的无套利条件。首先,$\delta = 0$ 情形并不存在,因为如果农户购买保险后获得赔付的概率为 0,则保险购买行为不会发生。当 $\delta = 1$ 时,该农户生产行为将与精算公平农业保险下农户的生产行为一致。当 $0 < \delta < 1$ 时,显然:

$$\frac{\pi_s}{\delta \pi_t} > \frac{\pi_s}{\pi_t}$$

该式表明在最优生产点上,农户不同生产状态下产出水平之间的边际转换率大于其主观概率之比。从图形上来看,该式意味着最优生产点在等成本曲线上的斜率大于其主观概率之比。这与非精算公平保险下的生产行为类似,该农户的最优生产点将位于风险规避农户和风险中性农户最优生产点之间。

由于 $\delta_l > \delta_s$,显然

$$\frac{\pi_s}{\delta_s \pi_t} > \frac{\pi_s}{\delta_l \pi_t}$$

显然，在图形上，大规模农户最优生产点在等成本曲线上的斜率小于小农户。这表明大农户的最优生产点更加靠近风险中性农户，而小农户的最优生产点更靠近风险规避农户。随着 $\delta \to 0$，农户的生产行为将趋向于没有购买农业保险农户的最优生产路径；当 $\delta \to 1$，农户的生产行为将趋向于购买精算公平农业保险农户的最优生产路径。

上述结果如图 5-3 所示，Z^L 和 Z^S 分别为大规模农户和小规模农户的最优生产路径。由于虚线 L 和虚线 S 分别为大规模农户和小规模农户最优生产点在等成本线上的斜率，它们均大于公平机会线的斜率，即比公平机会线更为陡峭。因此，Z^L 和 Z^S 的位置向东南方向移动，但不会超过 Z^A 的位置。同时，由于 Z^L 点的斜率低于 Z^S，表明小规模农户的最优生产点比 Z^L 更加偏向东南，其获得赔付的概率越低，越接近没有购买农业保险农户的最优生产点。

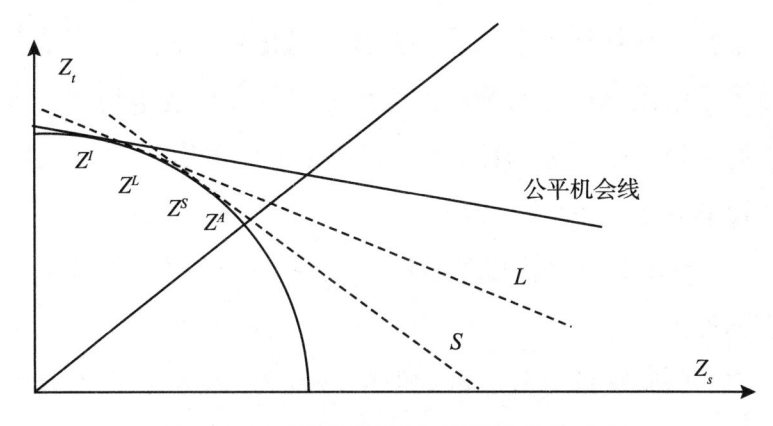

图 5-3 不同规模农户的最优生产路径

注：该图借鉴于钱伯斯和奎金（2000，2001）中相关图表。

总之，相较于小农户，中国农业保险对大规模农户生产行为的影响更为明显，且影响程度也更大。农业经营规模越小，农业保险对其生产行为的影响也越小。

5.2 研究假说

根据上节理论模型的分析结果可以发现，精算公平农业保险能够完全覆盖农户面临的生产风险，使得风险规避农户选择和风险中性农户相同的生产路径。即使在非精算公平农业保险下，农户选择的最优生产路径也会趋向于风险中性农户。同时，农业保险对农户投入行为的影响取决于投入品的风险性质。总之，农业保险将会促使农户采取更具风险性的生产路径，而投入品数量的变化，则取决于具体投入品的类型。

本书主要研究农业保险对农户生产行为的影响。具体而言，农户生产行为包括对产量、生产效率以及投入行为的影响。其中，投入行为主要包括要素投入和新技术采纳。要素投入以化肥、农药和劳动力投入为例，新技术采纳以增产新品种、测土配方以及深松技术为例。本书根据理论模型的分析结果，分别针对中国农业保险对产出、要素投入和新技术采纳的影响提出以下研究假说：

假说1：农业保险能够提高参保农户的生产效率，但单产水平变化取决于实际投入水平。

由于农业保险能够有效分散农业生产风险，使得农户可以优化生产要素配置，从而提高其期望产出水平。但最后的实际产量是否显著增加主要取决于农户的实际生产投入，因此农业保险对单产水平的影响并不确定。农户预期获得更高的期望产出和风险，并以此做出增加或者减少部分投入的生产决策，因而最终的产出取决于农户的实际投入比例。因此，农业保险对农户单位面积产量的影响是一个实证问题，需要通过计量模型进行分析，以进一步得出较为准确的结论。

第5章 农业保险对农业生产影响的理论分析

然而，由于农业保险能够优化农户的要素投入配置，其投入行为必然也会相应发生改变。在生产风险得到有效保障的情况下，农户必然会减少一部分风险投入，从而带来生产成本的降低，提高农业生产效率。

假说2：中国农业保险将会减少劳动力、农药以及化肥等要素投入水平。

根据理论模型分析结果，农业保险对要素投入的影响主要取决于要素投入的风险性质。由于不同要素的风险性质可能有所不同，因此有必要对本书使用的三种要素分别提出研究假说。

农业保险能够减少风险替代且低档投入品的使用。显然，劳动力投入既不是风险互补也不是风险替代投入品。单纯增加劳动力投入并不会改变产出风险变化，但是劳动力投入是低档投入品。因为产出较高的农户意味着收入也相对较高，其劳动力投入的机会成本也越高，因而倾向于减少劳动力投入，而使用其他要素替代。所以农业保险会减少劳动力要素投入的使用。

显然，农药属于风险替代投入品（Just & Pope，1978；Horowitz & Lichtenberg，1994）。农药主要用于防范和应对病虫害草等自然灾害，因此，农药的施用能够降低产出风险。但是，农药属于低档投入品还是正常投入品难以确定，也缺乏一致的研究结论。理论上而言，农药投入直接取决于病虫草害数量，而不是产出水平。因此，农药可能既不是低档投入品，也不是正常投入品，期望产出的变化对其没有影响。综上，根据理论模型的分析结果，农业保险将会减少农药使用数量。

农业保险对化肥的影响较为复杂。化肥是风险替代和风险互补投入品还存在较大争议。部分研究认为化肥会增加产出风险，特别是在发生自然灾害时，会进一步加剧产出波动（Just & Pope，1978；Ramaswami，1993），但是巴伯考克和汉尼斯（Babcock & Hennessy，1996）的研究否认了这一观点，认为没有发现化肥加剧产出波动的证据。此外，现有研究对化肥是否为低档投入品也缺乏深入地探讨。理论上，化肥投入应当属于正常投入品，但是中国化肥过量施用现象较为严重，化肥投入量远远高于世界平均水平（Huang & Rozelle, 1996；巩前文等，2010；仇焕广等，2014）。在预期产出水平较高的情况下，农户可能会减少化肥投入。因此，农业保险对化肥投入使用影响并不明确，但在中国特殊背景下，农业保险可能会减少化肥投入量。

假说3：中国农业保险将会增加农户使用新技术的概率。

对于农户而言，新技术属于风险互补投入品。由于存在信息不对称，农户短时间内接受使用新技术来增加产量的意愿较低。已有研究也表明，农业新技术存在潜在的生产风险是影响农户的采纳意愿主要因素之一（Mansfield, 1961；毛慧等，2018）。此外，新技术也是正常投入品。随着期望产出增加，农户会更加愿意使用农业新技术，以替代传统生产要素，如劳动力等的使用。根据理论模型的分析结果，农业保险将会显著增加农户采纳新技术的概率。

假说4：中国农业保险对大规模农户的影响更为显著，且影响程度也明显高于小农户。

根据理论模型分析结果，相较于小农户，农业保险对大规模农户生产行为的影响更为明显，且影响程度也更大。农业经营规模越小，农业保险对其生产行为的影响也越小。因此，中国农业保险对大规模农户的影响更为显著。特别是规模较小农户由于争取获得足额赔偿能力较低，但农业保险公司为了提高其参保积极性，因此每年固定向其返还保费，而不是根据自然灾害予以赔偿，因此，农业保险对于经营面积较小的农户没有影响。此外，在影响大小方面，由于规模户能够争取到更高的赔偿金额，其相应的生产行为变化也更为明显，因此，农业保险对规模户的影响程度也明显高于小农户。

5.3 模型分析方法

5.3.1 计量模型

为验证上述研究假说，本书设定如下回归模型：

$$Y_i = b_0 + b_1 insur_i + b_2 X_i + e_i$$

上式中，Y_i 模型的被解释变量，即包括产量、收益、要素投入以及新技术采纳。产量为地块上单位面积产出；收益则为地块上单位面积收益；要素投入为化肥、农药和劳动力投入量，其中，化肥和农药使用投入金额指标计算，由于劳动力投入由自有劳动力投入和雇用劳动力投入，自有劳动力投入难以使用投入价值计算，因此劳动力投入变量使用单位面积内劳动力投入时间。新技术采纳变量为农户是否深松、增产新品种以及测土配方三种新技术，三种变量均为虚拟变量。

值得注意的是，投入品的地区间价格差异可能会对投入金额计算的变量产生较大影响。但是由于这些变量价格数据难以收集，如化肥投入，由于农户施用化肥类型多样，包括氮、磷、钾以及复合肥等，不同类型化肥价格差异较大，难以使用统一的标准价格进行衡量，而且农户往往也无法准确记住不同类型化肥的价格。同样，农药投入也包含了除草剂、杀虫剂等多种农药品种。考虑到县级区域内化肥价格变化差异不大，因此本书将地区虚拟变量控制到县级层面，以在一定程度上控制价格带来的负面影响。

$insur_i$ 表示该地块是否参与农业保险，其系数 b_1 是本书主要关注的参数，表示保险购买对农户生产行为的影响。X_i 为其他控制变量，主要包括地块特征、家庭特征以及地区虚拟变量。地块特征变量包括地块面积大小、地块产权、地块质量以及作物类型。家庭特征主要包括户主年龄、受教育年限、农业种植年限以及家庭非农就业比例。另外,针对不同的方程,控制变量存在一定差异,有关回归方程控制变量的详细介绍及选择原因将在后文中的具体章节中进行详细解释。

5.3.2 模型内生性及其处理

第一,参保决策的内生性。

由上文理论模型分析结果可知,作为生产投入,保险决策和投入决策为联合决策。在投入方面,生产投入和参保决策均可被视为农户抵御风险的重要手段。生产投入属于事前风险管理手段,能够降低风险发生的概率;而属于事后风险管理手段的农业保险能够分担风险,减少农户损失。因此,两者之间可能相互影响,导致模型产生内生性问题。已有研究也表明,尽管两种投入决策在时间上并不是同时做出,但在一个生产周期内,化肥投入和参保决策是联合决定的(Smith & Goodwin,1996;钟甫宁等,2006)。本书在中国农业保险政策中也已说明,中国农业保险承保时间在播种后的本月内完成,这也表明参保决策的过程中,已经发生了相关生产行为,因此两者是相互影响的。

此外,在产出及收益方程中,保险决策同样存在内生性问题。尽管保险决策发生在农业产出实现之前,但是农业保险决策基于农户的期望产出做出,期望产出与实际产出、收益存在着相互影响的关系。因此,实际产出也会在一定程度上对保险决策产生一定影响,而且保险决策也会基于历史产出及收益做出大致判断。

第二,工具变量选取。

为解决参保决策的内生性问题,需要选取合适的工具变量以准确识

第5章 农业保险对农业生产影响的理论分析

别模型中的因果关系。尽管以往部分研究运用联立方程对分析农业保险对要素投入的影响,选取了产量变异系数、总播种面积、农户兼业状况、风险偏好等变量作为参保决策的工具变量,但缺乏参对工具变量选择缺乏深入地探讨与论证,这些工具变量也存在不同程度的内生性和弱工具变量问题。因此,本书在这些研究基础上,选择更为外生的工具变量进行回归。

本书主要选取三个变量作为参保决策的工具变量,包括乡镇是否推行农业保险、村内参保比例和保险实际费率。当前中国农业保险补贴由中央、省和县三级财政共同分担。但部分县限于财政压力,县级政府无法提供配套补贴,一般选择不开展或者仅在部分乡镇开展。因此,在乡镇范围内是否能够推行农业保险对农户保险购买行为产生重要影响,但并不会对化肥投入产生直接影响。

村平均参保比例也是一个有效的工具变量。邻里亲友是农业新技术扩散的重要途径(Munshi,2004),因此村内其他邻里亲友的参保行为将影响农户的参保决策,却不会直接影响农户的化肥投入行为。因此,本书也选择村平均参保比例作为工具变量。

农业保险产品的保费与保额分别指保险产品的价格和预期收入,直接影响农户的保险购买决策,同样不会影响化肥投入水平。因此,本书使用费率,即保费与保额之比,作为保险购买决策的工具变量。由于政府为保费提供大量补贴,为准确衡量保险产品费率水平,本书将政府补贴扣除,计算农户负担的实际费率。

但是也有学者认为上述工具变量存在潜在的问题。首先,乡镇是否推行农业保险主要取决于当地的生产风险水平,没有实施农业保险政策的地区可能是因为风险水平较低,从而与农业产出相关;其次,村平均参保比例也有可能是因为该村风险过高,从而村内农户参保意愿增加,导致参保比例较高;最后,一般保费和保额由保险公司根据区域生产风险进行厘定，与当地生产风险也存在一定的关系。

然而，根据中国农业保险政策及其运行机制，上述问题并不会对本书结果造成显著影响，主要原因如下。第一，在中国政策性农业保险制度框架下，其参保原则为应保尽保，中国乡镇是否推行农业保险的主要障碍在于部分地区限于财政压力，必须选择部分乡镇开展农业保险，而且在乡镇之间轮流推行，而不是由各乡镇内生选择，因此该工具变量仍然有效。第二，村平均参保比例最主要的影响因素为当地农业保费补贴力度及推广强度，而不是生产风险，两者的相关关系十分微弱。而且本书也控制了相关地块质量、受灾状况等反映生产风险的变量，能够在一定程度上控制生产风险的影响，从而解决这一问题。第三，农业保险的保费和保额的确与一定区域内的生产风险相关，但在中国政策性农业保险框架下，农业保险按照"低保障、广覆盖"的原则开展，费率的厘定不仅仅受生产风险影响，更多的是受政府引导，因此费率与生产风险并不是完全相关。

总之，在中国当前的政策性农业保险机制下，上述工具变量在一定程度上均能保持较好的外生性。当然，在后续的实证分析中，本书也将对工具变量的外生性和相关性进行检验，以证明工具变量的有效性。

第三，其他的内生性问题及其处理。

另一个可能的内生性问题为参保决策的自选择问题。尽管农业保险公司为防止逆向选择，要求农户参保时为所有地块购买农业保险；但在实际业务开展中，由于监督成本很高，农业保险公司无法监督农户是否将所有地块参保。因此，在实际参保时，农户可能会倾向于为质量较差地块购买保险；而且在做出耕作和参保决策时，不同地块的化肥投入也会受到地块质量的影响。为解决这一内生性问题，本书将地块质量纳入模型中作为控制变量，以在一定程度上解决自选择偏误，得到一致的估计结果。

此外，模型中的地块产权变量也有可能存在内生性问题。本书中的地块产权主要指地块是流转还是自有。已有研究表明，土地产权属性对农地投入产生重要影响（Jacoby & Mansuri，2006；郜亮亮等，2011）。单产水平、要素投入以及技术选择行为等变量均有可能也会受到地块产权的影响。如果流转地块的质量普遍较低，可能进一步影响土地转入方的化肥投入行为，导致模型产生内生性问题。然而，这一内生性存在的前提是地块转入方和转出方之间存在信息不对称。当前中国土地流转大多发生在村内熟人之间，这种信息不对称存在可能性较小，因此该变量的内生性较弱。即便部分转出方与转入方之间仍然存在部分信息不对称，本书已将地块质量纳入模型作为控制变量，也能较好地解决该问题。

第四，工具变量估计方法。

本书使用是否参保衡量农户参保决策，因此内生变量为虚拟变量。对于二元内生解释变量的工具变量估计，部分研究使用两阶段估计方法进行估计（Maddala，1983；连玉君等，2014），即在第一阶段使用Probit 或 Logit 回归，得到参保决策 $insur_i$ 的拟合值 $\widehat{insur_i}$，然后在第二阶段将拟合值直接代替 $insur_i$ 进行最小二乘估计。但是该方法第一阶段回归的条件期望函数 $E[insur_i|fert_i, X_i]$ 是非线性的，其残差只是与其他控制变量渐进不相关，若直接将其代入第二阶段，将产生禁止回归问题（forbidden regression），无法得到参数方差的有效估计（Hausman，1978）。

阿格里斯特等（Agrist et al.，2009）建议不再将非线性回归的拟合值 $\widehat{insur_i}$ 直接代入第二阶段进行回归，而是将其作为 $insur_i$ 的工具变量，再进行两阶段最小二乘估计，这样得到的估计结果更有效。而史密斯和古德温（Smith & Goodwin，1996）则使用 Bootstrap 方法调整标准误以解决上述问题。

然而，上述处理方法均未能考虑到工具变量两阶段方程残差之间的相关性，也无法保证估计结果的一致性。在估计方法上，本书将采取全信息极大似然估计法，借鉴似不相关的思路，使用 STATA 14 中 CMP 命令估计工具变量方程，以充分考虑两阶段回归方程残差之间的相关性，以得到一致的估计量。但为验证估计结果的稳健性以及不同识别策略的有效性，本书也将使用 OLS 估计方法作为基准回归模型，以检验本书估计结果的稳健性。

5.4 数据来源

本书所用数据为 2015 年中国四省粮食生产实地调查数据。与现有大多研究采用县级和农户层面数据不同，本书所用数据为基于地块层面的微观调研数据，以更好地控制地块质量、生产条件等重要变量的影响。为保证得到足够样本数量和抽样过程的随机性，本书采用了分层随机抽样方法搜集相关数据。

由于本书主要研究粮食作物保险，因此确定样本区域时首选粮食主产省份。同时由于需要考虑样本省份的区域代表性，确定了黑龙江、浙江、河南与四川 4 个省份。随后在每省按照粮食产量排序，等距抽样选取了 4 个县。

为验证本书研究假说，分析农业保险对不同规模农户生产行为的影响，样本中需包含规模户和小农户。因此，在每县抽取规模户较多的两个乡镇，并在每个乡镇中选取 4 个行政村；最后，再在每村抽取 6 个规模户、10 个小农户，共 16 个农户样本。为方便对比规模户和小农户的生产行为，小农户均在规模户周边选取。因此，每县可获得 64 户样本。

理论上，样本农户数应为1 024，但最终四省共实际调查了1 039个样本农户。主要是因为在抽样时为避免农户不在家或者联系不到导致样本数量不足，实际抽样时每个乡镇均会多抽取1~2个农户。因此，最终获得的样本比预期要多15户。

由于本书将研究细化至地块层面，因此需要随机抽取样本农户经营地块的具体信息。具体抽样时，从农户所有种植地块中随机抽取2个地块。为方便控制土地产权的影响，在选取地块时，分别从农户自有地和转入地中各选取最大的一个地块，以更好地反映农户生产决策。但是由于部分农户只拥有自有土地或者流转土地，只能选取1个地块。因此，尽管样本农户为1 039户，但我们最终只获得了1 707个地块样本。

此外，由于不同粮食作物之间的产出与投入存在较大差异，本书仅搜集了水稻和玉米两种作物的种植信息，即样本地块仅包括玉米和水稻种植地块。当然，玉米和水稻之间也存在一定差异，后文计量模型分析将采取引入作物虚变量的方式控制作物类型的影响。

表5-1列出了本书样本在各省的分布及参保状况。从表5-1中可以看出，各省地块数量分布总体较为均匀，但各省间也呈现明显的差异。其中，四川省和黑龙江省地块样本数量最多，分别为484个和454个地块样本。浙江省地块样本数量较少，仅有371个地块。

在参保状况方面，参保地块为620个，占全部地块数量的36.1%，表明参保数量足够，本书能够使用该数据进行分析。从各省来看，河南省参保地块数量最少，仅60块；四川省最多，达到了269块，参保率超过了50%。关于参保和未参保农户的投入产出对比以及规模大小在后文进一步详细说明，这里不再列出。

表 5-1　　　　　　　　　样本分布及参保状况

省份	参保状况		合计
	未参保	参保	
黑龙江	332	122	454
浙江	202	169	371
河南	338	60	398
四川	215	269	484
合计	1 087	620	1 707

资料来源：实地调查得来。单位为地块数。

本书需要考虑规模异质性在农业保险影响中的作用，因此需要保证样本中包含足够数量的较大经营规模的农户。由于中国规模户数量相对较少，直接简单的随机抽样难以保证有足够数量的规模户样本。本书按照一定分类标准专门抽取规模户。但是由于不同地区的土地经营规模程度差异较大，无法按照统一标准区分规模户和小农户。因此，在抽样环节，将土地规模为当地平均水平20倍以上的定义为大规模户，10~20倍为中规模户，3~10倍为普通规模户，其他为小农户。具体抽样时，在每个村分别抽取1个大规模户、2个中规模户、3个普通规模户；并在大规模农户周边选取3户小农户，中规模农户周边选取2户小农户，小规模经营户周边选取1户小农户。

最终，地块样本中，有751个地块属于大规模户，956个地块属于小规模农户。但是这一分类标准仅作为抽样时获得足够经营规模较大农户的样本数量使用，在后文进行计量模型估计时，仍然按照家庭经营土地面积进行分类。关于具体相关变量的描述性统计将在后续章节中详细说明，在此不再赘述。

值得说明的是，本书使用截面数据分析农业保险对农户生产行为的影响。尽管面板数据能够控制个体固定效应的影响。但是由于参保决策变量为虚拟变量,且年际变化不大,使用面板数据中的固定效应方法进行组内差分时,导致核心解释变量变异不够,难以估计出相关结果。因此,农户层面的分析中,在充分控制了个体异质性的情况下,使用截面数据进行分析仍然有效。

第 6 章

农业保险对单产与净利润水平的影响

农业保险的政策目标是分散风险、保障收入与生产。但在分散农业风险与保障农民收入的同时,农业保险也有可能对农作物产出水平产生影响。部分研究指出农业保险可能对农业生产有负面影响。主要是因为农业保险改变了农户的预期收益,在道德风险作用下,引发农业生产行为的改变。一方面,投保农户在风险发生时面临较低的边际支出,因此降低受灾前的风险防控要素投入(林光华、汪斯洁,2013),从而提高风险发生概率,带来单位产出的减少;另一方面,购买农险的农户即使在受灾之后也能保证一定收益,减少了风险发生后补救措施(Coble et al., 1997)、生产过程中管理措施的投入(Smith & Goodwin, 1996; Mishra, Nimon & Elosta, 2005)以及新技术的采纳(Giné & Yang, 2009),因而导致单产水平下降。这不仅导致农业产出降低,威胁中国粮食安全,在中国政策性农业保险制度中大量补贴存在的情况下,也会带来财政负担的增加,导致社会整体福利损失。

但是也有研究普遍认为农业保险能够对农业产出有显著的促进作用,提高单位面积土地产出(罗向明等,2011;王向楠,2011;聂文广、黄琦,2015)。蔡等(Cai et al., 2009)在研究能繁母猪保险对生猪规模的影响时也认为,购买能繁母猪保险对生猪养殖规模有显著的促进作用。主要原因在于农业保险能够有效分散生产风险,因此刺激农业生产规模、增加农民农业生产资料投入和采纳新技术概率（Mobarak & Rosenzweig, 2013；Elabed & Carter, 2014；Karlan et al., 2014；Carter et al., 2014）。

可以看出，现有研究针对农业保险对中国农业产出影响的研究结论并不一致，但这一问题直接关系到未来中国农业保险政策设计以及农业补贴政策的发展方向，厘清这一问题具有重要的政策含义。此外，在农业保险既然能够通过改变投入水平而影响产出的假设下，其是否也会影响农业生产的净利润水平，从而发挥保障收入作用？保障收入水平也是中国农业保险政策的主要目标。因此，分析农业保险对净利润水平的影响对于完善中国农业保险政策同样具有重要意义。

然而，现有关于农业保险与单产及净利润水平的研究仍然存在诸多不足。首先，大多研究基于理论分析论证农业保险对农业产出水平的影响，缺乏经验证据支持。尽管张跃华等（2006）基于上海的案例考察了农业保险的影响，但缺乏大样本数据的统计验证与推断。其次，部分基于数据的实证研究基于省级或地市层面数据研究了农业保险对粮食产量和收入的影响，但一方面无法控制其他重要变量的影响和解决内生性问题；另一方面，也难以从微观层面观测农业保险对农户生产行为的影响，从而无法分析相关影响机制及途径。

因此，本章主要基于地块层面微观调研数据，构建计量模型，分析农业保险对农户单产和净利润水平的影响。同时，为了明确农业保险的影响机制，也分析了农业保险对单位生产成本的影响。

6.1 计量经济模型设定

6.1.1 计量经济模型

单产受多种因素影响，一般通过生产函数估计产量。本书使用

C-D 函数形式构建计量模型，具体如下：

$$y = AK^\alpha L^\beta e^{(\delta insur + \gamma X + \varepsilon)}$$

对上式两边同时取对数，得到：

$$\ln Y = \ln A + \alpha \ln K + \beta \ln L + \delta insur + \gamma X + \varepsilon$$

该式可以用于估计农业保险对农作物单产的影响。Y 为该模型的被解释变量，表示单位土地面积土地产出，衡量农作物的单产水平。对于该模型，我们所关心的回归系数是 δ，表示在控制了投入和地块特征的条件下，是否购买农业保险对农作物单产的净影响。

变量 K 为投入资本，由两部分组成，一是固定资本投入，如土地和机械投入等；二是可变资本投入，主要包括化肥、农药、种子等投入。L 表示劳动投入，代表单位土地上的劳动投入价值，系数 α 和 β 分别是资本和劳动投入的产出弹性。X 为其他家庭和地块层面的控制变量，主要包括受教育水平、年龄、务农年限、地块规模、土壤质量、灌溉条件以及是否受灾等。

值得注意的是，生产投入是影响单产水平的重要变量，但在回归时并不适合直接引入方程中。因为根据本书研究假说，农业保险通过土地投入影响农作物产量，如果将投入和农作物产量同时纳入回归方程中，容易产生多重共线性问题，不仅降低模型估计效率难以准确观测农业保险对农作物单产的影响机制。但是生产投入作为生产函数回归方程的重要变量，遗漏后放入误差项中，可能与其他变量相关，导致内生性问题。

本书采用以下两种方法进行处理生产投入变量引入回归方程的问题。第一，生产投入决策很有可能是内生于地块面积，即化肥、农药、机械、劳动等要素投入很大程度上受到地块大小的影响（Bhalla & Roy, 1988; 范红忠、周启良，2014），也会受到参保决策的影响，参保农户与未参保农户之间的地块投入有所差异，即 $K = f(P, I)$ 和 $L = f(P, I)$。其中，P

为地块面积大小，I 为参保决策。为保证估计结果的准确性，在实际回归中仅将土地面积纳入方程中，而不直接引入化肥、农药、机械和劳动等其他生产投入变量。第二，生产投入与各要素价格紧密相关，而且要素价格由各要素市场决定，属于较好的外生变量，但由于投入要素较多，且部分投入品价格难以衡量。一般而言，同一县内不同农户面临的投入品价格趋于一致。因此，本书在回归方程中，加入县级虚拟变量，以在一定程度上控制价格因素的影响。但是在结果汇报中，本书仍将汇报引入投入要素变量的回归结果，以验证回归结果的稳健性。

6.1.2 模型变量描述性统计

表6-1汇报了本章回归模型所用变量的描述性统计结果。其中，是否参保为核心解释变量。被解释变量为单产、利润和生产成本。保险费率、村参保比例和乡镇是否开展农业保险为模型使用的工具变量，其余为模型中的控制变量。其中生产成本变量主要包括种子、化肥、农药、机械以及劳动力等成本，而净利润水平为单位面积总产值（即单产与产出价格之积）减去上述要素成本之差。

村开展技术培训次数变量为当前农户所在村在当年开展技术培训的次数，主要用来衡量村民获得的技术培训情况。由于该变量为所在村的技术培训次数，与农户自身经济特征的相关性不强，因此也较为外生。家庭经营规模变量为农户在当年种植土地面积，单位为亩，主要用来衡量农户层面的规模特征。同时，模型中也包含了地块面积变量，单位同样为亩，以控制地块大小可能对农户生产投入的影响。

地块特征是否受灾、是否能够灌溉、地块质量、地块产权四个变量。是否受灾是指当年该地块是否遭受旱灾、洪涝、风灾等自然灾害，

表 6-1 变量描述性统计

变量类型	变量名称	变量定义	平均值	标准差	最小值	最大值
核心解释变量	是否参保	1=是；0=否	0.36	0.48	0	1
被解释变量	单产（对数）	斤/亩	6.87	0.32	4.58	7.50
	净利润	元/亩	194.51	659.14	-1 707.87	1 803.61
	生产成本（对数）	元/亩	6.77	0.60	4.78	8.53
	是否受灾	1=是；0=否	0.42	0.49	0	1
	是否能够灌溉	1=是；0=否	0.76	0.43	0	1
	地块质量	1=好；2=中；3=差	1.62	0.64	1	3
	地块产权	1=转入；0=自有	0.42	0.49	0	1
	村开展技术培训次数	次	1.16	3.00	0	16.00
控制变量	家庭经营规模	亩	86.65	329.03	0.90	12 000
	作物类型	1=玉米；0=水稻	0.53	0.50	0	1.00
	户主务农年限	年	31.87	13.70	0	67.00
	户主受教育年限	年	6.79	3.07	0	16.00
	户主性别	1=男；0=女	0.97	0.18	0	1
	家庭非农务工比例	%	0.41	0.34	0	1
	地块面积	亩	1.62	1.42	-2.30	7.47
	保险费率	%	0.01	0.03	0	0.33
工具变量	村参保比例	%	48.67	39.38	0	100.00
	乡镇是否开展农业保险	1=是；0=否	0.85	0.36	0	1

第6章 农业保险对单产与净利润水平的影响

将对农作物产量和利润产生重要影响。是否能够灌溉和地块质量用于控制地块的肥力水平。地块产权变量为该地块是否流转得来,以控制产权稳定性可能对农户技术采纳行为,特别是长期技术投入的影响,其中1代表流转地块,0代表自有地块。

其他控制变量主要包括家庭特征,如家庭收入、非农务工比例、户主性别、户主受教育年限、户主务农年限以控制家庭特征的影响。家庭收入单位为元,主要用来衡量家庭总体收入对产量的影响。非农务工比例为家庭劳动力从事非农工作的比例,一般而言家庭非农务工比例越高,用于农业生产的劳动力越少,可能会对地块产出产生不利影响。户主受教育年限和户主务农年限为衡量农户的农业经营能力,以控制个体不可观测异质性对农业保险参保决策和投入行为的影响。

需要说明的是,本章的部分回归用到了化肥、农药、劳动力以及新技术等变量作为控制变量,以控制其他要素投入对产量的影响。这些变量是本书第6章和第7章使用的重要变量,届时将对分别对上述变量进行详细说明,故此处从略。

6.1.3 描述性证据

在对计量模型进行回归之前,本书先对参保农户和未参保农户之间的单产、利润和生产成本之间的差异进行描述性统计。图6-1直观地展示了这一结果。从图6-1中可以看出,参保农户的单产和净利润均低于未参保农户,但是生产成本高于未参保农户。意外的是,净利润水平和生产成本的结果与预期相反。根据理论模型预期,农业保险可能提高净利润水平,降低生产成本。其可能的原因是受地区影响,因为农业保险参保和农业生产利润与成本水平在地区间均存在显著差异。在没有控制地区差异的情况下,可能导致比较结果出现较大偏误。然而,该结果是否可信以及该猜测是否正确，仍然需要进一步使用计量模型进行检验。

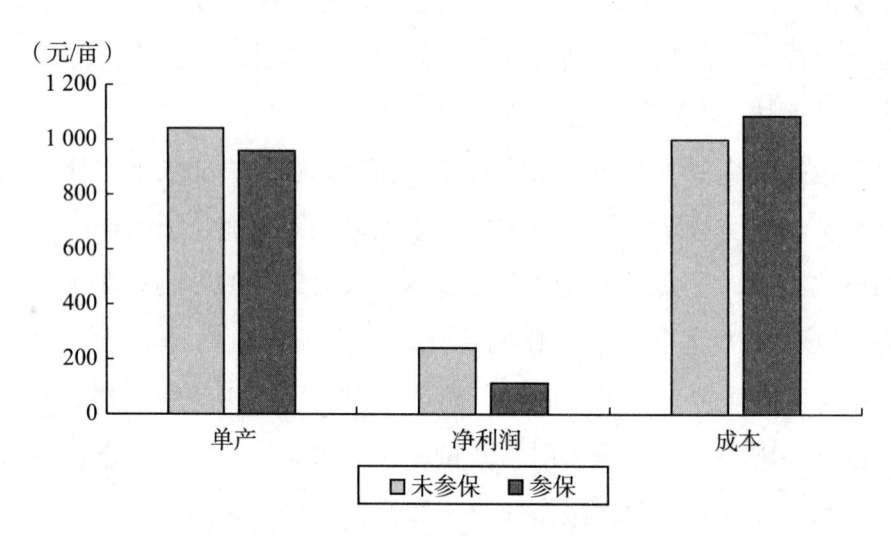

图 6-1 参保与未参保组间单产、净利润与生产成本的差异

在单产方面，参保农户低于未参保农户。如果这一结果正确，表明农业保险不仅无法保障中国粮食生产，反而不利于粮食生产能力的提高。当然，根据上文理论模型的估计结果，农业保险对单产水平的影响主要取决于农户实际投入水平的配置。因此，仍然需要在下文使用计量模型进一步验证。

为了进一步验证在不同规模分组下，上述结果是否仍然成立，表 6-2 汇报了不同规模下参保与未参保组间产量、成本与利润的差异。从表 6-2 中可以看出，无论是大规模农户还是小规模农户，参保组的单产水平均显著低于未参保组。利润和成本的结果表明，大规模农户的参保组与未参保组的差异显著，而小农户则不显著。此外，与图 6-1 结果类似，大规模农户而言，参保组的成本高于未参保组，而生产利润低于未参保组。这一结果同样与预期明显不同，同样可能是因为没有考虑地区差异导致的结果偏误。因此在计量模型中将对这一结果进行详细的检验与分析。

表 6-2　　不同规模下参保组与未参保组间产量、
成本与利润的差异　　　　　单位：元/亩

类目	不同规模	未参保	参保	差值
单产	小规模	996.61	924.70	-71.91***
	大规模	1 086.19	983.28	-102.91***
净利润	小规模	-39.79	-91.00	51.21
	大规模	519.79	273.15	-246.65***
成本	小规模	1 275.05	1 240.33	-34.72
	大规模	725.85	966.97	241.12***

注：*、**和***分别表示在10%、5%和1%的水平上显著性。

当然需要注意的是，为方便对比，在这里小规模农户与大规模农户的分类标准为样本家庭经营耕地面积的中位数，即30亩。其中，小于30亩为小农户，大于30亩为大规模农户。按照该标准，样本中有893个样本地块属于大规模农户，814个样本地块属于小规模农户。但是该标准仅为方便描述性对比而设定的参考数值，而不是下文实证分析中使用的规模分类标准。在下文实证分析中，将按照家庭经营规模对农户进行更为细致的分类。

6.2　农业保险对单产的影响及其规模异质性

6.2.1　基准模型结果

表6-3列出了农业保险对单产水平的OLS估计结果。模型（1）

的估计结果为没有加入任何控制变量的回归结果。可以看出,是否参保系数在1%的显著性水平上显著为负,表明农业保险可能会降低实际产出水平。逐步引入控制变量之后,参保决策系数尽管仍为负,但变得不再显著。其中,模型(2)和模型(3)分别加入了地区虚拟变量和农户及地块特征变量,结果是否参保系数仍然不显著。这表明,农业保险并不会对农户单产水平产生显著影响。此外,回归结果中,是否受灾均显著降低了单产水平,这与预期结果一致。而且土地质量较差和中等质量土地的单产水平均明显低于质量较好地块,单产水平大约分别下降4.2%和11.4%,这与理论预期一致。村技术培训次数对单产水平也有显著的正向明显,村里开展技术培训次数越多,农户产量越高,与实际结果较为一致。这也在一定程度上表明,该回归结果在总体上较为合理。

表6-3　　　　　　　农业保险对产量的影响(OLS回归)

解释变量	模型(1) 单产(对数)	模型(2) 单产(对数)	模型(3) 单产(对数)	模型(4) 单产(对数)
是否参保	-0.095*** (0.017)	-0.022 (0.015)	-0.008 (0.014)	-0.017 (0.014)
家庭经营规模			0.000 (0.000)	0.000 (0.000)
是否受灾			-0.161*** (0.016)	-0.167*** (0.016)
地块是否能够灌溉			-0.001 (0.028)	0.005 (0.028)
地块质量				
中			-0.043*** (0.012)	-0.039*** (0.012)

续表

解释变量	模型（1）单产（对数）	模型（2）单产（对数）	模型（3）单产（对数）	模型（4）单产（对数）
差			-0.113*** (0.029)	-0.108*** (0.029)
地块产权			0.002 (0.012)	-0.009 (0.014)
村开展技术培训次数			0.004* (0.002)	0.005** (0.002)
作物类型			-0.189*** (0.035)	-0.200*** (0.035)
户主务农年限			0.001 (0.001)	0.001 (0.001)
户主受教育水平			0.008*** (0.002)	0.006*** (0.002)
户主性别			0.017 (0.031)	0.026 (0.032)
家庭非农务工比例			-0.001 (0.018)	0.007 (0.018)
地块面积				0.006 (0.006)
化肥投入价值				0.006 (0.006)
劳动力投入				-0.014 (0.009)
机械投入				-0.021*** (0.008)
农药投入				0.018** (0.009)

续表

解释变量	模型（1）单产（对数）	模型（2）单产（对数）	模型（3）单产（对数）	模型（4）单产（对数）
是否采取配方技术				0.050*** (0.016)
是否深松				0.026 (0.022)
是否使用增产新品种				0.043*** (0.014)
县虚拟变量	未控制	控制	控制	控制
常数项	6.908*** (0.009)	7.288*** (0.015)	7.409*** (0.058)	7.309*** (0.072)
观测值数量	1 707	1 707	1 707	1 707
R^2	0.020	0.311	0.423	0.437

注：括号内为稳健标准误，*、** 和 *** 分别表示在10%、5%和1%水平上的显著性。

模型（4）为引入了投入变量的回归结果。参保决策变量系数为 -0.016，但在10%的显著性水平上仍然不显著，表明农业保险对农户单产水平没有显著影响。模型（4）中的其他控制变量与模型（3）在结果和显著性上均没有发生较大程度的变化，这进一步表明回归结果较为稳健。

但是由于模型内生性的存在，仍然无法做出农业保险对单产水平没有影响这一判断。第4章的理论模型结果表明，农业保险与单产水平之间可能存在内生性。OLS 回归由于没有考虑内生性问题，其结果可能存在偏误。因此，仍然需要处理内生性问题以得到一致的估计结果。

6.2.2 工具变量回归

表6-4列出了农业保险对单产水平影响的工具变量估计结果。其中，lnsig_1系数在1%的显著性水平上显著为正，表明第一阶段回归和第二阶段回归之间的残差显著相关，本书使用的估计方法合理。

表6-4　农业保险对单产水平影响的工具变量估计

解释变量	模型（1）	模型（2）	模型（5）	模型（6）
	工具变量结果			
	单产	参保决策	单产	参保决策
是否参保	0.035 (0.048)		-0.012 (0.045)	
保险费率		8.313*** (2.244)		8.596*** (2.252)
村平均参保比例		0.004*** (0.001)		0.003** (0.001)
乡镇是否开展农业保险		0.852*** (0.172)		0.899*** (0.178)
家庭经营规模	0.000 (0.000)	0.001*** (0.000)	0.000 (0.000)	0.001*** (0.000)
是否受灾	-0.165*** (0.015)	0.175** (0.080)	-0.167*** (0.014)	0.163** (0.081)
地块是否能够灌溉	-0.003 (0.022)	0.152 (0.128)	0.002 (0.021)	0.139 (0.128)
地块质量				
中	-0.042*** (0.013)	-0.064 (0.076)	-0.039*** (0.013)	-0.054 (0.077)
差	-0.112*** (0.023)	-0.094 (0.129)	-0.109*** (0.022)	-0.067 (0.131)

续表

解释变量	模型（1）	模型（2）	模型（5）	模型（6）
	工具变量结果			
	单产	参保决策	单产	参保决策
地块产权	0.001 (0.012)	0.014 (0.071)	-0.010 (0.013)	-0.020 (0.081)
村开展技术培训次数	0.004 (0.002)	0.032** (0.013)	0.005** (0.002)	0.036*** (0.013)
作物类型	-0.191*** (0.025)	0.109 (0.142)	-0.206*** (0.025)	0.098 (0.147)
户主务农年限	0.001* (0.001)	-0.007** (0.003)	0.001 (0.001)	-0.008*** (0.003)
户主受教育水平	0.008*** (0.002)	-0.004 (0.013)	0.006*** (0.002)	-0.011 (0.013)
户主性别	0.021 (0.034)	-0.250 (0.189)	0.026 (0.033)	-0.259 (0.192)
家庭非农务工比例	0.004 (0.019)	-0.266** (0.111)	0.006 (0.019)	-0.285** (0.113)
地块面积			0.006 (0.007)	0.033 (0.044)
化肥投入价值			0.006 (0.006)	0.075* (0.042)
劳动力投入			-0.014* (0.008)	0.012 (0.054)
机械投入			-0.020*** (0.008)	0.046 (0.047)
农药投入			0.000* (0.000)	-0.000 (0.001)
是否采取测土配方技术			0.049** (0.021)	0.574*** (0.128)
是否采取深松技术			0.026 (0.024)	0.203 (0.144)

续表

解释变量	模型（1）	模型（2）	模型（5）	模型（6）
	工具变量结果			
	单产	参保决策	单产	参保决策
是否使用增产新品种			0.044*** (0.014)	0.114 (0.083)
常数项	7.398*** (0.056)	-2.020*** (0.377)	7.360*** (0.066)	-2.726*** (0.471)
$\ln\sigma_1$	-1.409*** (0.018)		-1.424*** (0.017)	
$atanh\rho_{12}$	-0.110 (0.117)		-0.012 (0.110)	
$LRChi^2$	1 404.99			1 472.40
观测值数量	1 707	1 707	1 707	1 707

注：括号内为稳健标准误，*、**和***分别表示在10%、5%和1%水平上的显著性。

在表6-4中，模型（2）为工具变量第一阶段回归结果。结果表明，保险费率、村参保比例和乡镇是否开展农业保险三个工具变量均在5%以上的显著性水平上显著为正，表明三个工具变量均对参保决策产生重要影响，说明三个工具变量总体上较为有效。工具变量需要满足相关性和外生性两个假设。一般而言，使用第一阶段回归的F值判断工具变量的相关性，以排除弱工具变量的影响。但是由于本书使用极大似然估计法，第一阶段无法计算F值。因此，本书通过线性概率模型对第一阶段回归方程专门进行了估计，结果显示F值达到23.97，大于10，表明不存在弱工具变量问题。此外，本书也使用了过度识别检验检验工具变量的外生性，结果显示过度识别检验的p值为0.54，大于0.1，无法拒绝工具变量符合外生性的原假设。这表明，本书选择的工具变量是有效的，符合外生性和相关性假设。因此，本书的工具变量回归方法能够有效解决内生性问题，更准确地估计出参保决策对农户单产水平的影响。

表6-4中模型（1）为第二阶段回归结果。可以看出，参保决策系数为-0.02，但是并不显著，与OLS回归结果类似，表明农业保险对单产水平没有显著影响。可能存在两点原因导致农业保险对单产没有影响。第一，研究假说4表明，农业保险对不同规模农户的投入行为影响不一致，对大规模农户影响较为显著，但是对小农户影响不显著。在当前回归中不同规模农户混合在一起，由于小农户比例较高可能导致回归结果不显著；第二，根据研究假说，农业保险对单产水平的影响取决于农户的投入要素配置，也就是在农户保险下农户投入行为的变化对单产的影响。但是可能由于中国农业保险较低的保障水平，没有引起农户投入行为发生变化，导致对实际单产水平没有显著影响。为了验证上述两个可能的原因，下一节内容将对不同规模农户进行分组回归以验证原因一。本书第6章和第7章内容将重点研究农业保险对投入行为的影响，以验证原因二。

此外，地块受灾对单产有显著的负面影响，地块质量和村开展技术培训次数均对单产水平有显著的正向影响，与理论预期一致，这也进一步表明工具变量回归结果总体上较为可信。

6.2.3 农业保险对不同规模农户单产的影响

为了分析农业保险对不同规模农户单产水平的影响，本书根据家庭经营规模大小将样本划分不同样本组进行分别回归，以观察参保决策系数大小及显著性的变化。在计量模型分析中，之所以没有采用抽样时的规模分类标准，主要是因为：（1）规模在农业保险的影响中能够发挥作用，主要是因为家庭经营面积绝大数量的大小，而不是相对规模，更不是地块规模的大小；（2）在样本中，按照抽样时的规模分

第6章 农业保险对单产与净利润水平的影响

类标准，部分地区小规模农户的平均家庭经营面积比其他省份大规模农户的家庭经营面积还要大，将会导致分类不准问题，从而影响最终的回归结果。因此，针对本书的研究问题，使用家庭总体经营规模进行分类更为合适。

本书对样本进行规模分组时，采用滚动分组将所有农户样本分为若干组。主要是基于以下考虑：①目前，缺乏统一合理的农户规模分组标准，因此本书选择逐渐增加每组农户平均经营规模，以观察参保系数是否随着家庭规模的增加发生变化；②由于数据样本量只有1 707户，分组过多必然导致每组样本量较少，每组有效信息损失，降低模型估计的有效性。因此，让相邻的两组之间存在重复的样本，以保证每组均有足够的样本数量。最终，共将样本划分为5组，分别为0~10亩、10~100亩、20~200亩、50~100亩以及100亩以上组。如此分类，较为灵活，能够涵盖多种分类标准，因此更能充分反映农业保险对不同规模户生产行为影响的差异。

值得注意的是，各组的样本区间两端距离并不相同。主要是因为样本内农户较多集中于小农户，大农户样本较少，为了保证大规模农户组包含足够数量的样本，必须扩大区间范围。

表6-5展示了农业保险对不同规模组农户单产水平的结果。由于不同分组之间回归结果较为复杂，表中仅展示了农险保险系数大小及显著性，限于篇幅，其他变量结果并未包含在内，表中估计结果均为工具变量回归结果。从表中可以发现，无论是小规模组还是大规模组，农业保险对单产水平的影响在10%的显著性水平上均不显著。这说明，农业保险对产出没有显著影响，并不是因为样本的混合，是否是因为农业保险没有对投入产生显著影响仍然需要进一步验证。

表 6-5　农业保险对不同规模农户单产水平的影响

解释变量	0~10 亩组		10~100 亩组		20~200 亩组		50~500 亩组		50 亩以上组	
	单产	是否参保	单产	是否参保	单产	是否参保	单产	是否参保	单产	是否参保
是否参保	-0.192 (0.122)		0.132 (0.134)		0.154 (0.100)		-0.003 (0.061)		-0.008 (0.058)	
保险费率		94.906*** (20.126)		3.995 (3.830)		3.164 (2.993)		17.944*** (3.305)		17.183*** (2.859)
村平均参保率		0.001 (0.003)		0.003 (0.002)		0.005** (0.002)		0.010*** (0.002)		0.011*** (0.002)
乡镇开展农业保险		1.089*** (0.354)		1.031*** (0.240)		1.288*** (0.243)		0.515* (0.293)		0.524* (0.285)
地块特征	已控制	已控制	已控制	已控制	已控制	已控制	已控制	已控制	已控制	已控制
农户特征	已控制	已控制	已控制	已控制	已控制	已控制	已控制	已控制	已控制	已控制
县虚拟变量	已控制	已控制	已控制	已控制	已控制	已控制	已控制	已控制	已控制	已控制
常数项	7.558*** (0.137)	-2.366*** (0.848)	7.43*** (0.089)	-2.41*** (0.524)	7.299*** (0.082)	-3.12*** (0.527)	7.188*** (0.083)	-2.207*** (0.669)	7.231*** (0.078)	-2.580*** (0.647)
$\ln\sigma_1$	-1.378*** (0.075)		-1.370*** (0.079)		-1.371*** (0.072)		-1.556*** (0.057)		-1.559*** (0.055)	
$atanh\rho_{12}$	0.384 (0.321)		-0.325 (0.336)		-0.390 (0.263)		-0.100 (0.174)		-0.097 (0.169)	
观测数量	457		924		910		594		630	

注：括号内为稳健标准误，*、** 和 *** 分别表示在10%、5% 和 1% 水平上的显著性。

然而，农业保险对大规模农户单产水平不显著，并不能推翻本书的研究假说4，即无法说明农业保险对不同规模农户的影响没有差异。农业保险对单产的影响机制仍然需要进一步明确。理论模型指出，农业保险对不同投入品的影响有所差异。因此，在实际中农业保险如何影响不同要素投入和新技术的采纳从而影响农业产出，需要进一步实证分析与检验。

此外，本章选择产量作为被解释变量而不是收益，主要基于以下两点考虑，一是本书的研究目的之一主要为验证中国政策性农业保险对粮食安全的影响，而收益主要衡量农户的农业收入水平，而对于农业收入，下文将使用净利润水平这一指标进行衡量；二是尽管收益也能在一定程度上反映产量水平，但是受销售价格影响较大。

6.3 农业保险对农业生产净利润的影响及其规模异质性

上文分析结果表明，农业保险对单产水平没有显著影响，但根据理论模型结果，农业保险会影响农户投入水平。这表明，生产投入的变动没有引起单产水平的变动，可能会引起农户生产利润的变动。为验证这一猜测，表6-6汇报了农业保险对生产利润影响的估计结果。

表6-6　农业保险对农户生产净利润的影响（OLS）

解释变量	模型（1）	模型（2）	模型（3）	模型（4）
	净利润	净利润	净利润	净利润
是否参保	-127.384*** (33.039)	-41.260 (30.646)	60.670** (28.611)	28.919 (23.154)

续表

解释变量	模型（1）	模型（2）	模型（3）	模型（4）
	净利润	净利润	净利润	净利润
是否受灾		-381.391*** (30.074)	-245.035*** (29.191)	-231.298*** (23.820)
地块是否能够灌溉		64.622* (36.854)	43.421 (39.186)	88.816** (34.641)
地块质量				
中		-135.655*** (29.815)	-76.697*** (26.650)	-50.276** (20.811)
差		-191.264*** (54.713)	-159.951*** (48.403)	-82.935** (37.105)
地块产权		77.032*** (28.731)	87.331*** (24.735)	-7.126 (22.834)
村开展技术培训次数		-14.574*** (4.376)	-3.480 (4.316)	-7.053** (3.398)
作物类型		320.962*** (33.406)	-24.020 (46.370)	-254.833*** (42.268)
户主务农年限		-5.890*** (1.150)	-0.634 (0.998)	0.679 (0.774)
户主受教育水平		27.784*** (5.263)	21.172*** (4.738)	13.119*** (3.660)
户主性别		142.786* (72.904)	27.561 (73.497)	56.299 (53.363)
家庭非农务工比例		-99.957** (45.035)	-60.265 (39.543)	6.799 (31.397)
家庭经营规模		0.183 (0.135)	0.080 (0.069)	-0.010 (0.018)
地块面积				30.096** (12.048)

续表

解释变量	模型（1）	模型（2）	模型（3）	模型（4）
	净利润	净利润	净利润	净利润
化肥投入价值				-23.999* (14.474)
劳动力投入				-317.278*** (19.253)
机械投入				-63.662*** (13.462)
农药投入				-1.631*** (0.245)
是否采取配方技术				62.653* (31.949)
是否深松				-44.585 (41.685)
是否使用增产新品种				58.602** (23.583)
县级虚变量	未控制	未控制	已控制	已控制
常数项	240.777*** (19.911)	96.661 (108.528)	954.516*** (106.674)	1 653.325*** (124.691)
观测数量	1 707	1 707	1 707	1 707
R^2	0.009	0.222	0.433	0.645

注：括号内为稳健标准误，*、**和***分别表示在10%、5%和1%水平上的显著性。

模型（1）为没有加入任何控制变量的回归结果，参保决策的系数为负，且在1%的显著性水平上显著为负。模型（2）加入了其他控制变量，没有控制地区固定效应，参保决策系数仍然为负，但是并不显著。模型（3）在模型（2）的基础上控制了地区固定效应，参保决策结果变为正，并在5%的显著性水平上显著。表明农业保险能显著增加农户的生产利润水平，平均每亩提高60.67元。模型（4）为加入其他投入要素的回归结果，参保决策系数为正但并不显著。这是因为计算生产利润已经考虑了投入成本，该结果与预期一致。

对比回归结果与描述性统计结果可以发现，农业保险对利润的影响方向发生了变化。特别是地区虚变量对参保决策系数的影响产生明显冲击。这可能是由于地区之间生产利润差异较大的结果。通过样本统计数据可以发现，地区之间利润水平差异的确较为明显，黑龙江省亩均利润水平较高，达到了749元/亩；其次为河南省，亩均利润为215.5元/亩；浙江省和四川省亩均利润水平最低，均为负数，分别为 -63.07元/亩和 -146.11元/亩。这一数据结果与中国实际情况较为符合，因为河南省和黑龙江省均为中国粮食主产区，农业收入也相应较高；浙江省和四川省由于农地经营规模较小，生产利润较低。

为了解决 OLS 回归模型中存在的内生性问题，表 6-7 汇报了农业保险对生产利润的工具变量回归结果。模型（1）和模型（2）分别为工具变量回归的第二阶段和第一阶段结果。从表 6-7 中可以看出，参保决策的系数为 336.214，并且在 1% 的显著性水平上显著为正。表明农业保险能够显著提高农户的生产利润水平。这表明，尽管农业保险对农户单产水平没有显著影响，但是由于优化了农户要素投入，降低农业生产成本，因此也提高了农户的生产利润。

表 6-7　　　　农业保险对生产利润的工具变量回归结果

解释变量	模型（1）	模型（2）
	生产利润	是否参保
是否参保	336.214 *** (65.225)	
保险费率		6.790 ** (2.788)

续表

解释变量	模型（1）生产利润	模型（2）是否参保
村平均参保比例		0.004*** (0.001)
乡镇是否开展农业保险		0.922*** (0.163)
家庭经营规模	0.049 (0.057)	0.001*** (0.000)
是否受灾	-267.853*** (29.830)	0.168** (0.079)
地块是否能够灌溉	35.393 (42.436)	0.153 (0.126)
地块质量		
中	-68.880** (27.156)	-0.062 (0.076)
差	-150.176*** (48.287)	-0.097 (0.126)
地块产权	85.439*** (25.266)	0.014 (0.071)
村开展技术培训次数	-6.311 (4.388)	0.030** (0.013)
作物类型	-35.764 (49.771)	0.110 (0.141)
户主务农年限	0.105 (1.029)	-0.007** (0.003)
户主受教育水平	21.382*** (4.766)	-0.004 (0.013)
户主性别	52.197 (74.758)	-0.267 (0.192)

续表

解释变量	模型（1）生产利润	模型（2）是否参保
家庭非农务工比例	-30.846 (40.243)	-0.249** (0.108)
县级虚变量	已控制	已控制
常数项	887.892*** (112.166)	-2.103*** (0.374)
$\ln\sigma_1$	6.234*** (0.022)	
$atanh\rho_{12}$	-0.354*** (0.074)	
观测值数量	1 707	1 707

注：括号内为聚类稳健标准误，*、**和***分别表示在10%、5%和1%水平上的显著性。

描述性证据部分结果表明，农业保险对生产利润的影响在不同规模农户间呈现出较大的差异。为了进一步检验农业保险对不同规模户农业生产利润水平的影响，本书根据家庭经营规模大小将样本划分为不同样本组进行分别回归，以观察参保决策系数大小及显著性的变化。与单产回归方程分组方法类似，生产利润和成本方程共分为6组，分别为0~10亩、5~20亩、10~40亩、30~100亩和30亩以上。

图6-2为农业保险对不同规模组农户生产利润水平影响的结果。图6-2中仅展示了农险保险系数大小及显著性，限于篇幅，其他变量结果并未包含在内，图6-2中的估计结果均为工具变量回归结果。从图6-2中可以看出，农业保险对较小规模农户的生产利润没有显著影响，但是对规模较大样本组，农业保险能够显著增加农户的净利润水平。这表明，农业保险能够增加大规模农户的净利润，但对小农户没有

显著影响。这一结果符合本书的研究假说。

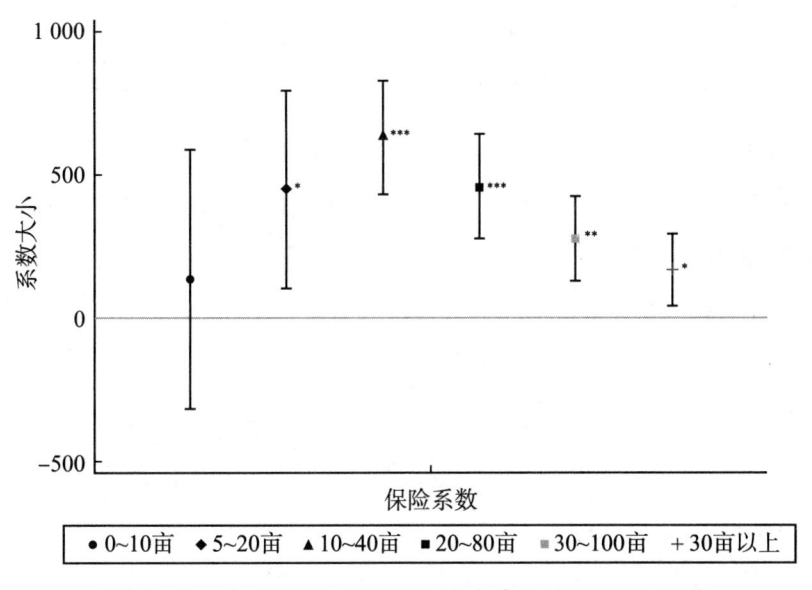

图 6-2 农业保险对不同规模农户生产利润的影响

6.4 农业保险对农业生产成本的影响及其规模异质性

前文分析表明，农业保险对单产水平没有显著影响，但能提高农户生产利润。这表明，农业保险尽管对产量没有影响，但会改进生产效率，从而提高了生产利润。如果这一判断正确，意味着农业保险将会降低生产成本，从而带来了生产利润的增加。为了判断这一结果与假设的正确性，本书通过分析农业保险是否会降低农业生产成本，进一步从侧面验证农业保险是否通过降低生产成本的方式提高生产利润，也在一定程度上验证本书的研究假说。

表 6-8 汇报了农业保险对农户生产成本的估计结果。模型（1）

到模型（5）为逐步加入控制变量的回归结果。模型（1）没有加入任何控制变量，参保决策系数为显著为正，这与描述性统计结果一致。但是当逐步引入其他控制变量后，系数值变为负，且在加入地区控制变量后（模型（3）的结果）这一系数显著为负。与生产利润方程类似，因为在区域间生产成本差异较大，没有控制地区固定效应的情况下，无法得到无偏估计量。模型（5）为没有使用对数的成本方程，结果表明，参保决策系数为 -72.035，并且在 1% 的显著性水平上显著，参保农户的生产成本比未参保农户减少 72.035 元/亩。

表 6-8　　　　　　　农业保险对生产成本的影响结果

解释变量	模型（1）成本（对数）	模型（2）成本（对数）	模型（3）成本（对数）	模型（4）成本（对数）	模型（5）成本（对数）
是否参保	0.129*** (0.029)	-0.000 (0.025)	-0.044* (0.024)	-0.009 (0.015)	-72.035*** (25.355)
是否受灾		0.190*** (0.025)	0.088*** (0.025)	0.070*** (0.016)	112.149*** (28.053)
地块是否能够灌溉		0.115*** (0.032)	0.027 (0.037)	-0.022 (0.030)	-2.058 (36.036)
地块质量					
中		0.088*** (0.024)	0.042* (0.023)	0.017 (0.015)	37.323 (24.856)
差		0.093** (0.043)	0.083** (0.039)	0.001 (0.023)	85.605* (44.462)
地块产权		-0.098*** (0.023)	-0.101*** (0.021)	-0.011 (0.016)	-104.526*** (22.424)
村开展技术培训次数		-0.004 (0.004)	-0.006* (0.004)	-0.002 (0.002)	-2.582 (4.130)

续表

解释变量	模型（1）成本（对数）	模型（2）成本（对数）	模型（3）成本（对数）	模型（4）成本（对数）	模型（5）成本（对数）
作物类型		-0.577*** (0.027)	-0.430*** (0.043)	-0.206*** (0.033)	-374.772*** (43.669)
户主务农年限		0.006*** (0.001)	0.002** (0.001)	0.001 (0.001)	1.929** (0.909)
户主受教育水平		-0.020*** (0.004)	-0.015*** (0.004)	-0.007*** (0.003)	-14.769*** (4.379)
户主性别		-0.048 (0.057)	0.031 (0.060)	0.008 (0.034)	41.671 (61.018)
家庭非农务工比例		0.126*** (0.036)	0.059* (0.034)	-0.009 (0.022)	55.393 (36.433)
家庭经营规模		-0.000 (0.000)	-0.000 (0.000)	0.000 (0.000)	-0.054 (0.053)
地块面积				-0.021** (0.008)	
化肥投入价值				0.045*** (0.012)	
劳动力投入				0.355*** (0.016)	
机械投入				0.035*** (0.009)	
农药投入				0.002*** (0.000)	
是否采取配方技术				-0.035 (0.025)	
是否深松				0.040 (0.036)	

续表

解释变量	模型（1）成本（对数）	模型（2）成本（对数）	模型（3）成本（对数）	模型（4）成本（对数）	模型（5）成本（对数）
是否使用增产新品种				-0.022 (0.016)	
县级虚变量	未控制	未控制	已控制	已控制	已控制
常数项	6.722*** (0.019)	6.870*** (0.086)	6.470*** (0.096)	5.596*** (0.102)	853.652*** (90.391)
观测值数量	1 707	1 707	1 707	1 707	1 707
R^2	0.011	0.378	0.506	0.783	0.425

注：括号内为稳健标准误，*、** 和 *** 分别表示在10%、5%和1%水平上的显著性。

为了解决生产成本回归方程中存在的内生性问题，表6-9汇报了农业保险对农户生产成本影响的工具变量结果。模型（1）和模型（2）是使用生产成本绝对值的工具变量回归结果；模型（3）和模型（4）是使用生产成本对数值的工具变量回归结果。两个方程中参保决策系数均在1%的显著性水平上显著为负，表明农业保险能够显著降低农户的生产成本。

表6-9　　农业保险对农户生产成本影响的工具变量结果

解释变量	模型（1）	模型（2）	模型（3）	模型（4）
	工具变量回归			
	生产成本（对数）	参保决策	生产成本（对数）	参保决策
是否参保	-312.024*** (51.674)		-0.448*** (0.059)	
保险费率		7.744*** (2.831)		8.413*** (2.793)

第6章 农业保险对单产与净利润水平的影响

续表

解释变量	模型（1）	模型（2）	模型（3）	模型（4）
		工具变量回归		
	生产成本（对数）	参保决策	生产成本（对数）	参保决策
村平均参保比例		0.004*** (0.001)		0.004*** (0.001)
乡镇是否开展农业保险		0.926*** (0.173)		0.907*** (0.157)
家庭经营规模	-0.027 (0.042)	0.001*** (0.000)	-0.000 (0.000)	0.001*** (0.000)
是否受灾	132.022*** (28.708)	0.179** (0.079)	0.123*** (0.027)	0.206*** (0.078)
地块是否能够灌溉	4.934 (38.829)	0.153 (0.129)	0.039 (0.042)	0.137 (0.128)
地块质量				
中	30.515 (25.312)	-0.064 (0.077)	0.030 (0.025)	-0.061 (0.076)
差	77.091* (44.997)	-0.099 (0.126)	0.069* (0.042)	-0.106 (0.124)
地块产权	-102.878*** (22.875)	0.016 (0.071)	-0.098*** (0.023)	0.006 (0.070)
村开展技术培训次数	-0.116 (4.179)	0.031** (0.013)	-0.002 (0.004)	0.030** (0.013)
作物类型	-364.543*** (46.636)	0.104 (0.143)	-0.412*** (0.050)	0.088 (0.143)
户主务农年限	1.285 (0.933)	-0.006** (0.003)	0.001 (0.001)	-0.006* (0.003)
户主受教育水平	-14.951*** (4.434)	-0.002 (0.013)	-0.015*** (0.004)	0.000 (0.013)
户主性别	20.214 (62.534)	-0.252 (0.192)	-0.006 (0.066)	-0.275 (0.194)

续表

解释变量	模型（1）	模型（2）	模型（3）	模型（4）
	工具变量回归			
	生产成本（对数）	参保决策	生产成本（对数）	参保决策
家庭非农务工比例	29.770 (36.818)	-0.259** (0.108)	0.015 (0.037)	-0.224** (0.106)
县级虚变量	已控制	已控制	已控制	已控制
常数项	911.679*** (94.546)	-2.139*** (0.381)	6.569*** (0.107)	-2.269*** (0.387)
$\ln\sigma_1$	6.150*** (0.031)		-0.786*** (0.028)	
$atanh\rho_{12}$	0.334*** (0.062)		0.644*** (0.089)	
Wald Chi^2	1 767.26		2 245.20	
观测值数量	1 707	1 707	1 707	1 707

注：括号内为稳健标准误，*、** 和 *** 分别表示在10%、5%和1%水平上的显著性。

这一结果验证了前文的回归结果。农业保险正是通过降低农户的生产成本来提高生产利润。因此，即使农业保险对单产水平没有显著影响也能提高农户生产利润水平。然而，为什么农业保险降低了生产成本却对产量没有显著影响呢？这一问题留在第7章进行详细分析。

图6-3汇报了农业保险对不同规模组农户农业生产成本水平的影响结果。与生产利润水平结果类似，图6-3中仅展示了农险保险系数大小及显著性，限于篇幅，其他变量结果并未包含在内，该结果同样为工具变量回归结果。

第6章 农业保险对单产与净利润水平的影响

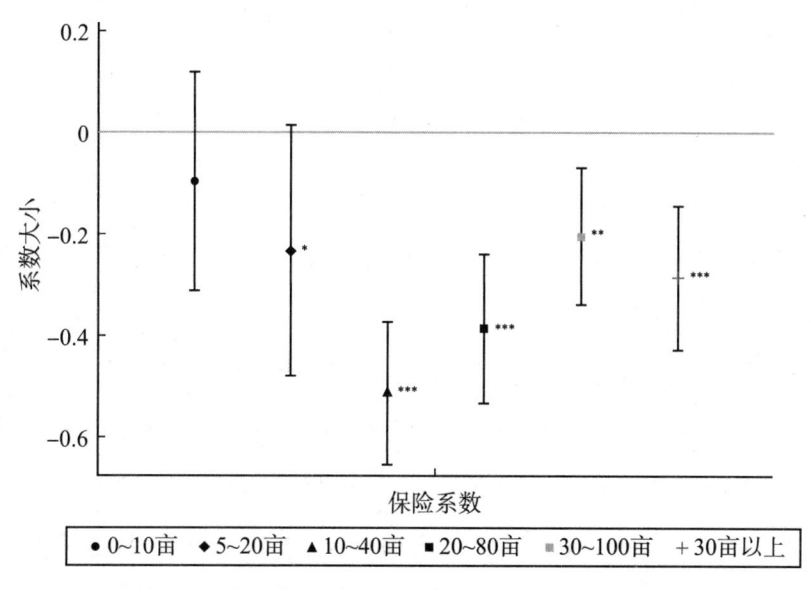

图6-3 农业保险对不同规模农户生产成本的影响

从图6-3中可以发现,农业保险对较小规模农户的生产成本没有显著影响,但是对规模较大样本组,农业保险能够显著降低农户的生产成本。而且从系数大小对比来看,规模较大农户的参保决策系数的绝对值均大于小规模农户,这表明农业保险对规模户的影响更大。这与中国农业保险发展的实际情况相符合,由于规模在争取农险赔偿时,其议价能力更强,因此能获得更高的赔偿概率,从而从足够动力改变其生产决策。

农业保险对小农户的单产、生产利润和生产成本水平均影响不显著,这表明正是因为小农户在农业生产中获得的足额赔付概率较低,参保农户没有足够动机改变其生产行为;而对于较大规模农户,农业保险虽然对单产水平不显著,但是利润和生产成本均发生了显著变化,表明在农业保险下,大规模农户能够优化生产配置。然而,农业保险如何影响了大规模农户的生产成本,为什么大规模农户单产水平不下降?这些问题将在第7章中进行详细分析。

6.5　总结与讨论

本章内容主要对运用计量经济模型实证分析了农业保险对农户单产、净利润水平的影响。

在单产方面，研究发现农业保险对单产水平均没有显著影响。可能的原因是：第一，农业保险对不同规模农户的投入行为影响不一致。样本中包含了不同规模农户，由于小农户比例较高可能导致回归结果不显著；第二，农业保险对单产水平的影响取决于农户的投入要素配置，也就是在农户保险下农户投入行为的变化对单产的影响；第三，也有可能由于中国农业保险由于较低的保障水平，没有引起农户投入行为发生变化，导致对实际单产水平没有显著影响。

为了逐一验证上述三种可能的原因，本章进一步分析了农业保险对不同规模单产水平的影响。结果表明，农业保险对规模户和小农户单产水平同样均没有显著影响。这首先推翻了第一个原因，即不是因为规模户和小农户的样本混合导致单产水平不显著。其余两个原因仍然需要进一步验证。

在净利润水平方面，研究发现农业保险能够提高农户的净利润水平。同时为了验证影响机制，也发现农业保险能够降低农户的生产成本。这恰恰说明，农业保险正是通过降低生产成本提高了净利润水平。同时这一结果也推翻了上述第三个理由，表明中国农业保险的确能够引起农户生产行为的变化，从而影响净利润和生产成本水平。

当然研究结果也表明，农业保险对规模户的净利润水平和生产成本均有显著影响，但对小农户没有显著影响。这验证了本书的研究假说。但是这也表明正是因为小农户在农业生产中获得的足额赔付概率较低，没有足够动机改变其生产行为；而对于较大规模农户，有足够的理由相信，农业保险是通过增加或减少部分要素投入来影响农户的生产成本和利润水平，但最终没有引起为产量的显著变化。对该假设的验证与解释将在本书第 6 章和第 7 章分别完成。

第 7 章

农业保险对要素投入行为的影响

农业保险对农户投入行为的影响对于中国未来农业保险政策制度及完善至关重要。特别是在道德风险效应下，农业保险可能会减少农户的投入，因而可能带来粮食产量的降低，威胁中国粮食安全；相反，在风险分散效应下，农户可能会增加风险投资，提高粮食的潜在产出。那么在中国农业保险对中国农户的投入行为产生何种影响？中国农业保险中是否存在道德风险问题？回答这些问题对中国未来农业保险政策的完善具有重要意义。

第 6 章内容也已表明，中国农业保险对单产水平没有显著影响，但是对生产成本和利润均有显著负向影响。这表明，农业保险可能会显著降低投入水平，同时对不同投入品的影响有所差异。但是，农业保险是否降低了中国农户的投入水平？对不同投入品影响如何？回答上述这些问题，对于深入剖析中国农业保险对单产水平的影响及其机制十分重要。

同时，农业保险对规模户的净利润水平和生产成本均有显著影响，但对小农户没有显著影响，而且对规模户和小农户的单产水平均没有影响。其中，小农户的净利润、生产成本和单产水平均没有显著变化，表明正是因为小农户在农业生产中获得的足额赔付概率较低，没有足够动机改变其生产行为；但是规模户的单产也没有变化，可能是因为农业保险在减少某些投入的同时,增加了某些投入。因此,为了验证这一猜测,本章内容主要分析农业保险对农户要素投入行为的影响。

理论模型部分表明,农业保险对要素投入的影响可以分解为道德风险效应和风险分散效应,两种效应对不同投入的影响可能截然相反。在道德风险作用下,农业保险可能会减少相关投入,但在风险分散效应的作用下,农业保险可能增加某些具有风险性的新技术。总之,农业保险对投入的影响取决于投入品的风险性以及道德风险效应与风险分散效应的大小。

因此,农业保险对不同要素投入可能产生不同的影响。本书在研究假说部分也分别针对具体生产要素提出了相应的研究假说。已有大量研究分析了农业保险对投入行为的影响,但研究结果还存在较大争论。现有研究普遍认为在农业保险能够有效分散未来收益风险的条件下,可能会鼓励农户当前采取更有风险性的生产决策,如增加化肥、农药等投入品(Pope & Kramer,1979;Horowitz & Lichtenberg,1993;Babcock & Hennessy,1996)和采纳新技术等(Carter et al.,2016)。然而,史密斯和古德温(1996)、巴布科克和轩尼诗(1996)及米什拉等(Mishra et al.,2005)等认为由于信息不对称和道德风险,农户减少了化肥、农药等生产要素的投入,因为由此带来的生产损失能够获得保险赔付。而且此后大量研究得出的结论依然不明确(Wu,1999;Chang & Mishra,2012;钟甫宁等,2006;Weber et al.,2015)。

显然,中国目前推行的农业保险对农户投入行为产生怎样的影响无法从现有研究中得到明确答案。特别是中国的农业保险政策无论在承保金额、政府补贴力度、赔付机制,还是在农户生产规模等方面,跟欧美国家还存在较大差异。由此农业保险中存在的道德风险程度以及农户决策均有所不同,这些因素对农业保险与农户投入之间的关系均会产生较大的影响。

因此，本章内容利用实地调查数据，基于中国现行农业保险机制，分析农业保险对要素投入行为的影响。在要素投入方面，主要以化肥、农药和劳动力投入为例进行研究。主要原因在于，一是化肥、农药和劳动力等要素是中国粮食产量增长贡献要素中最大的一项，对粮食产量影响较大（王祖力、肖海峰，2008；王跃梅等，2013；张舰等，2017），以明确农业保险对单产水平的影响机制；二是中国化肥和农药施用量居高不下，特别是单位面积化肥施用量接近世界平均水平的4倍，农户过量施用的化肥已达到总施用量的30%~50%（Zhang et al.，2006；仇焕广等，2014），种植业中的化学要素投入已经成为中国农业面源污染的最主要诱因（何浩然等，2006）。研究农业保险对化肥、农药等化学要素投入的影响也对中国控制面源污染，改善农业生产环境具有重要的参考意义。

此外，为了验证中国农业保险中是否存在道德风险效应，本章也分析了农业保险对发生灾害后农户救灾行为的影响。自然灾害的外部冲击是农业生产风险的主要来源之一，农户灾后救援行为将显著影响最终产量，因此能够较好地反映参保农户生产中的道德风险。具体而言，如果参保之后，在保险激励下，农户减少灾害后的救灾投入，则表明存在道德风险；反之，则没有道德风险。

7.1 计量经济模型设定

7.1.1 计量经济模型及变量解释

为了分析农业保险对投入行为的影响，本书设定如下回归模型：

第7章 农业保险对要素投入行为的影响

$$Y_i = b_0 + b_1 insur_i + b_2 X_i + e_i$$

该模型为基准模型,在本书5.3节中,已经进行了基本介绍。上式中,Y_i 模型的被解释变量,即包括要素投入、救灾行为和新技术采纳行为。其中,要素投入为化肥、农药和劳动力投入量。其中,化肥和农药使用投入金额指标计算,主要是因为农户往往施用多种化肥和农药,如化肥包括氮、磷、钾和复合肥等,农药则包括杀虫剂、除草剂以及生长调节剂等。农户难以记住每种化肥或农药的重量。相反,他们往往对金额较为敏感,对某块地施用的化肥、农药共花了多少钱记忆较为清楚。在数据调查中也发现,当农户回答费用问题时,往往比重量更为准确。

劳动力投入变量则用劳动力投入时间进行衡量。由于劳动力投入包括自有劳动力投入和雇佣劳动力投入。雇用劳动力投入可以用费用和时间两个维度衡量。但是由于自有劳动力投入为自有用工,市场价值难以直接体现。一般统计资料使用统一劳动日共价进行折算,如《全国农产品成本收益资料汇编》,但由于雇用劳动力与自有劳动力在质量和效率上存在较大差异,直接使用统一工价计算难免存在较大误差。因此,本书用单位劳动力投入时间进行衡量,以较好地反映劳动力工作效率。

救灾行为变量则用救灾费用表示,此为灾害发生后,农户为补救作物发生的费用,如追加施肥、人工除草、灌溉等。

$insur_i$ 表示该地块是否参与农业保险,其系数 b_1 是本书主要关注的参数,表示保险购买对农户投入行为的影响。X_i 为其他控制变量,主要包括地块特征、家庭特征以及地区虚拟变量。地块特征变量包括地块面积大小、地块产权、地块质量以及作物类型。家庭特征主要包括户主年龄、受教育年限、风险态度、农业种植年限、家庭非农就业比例以及家庭收入等。上述变量的详细定义及解释将在下一节描述性统计中进行详细分析。

值得注意的是,根据微观经济理论,价格是影响要素投入行为的重要变量。而且特别是投入品的地区间价格差异可能会对使用投入金额计算的变量产生较大影响，如化肥和农药等。没有较好地控制要素投入价格的变化，无法得出较为准确的回归结果。但是这些投入要素的价格数据难以收集与衡量，如化肥投入，同样由于农户施用化肥类型多样，包括氮、磷、钾以及复合肥等，不同类型化肥价格存在差异，难以使用统一的标准价格进行衡量，而且农户往往也无法记住不同类型化肥的准确价格。相似地，农药投入也包含了除草剂、杀虫剂等多种农药品种，同样存在价格差异较大的问题。问题较为突出的是劳动力投入价格。本书包含了自有劳动力和雇佣劳动力，自有劳动力一般缺乏统一的市场价格进行衡量。

为了要素投入品市场价格的影响，本书采用控制县级虚拟变量的方式控制要素市场价格。主要是因为，第一，在中国县级区域内，投入品要素价格变化不大，控制了县级固定效应，已经能够解决要素市场价格变异带来的影响。第二，劳动力等部分要素只能使用统一的市场价格进行衡量和折算，与使用控制县级虚变量的效果差异不大。第三，本书并不关注要素价格对要素投入的边际影响，所以只需要通过技术手段能够控制市场价格变化即可，也不需要必须将价格变量放入方程中。

在估计方法上，本书在5.3.2节模型内生性及其处理中已经详细说明了上述模型中内生性的来源、处理方式、工具变量及其具体估计方法。因此，同时在下文的回归结果中，本书将同时列出普通最小二乘和工具变量回归的估计结果，以作对比，得到更加可靠的估计结果。

7.1.2 变量描述性统计

表7-1为本章所用变量的描述性统计。从结果中可以看出，化肥和劳动力投入均为单位面积投入金额，并且取了对数，由于存在小于1

的数值，因此取值存在负数。但是，农药投入金额并没有取对数，主要是因为化肥投入为 0 值的数量较少，仅 9 个地块，可以采取将 0 更改为 0.1 的方式取对数；而农药变量取值的数量过多，有 28 个地块，采取同样的处理方式可能导致估计结果和估计效率产生较大的变动。

表 7-1　　　　　　　　　变量描述性统计

变量	单位	平均值	标准差	最小值	最大值
化肥投入价值（对数）	元/亩	4.843	0.730	-2.303	6.891
劳动力投入（对数）	小时/亩	3.508	1.151	-1.54	5.619
农药投入	元/亩	69.26	69.24	0	540
村开展技术培训次数	次	1.165	2.997	0	16
是否受灾	1=是，0=否	0.416	0.493	0	1
家庭经营规模	亩	86.654	329.033	0.9	12 000
地块离家距离	里	1.886	4.026	0	100
地块质量	1=好；2=中；3=差	1.624	0.642	1	3
地块产权	1=转入，0=自有	0.425	0.494	0	1
地块面积	亩	18.49	75.39	0.1	1 750
作物类型	1=玉米，0=水稻	0.533	0.499	0	1
家庭收入	元	83 490.19	306 788.6	1 500	8 000 000
非农务工比例	%	0.411	0.337	0	1
户主性别	1=男，0=女	0.965	0.183	0	1
户主受教育年限	年	6.791	3.071	0	16
户主务农年限	年	31.870	13.702	0	67
户主风险态度	—	0.536	0.451	0	1

在控制变量方面，与第 5 章相比，本章模型主要增加了地块离家距离和户主风险态度两个变量。地块离家距离主要是指该地块距离家庭住

所距离，单位为里。一般而言，距离越远，农户投入时间和精力成本越高，从而影响要素投入水平，因此在要素投入方程中应该将其引入。

在户主风险态度方面，主要通过假设性的选择问题进行衡量。三个问题主要是询问户主在选择农作物品种时，在期望产量相同的情况下，是选择确定产量的品种，还是有一定概率获得较高产量的品种。在三个问题中，产量变异逐渐增加，以衡量农户的风险态度。最后，使用农户选择一定概率获得较高产量品种的比例作为风险态度值。因此，风险态度变量在0到1之间，越接近1，表明农户的风险规避程度越低；越接近0，表明风险规避程度越高。

其他变量的定义及单位在前文中已有所涉及，本章内容不再重复。

7.2 农业保险对农业生产要素使用的影响

根据实证模型设定，本章内容需要分析农业保险下农户投入行为分析主要包括要素投入和技术采纳行为。本节内容将首先分析农业保险对要素投入的分析，即化肥、农药和劳动力要素投入。

7.2.1 描述性证据

图7-1描述了参保农户与未参保农户之间要素投入的差异。可以看出，参保农户的平均化肥投入低于未参保农户，但是农药投入和劳动力投入均高于未参保组。这表明，农业保险对不同要素投入的影响的确有所差异。但是这些差异是否在统计上显著，仍然需要进一步通过实证模型进行检验。

第 7 章 农业保险对要素投入行为的影响

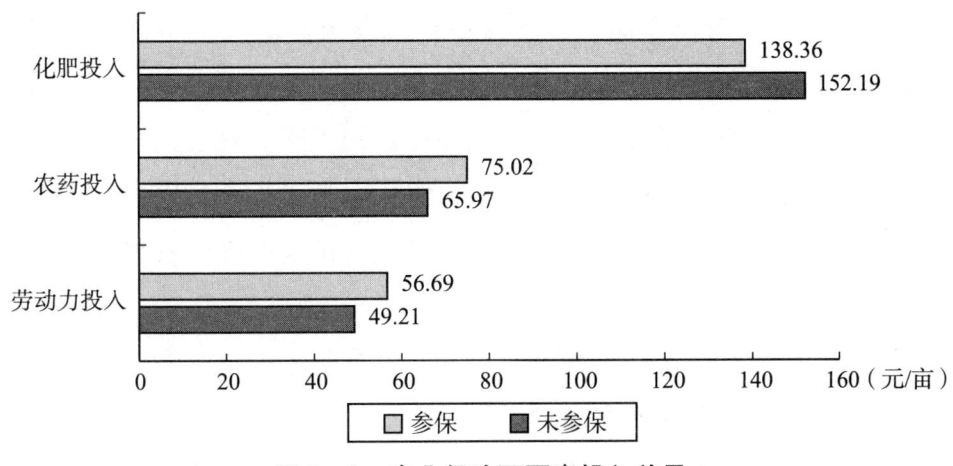

图 7-1 农业保险下要素投入差异

化肥投入：参保 138.36，未参保 152.19
农药投入：参保 75.02，未参保 65.97
劳动力投入：参保 56.69，未参保 49.21

图 7-2 反映了不同规模组农户在参保和未参保情况下要素投入的差异。在这里，小规模与大规模的分类标准为 30 亩，小于 30 亩为小规模户，大于 30 亩为大规模户。因为 30 亩为本书样本农户家庭规模经营的中位数。按照该标准，样本中有 893 个样本地块属于大规模农户，814 个样本地块属于小规模农户。但是该标准仅为方便描述性对比而设定的参考数值，而不是下文计量分析中使用的规模分类标准。

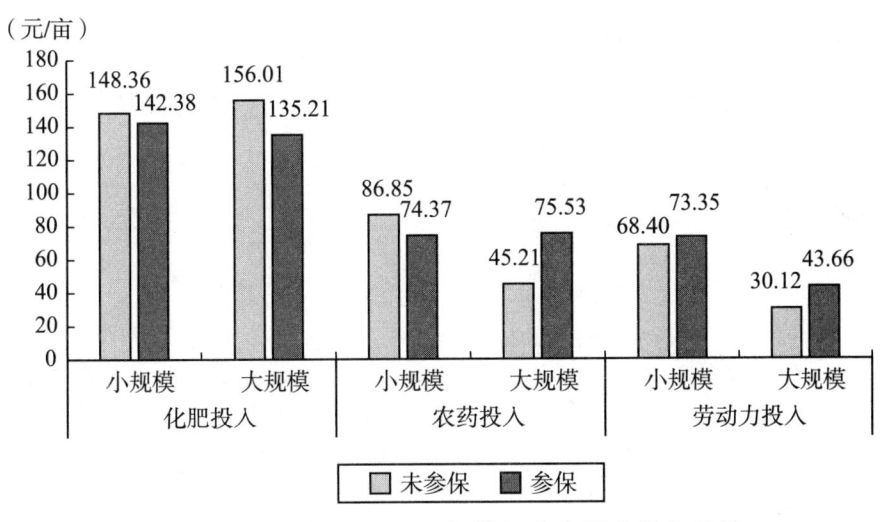

图 7-2 农业保险下不同规模组农户要素投入差异

化肥投入：小规模 未参保 148.36，参保 142.38；大规模 未参保 156.01，参保 135.21
农药投入：小规模 未参保 86.85，参保 74.37；大规模 未参保 45.21，参保 75.53
劳动力投入：小规模 未参保 68.40，参保 73.35；大规模 未参保 30.12，参保 43.66

从图 7-2 中可以看出，三种要素投入在参保组和未参保组农户之间的差异呈现不同特点。无论是大规模农户还是小规模农户，参保组的平均化肥投入均低于未参保组。而农药投入则不同，对于大规模农户而言，参保组的平均农药投入低于未参保组，但是对于小规模农户则恰恰相反。而对于劳动力投入，无论是大规模农户还是小规模农户，参保组农户均高于未参保组。

尽管三种要素投入在不同规模组的差异有所区别，但是均呈现出一个共同趋势。对于大规模农户参保组与未参保组之间要素投入的差异均大于小农户。以化肥投入为例，大规模农户两组之间的差异达到 21 元/亩，而小农户两组之间的差异仅为 6 元/亩。

当然上述差异仅为简单均值对比的结果，农业保险与不同要素投入的因果关系仍然需要严格的实证分析和计量模型估计才能得以确定。

7.2.2 农业保险对化肥投入的影响

第一，估计结果。

表 7-2 列出了农业保险对化肥投入影响的普通最小二乘回归结果。从模型（1）到模型（4）为逐步加入控制变量的回归结果。从表 7-2 中可以看出，在没有任何控制变量的情况下，农业保险能够显著降低化肥投入。但是逐步引入地块特征、农户家庭特征和县级虚变量后，这一结果变得不再显著。这表明这些控制变量也会对农户的参保决策产生重要影响。

表 7-2   农业保险对化肥投入影响的回归结果（OLS）

解释变量	模型（1）	模型（2）	模型（3）	模型（4）
	化肥投入	化肥投入	化肥投入	化肥投入
是否参保	-0.090***	-0.021	0.014	0.038
	(0.031)	(0.031)	(0.030)	(0.032)

续表

解释变量	模型（1）化肥投入	模型（2）化肥投入	模型（3）化肥投入	模型（4）化肥投入
地块质量				
中		0.050 (0.031)	0.074** (0.032)	0.059* (0.032)
差		0.083* (0.050)	0.101** (0.049)	0.081 (0.049)
地块距家距离		-0.001 (0.002)	0.000 (0.002)	0.003 (0.002)
地块产权		-0.015 (0.031)	-0.011 (0.031)	-0.009 (0.030)
地块面积		-0.000 (0.000)	-0.000 (0.000)	-0.000 (0.000)
作物类型		0.291*** (0.030)	0.326*** (0.033)	0.331*** (0.055)
村开展技术培训次数			-0.031*** (0.005)	-0.020*** (0.005)
户主种植年限			0.001 (0.001)	0.000 (0.001)
户主性别			0.254** (0.122)	0.167 (0.112)
户主受教育年限			-0.000 (0.005)	-0.007 (0.004)
非农务工比例			0.160*** (0.047)	0.119*** (0.045)
家庭经营规模			0.000 (0.000)	0.000* (0.000)
家庭收入			0.000 (0.000)	-0.000 (0.000)

续表

解释变量	模型（1）化肥投入	模型（2）化肥投入	模型（3）化肥投入	模型（4）化肥投入
风险偏好			-0.044 (0.032)	-0.031 (0.034)
地区虚变量	未控制	未控制	未控制	已控制
常数项	4.888*** (0.019)	4.687*** (0.036)	4.363*** (0.144)	4.338*** (0.158)
观测值数量	1 707	1 707	1 707	1 707
R^2	0.005	0.059	0.095	0.157
F值	5.92	9.5	12.27	18.1

注：括号内为稳健标准误，*、**和***分别表示在10%、5%和1%水平上的显著性。

尽管这一结果并不显著，但并不意味着农业保险对化肥投入没有显著影响。由于化肥投入决策与参保决策之间具有严重的内生性，OLS结果可能具有较为严重的偏误。因此，仍然有必要分析使用工具变量法消除内生性之后的回归结果。

表7-3为使用工具变量的回归结果。模型（2）和模型（1）分别为工具变量回归第一阶段（参保决策方程）和第二阶段（化肥投入方程）的回归结果。在参保决策方程中，保险费率、乡镇是否开展农业保险和村参保比例三个工具变量均在1%的显著性水平上显著，表明工具变量较为有效。模型（1）的回归结果中，参保决策的回归系数在10%的显著性水平上显著为负，表明与没有购买农业保险的农户相比，农户化肥投入金额将会下降18%。这一结果与描述性统计结果较为一致，且验证了本书的研究假说，即农业保险会降低农户的化肥投入。这一结果无法证明，在中国化肥是风险增加型还是风险减少型要素投入，主要是因为在理论上，化肥要素的收入性质无法明确。但是在中国化肥过量施用较为严重的背景下，购买保险农户的期望产出提高，会减少化肥投

入。因此，中国农业保险会减少农户化肥投入。

表7-3　　农业保险对化肥投入影响的工具变量回归结果

解释变量	模型（1）化肥投入	模型（2）参保决策
参保决策	-0.18* (0.09)	
费率		8.76*** (2.21)
乡镇是否开展农业保险		0.85*** (0.17)
村参保比例		0.00*** (0.00)
家庭经营规模	0.00 (0.00)	0.00** (0.00)
地块质量		
中	0.01 (0.03)	-0.02 (0.08)
差	0.05 (0.04)	-0.03 (0.13)
地块离家距离	0.00 (0.00)	-0.02 (0.01)
村开展技术培训次数	-0.02*** (0.00)	0.03** (0.01)
地块产权	0.01 (0.02)	0.02 (0.07)
地块面积	0.00 (0.00)	0.00 (0.00)
户主种植年限	0.00 (0.00)	-0.01*** (0.00)

续表

解释变量	模型（1）化肥投入	模型（2）参保决策
户主性别	0.07 (0.07)	-0.23 (0.19)
户主受教育年限	-0.00 (0.00)	-0.01 (0.01)
家庭非农务工比例	0.07* (0.04)	-0.28** (0.11)
作物类型	0.31*** (0.04)	0.09 (0.12)
风险态度	-0.04 (0.03)	-0.00 (0.08)
家庭收入	0.00 (0.00)	0.00 (0.00)
县级虚变量	已控制	已控制
常数项	4.49*** (0.11)	-2.08*** (0.36)
$\ln\sigma_1$	\multicolumn{2}{c}{-0.72*** (0.02)}
$atanh\rho_{12}$	\multicolumn{2}{c}{0.27** (0.12)}
观测值数量	1 707	1 707

注：括号内为稳健标准误，*、** 和 *** 分别表示在10%、5%和1%水平上的显著性。

其他控制变量的结果也能在一定程度上反映回归方程设定的合理性。村级开展技术培训次数这一变量能够显著减少化肥投入。回归结果显示，每增加一次村级技术培训，农户化肥投入下降2%左右。主要是因为经过技术培训后，农户能够更为合理地施用化肥，从而减少化肥过量施用现象。

非农务工变量的系数在10%的显著性水平上显著为正,表明家庭非农务工比例越高,化肥投入也越高。这主要是因为家庭从事非农工作的劳动力越多,从事农业生产的机会成本就越高。因此农户会选择化肥等其他要素替代劳动力的投入,这一结果与现有研究结果较为一致(胡浩、杨泳冰,2015;张舰,2017)。这些结果在一定程度上表明化肥投入方程的设定和估计方法在总体上较为合理。

第二,农业保险对不同规模农户化肥投入的影响。

为了验证农业保险对不同规模农户化肥投入的影响,本书将所有样本分为6组分别进行回归,以观察系数大小的变化。

图7-3展示了农业保险对不同规模农户化肥投入的分组回归结果。图7-3中竖线为每组估计系数及其置信区间,每组回归为工具变量回归结果。从图7-3中可以发现,农业保险对规模较小农户(0~10亩组和5~20亩组)化肥投入的影响为正但并不显著,但是对规模较大农户(图7-3中10~100亩及其以上样本组)的化肥投入影响为负且均在1%的显著水平上为负。这一结果表明,农业保险对小农户的化肥投入没有显著影响,但是能够显著降低规模较大农户的化肥投入水平。进一步验证了本书的研究假说。

而且从系数变化趋势上来看,随着规模的增加,农业保险对化肥投入影响系数的绝对值也呈现增加趋势。从图7-3中可以发现,在10~100亩和20~300亩两组样本中,参加农业保险能够大约降低20%左右的化肥投入;在50~500亩和50亩以上两个样本组,农业保险能够减少超过50%的化肥投入。这一结果与描述性统计结果较为一致,表明随着农户经营规模的增加,农业保险对化肥投入的影响也越来越大,这进一步验证了本书的研究假说。

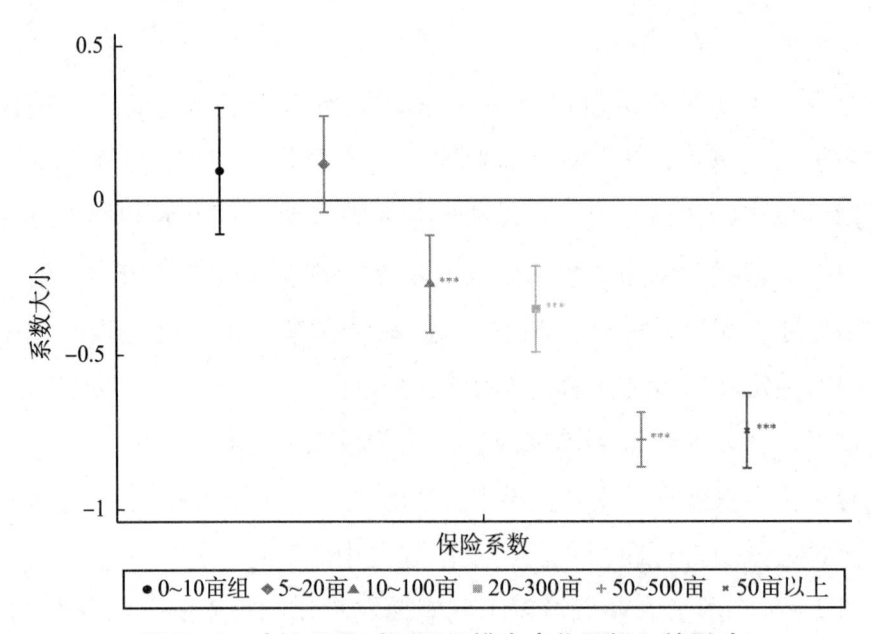

图 7-3 农业保险对不同规模农户化肥投入的影响

注：图中竖线为估计系数的置信区间，*、** 和 *** 分别表示在10%、5%和1%水平上的显著性。

这一结果也表明，在农业保险对化肥投入行为的影响中，大规模农户的道德风险发挥较大作用，而风险分散效应不强。其可能有以下两种原因，一是对于中国农户而言，化肥投入可能并不是风险互补型投入品，该投入的增加并不会导致产量风险发生波动；二是在中国化肥过量施用的背景下，化肥投入可能为低档投入品。因此，道德风险效应在化肥投入行为中得以发挥较大作用。

根据理论模型的预测，农业保险对规模较小农户的化肥投入行为不显著，其主要原因并不是道德风险效应和风险分散效应的均衡，而是由于其获得保险赔付的概率较小，道德风险问题较弱，因此缺乏减少化肥投入的动力。

按照不同规模分组的回归结果也表明，农业保险对化肥投入影响的结果较为稳健。在小农户组中，参保决策系数并不显著，且结果变化不大。在大规模农户分组中，10~100亩和20~300亩两组的参保决策变量系数变化幅度不大，而50亩以上的两个样本组之间参保系数也没有发生显著变化。

7.2.3 农业保险对农药投入的影响

第一，模型估计结果。

从描述性统计结果来看，农业保险对农药投入的影响较为复杂，无法准确判断农业保险与农药投入行为之间的因果关系。因此，本节汇报了农业保险对农药投入的计量模型估计结果。

表7-4列出了农业保险对农药投入影响的回归结果。由于农药为风险发生后的应对投入，其使用量与灾害发生情况息息相关，且灾害变量也与参保决策存在一定的相关性，遗漏灾害变量必然导致模型存在一定的内生性问题，使得模型估计结果存在偏误。因此农药投入方程均引入了是否受灾这一重要变量。

表7-4　　　　　　农业保险对农药投入的估计结果

解释变量	模型（1） OLS回归	模型（2）	模型（3）	模型（4） 大规模农户	模型（5） 小农户
		工具变量回归			
	农药投入	农药投入	参保决策	农药投入	农药投入
参保决策	-1.303 (2.581)	-10.418 (6.464)		-18.37** (8.172)	-3.001 (16.424)
是否受灾	6.299** (2.736)	7.043** (2.763)	0.185 (0.079)	12.338*** (3.478)	0.079 3.9191
地块质量					
中	4.363* (2.394)	4.202* (0.076)	-0.054 (2.361)	-0.135 (3.093)	4.675 (3.507)

续表

解释变量	模型（1）OLS 回归 农药投入	模型（2）工具变量回归 农药投入	模型（3）工具变量回归 参保决策	模型（4）大规模农户 农药投入	模型（5）小农户 农药投入
差	10.653*** (3.949)	10.482*** (3.929)	-0.064 (0.126)	-0.165 (0.184)	16.350** (6.409)
地块离家距离	0.018 (0.145)	-0.013 (0.011)	0.013 (0.146)	-0.003 (0.013)	0.377 (1.786)
地块产权	0.493 (2.232)	0.508 (0.072)	0.024 (2.218)	-0.091 (0.106)	1.494 (3.608)
地块面积	-0.016* (0.009)	0.000 (0.001)	-0.014 (0.009)	-0.001 (0.001)	-0.051 (0.051)
作物类型	-18.480*** (2.902)	-18.165*** (2.922)	0.055 (0.114)	-16.330*** (4.929)	-20.792*** (5.824)
村开展技术培训次数	-0.892*** (0.282)	-0.821*** (0.013)	0.032** (0.300)	0.047** (0.020)	-0.948 (0.621)
户主种植年限	0.082 (0.078)	-0.008*** (0.003)	0.061 (0.078)	-0.012** (0.005)	0.126 (0.133)
户主性别	0.421 (4.083)	-0.225 (0.190)	-0.230 (4.029)	0.279 (9.250)	-0.603 (8.558)
户主受教育年限	-0.312 (0.428)	-0.004 (0.013)	-0.320 (0.425)	-0.019 (0.568)	-0.667 (0.581)
家庭非农务工比例	0.837 (3.513)	0.108 (3.495)	-0.276** (0.108)	-3.061 (4.427)	7.358 (5.457)
家庭经营规模	0.004*** (0.001)	0.001** (0.001)	0.005*** (0.000)	0.000 (0.000)	-0.264 (0.279)
家庭收入	-0.000** (0.000)	-0.000** (0.000)	0.000 (0.000)	-0.000 (0.000)	-0.000* (0.000)
风险态度	-4.693* (2.481)	-0.018 (0.078)	-4.821** (2.459)	-0.035 (0.118)	-0.219 (3.633)

续表

解释变量	模型（1）OLS 回归 农药投入	模型（2）工具变量回归 农药投入	模型（3）工具变量回归 参保决策	模型（4）大规模农户 农药投入	模型（5）小农户 农药投入
保险费率			8.481*** (2.544)	19.319*** (4.538)	5.872* (3.391)
乡镇是否开展农业保险			0.844*** (0.167)	0.912*** (0.307)	1.052*** (0.248)
村平均参保比例			0.004*** (0.001)	0.011*** (0.002)	-0.001 (0.002)
县级虚变量	已控制	已控制	已控制	已控制	已控制
常数项	51.447*** (7.611)	53.359*** (7.469)	-1.922*** (0.042)	61.046*** (12.744)	47.791*** (16.588)
观测值	1 707	1 707		893	814
R^2	0.598				
F 值	71.42				
$LRChi^2$		2 708.48		1 169.62	957.24

注：括号内为稳健标准误，*、**和***分别表示在10%、5%和1%水平上的显著性。

表7-4中的模型（1）为OLS回归结果，但参保决策的系数为-1.303，且在10%的显著性水平上并不显著，表明农业保险对农药投入没有显著影响。但是由于劳动力投入决策与参保决策之间具有严重的内生性，OLS结果可能具有较为严重的偏误。因此，对照工具变量的回归结果十分必要。

模型（2）和模型（3）分别为工具变量回归第二阶段和第一阶段的回归结果。与化肥投入过程，在农药投入方程中，保险费率、乡镇是否开展农业保险和村参保比例三个工具变量均在1%的显著性水平上显著，且影响方向与预期一致，表明工具变量较为有效。意外的是，尽管农险投入的工具变量回归结果为-10.418，但该系数在10%的显著性水平上并不显著。其原因可能是由于农药投入与病虫草害的发生紧密相关，并不是农业生产过程中的必要投入，而样本中小农户比例较高，当规模户和小农户样本混合回归时，更容易导致其结果变得不显著。

为了验证这一猜测，我们首先以 30 亩为标准（主要是因为该数量是样本中家庭经营规模的中位数），将样本分为规模户和小农户两组分别进行回归，以观察参保决策的系数是否发生显著变化。更为细致的分组将在下一节中进行详细分析。

表 7-4 中的模型（4）和模型（5）分别为大规模农户和小农户的回归结果。其中，大规模户的参保决策系数在 5% 的显著性水平上显著为负，表明农业保险会降低农户的农药投入。与未参保农户相比，参保农户的农药投入减少约 18.37 元。然而，小农户方程中，参保决策系数并不显著，表明农业保险对小农户农药投入没有显著影响。这一结果证明了正是由于规模户和小农户样本的混合，导致全样本回归时参保决策系数的不显著。

值得注意的是，农药施用的描述性统计结果与计量模型结果明显不同。描述性统计结果表明，参保农户的农药投入高于未参保农户，特别是对于大规模户，参保农户的农药投入比未参保农户高大约 30 元/亩。但是计量分析结果表明，农业保险显著降低大规模农户的农药投入。其主要原因是作物间和地区间的农药投入相差较大。由表 7-5 的统计结果可以看出，样本农户中，浙江省水稻作物的农药投入为 162.858 元/亩，远远高于黑龙江省和四川省水稻作物的农药投入（这一现象与《农产品成本收益资料汇编》的统计结果类似，即浙江农药投入高于其他省份）。此外，水稻和玉米两种作物之间的投入也存在明显差异。同时，浙江省的参保比例也处于较高水平，达到 45%。因此，在没有考虑作物类型和地区差异的情况下，可能导致参保农户的农药投入高于未参保农户。

第7章 农业保险对要素投入行为的影响

表7-5　　　　　不同地区和不同作物之间的农药投入对比　　　　单位：元/亩

作物类型	省份			
	黑龙江	浙江	河南	四川
水稻	39.892	162.858	—	62.692
玉米	21.624	—	48.421	40.417

为验证和解释作物类型和地区因素对回归结果的影响，将使用计量模型进一步分析农业保险对农药投入的影响是否随着作物和地区变量的控制发生显著变化。表7-6列出了控制作物类型和地区之后，农业保险对农药投入的回归结果的变化。从表7-6中可以看出，在没有控制作物和地区时，是否参保决策系数显著为正，这一结果与描述性统计类似。在控制作物类型和地区之后（模型（2）和模型（3）），是否参保系数均变为负，这表明作物和地区因素均会对结果发生显著影响。在同时控制了作物和地区变量之后（模型（4）），参保系数的结果仍然为负。这表明，在分析农业保险对农药投入的影响时，必须要控制作物类型和地区虚变量，以得到无偏的回归结果。

表7-6　　　　　作物和地区对农药投入回归结果的影响

变量	模型（1）	模型（2）	模型（3）	模型（4）
	农药投入	农药投入	农药投入	农药投入
是否参保	9.048** (3.542)	-7.874** (3.193)	-1.991 (2.566)	-1.616 (2.545)
作物虚变量		-70.206*** (3.142)		-18.071*** (2.836)
县级虚变量	未控制	未控制	控制	控制
常数项	65.973*** (2.045)	109.505*** (3.294)	33.018*** (3.939)	51.052*** (4.855)
观测值数量	1 707	1 707	1 707	1 707
R^2	0.004	0.246	0.587	0.593

注：括号内为稳健标准误，*、**和***分别表示在10%、5%和1%水平上的显著性。

第二，农业保险对不同规模户农药投入的影响。

为了进一步详细分析不同规模分组下农业保险对农药投入行为的影响，本节内容同样将农户按照同样的分组标准，以观测农业保险对农药投入的影响如何随家庭经营规模的不同发生变化。

图7-4展示了农业保险对不同规模农户农药投入的回归结果。本图同样仅展示了农险保险系数大小、置信区间及其显著性。估计的系数均为工具变量回归结果。从图7-4中可以发现，农业保险对农药投入的影响与化肥类似，均为对小农户（图中0~10亩和5~20亩组）的农药投入不显著，但是显著影响较大规模农户（图中10~100亩及其以上样本组）的农药投入。

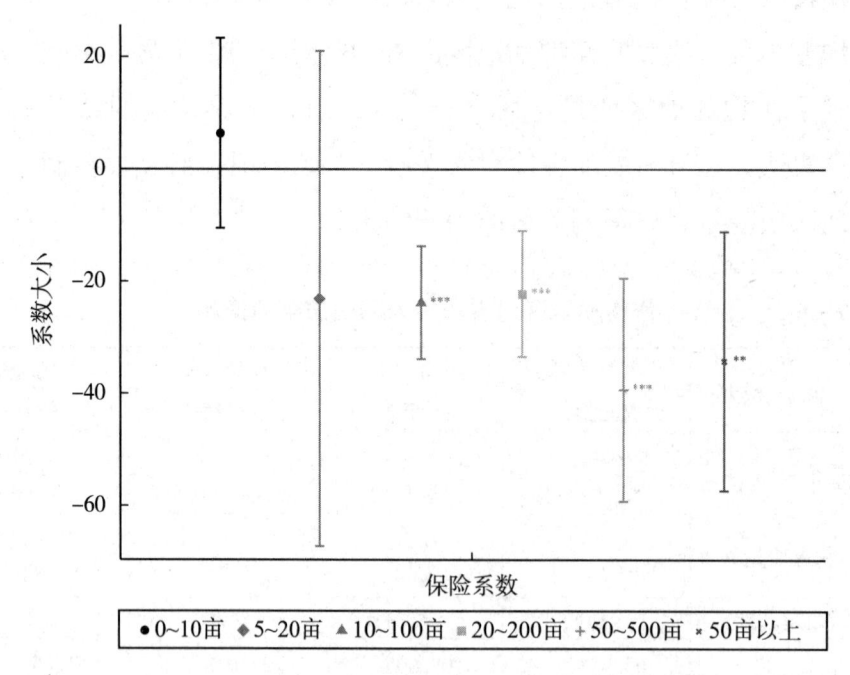

图7-4　农业保险对不同规模户农药投入的影响

注：图中竖线为估计系数的置信区间，*、**和***分别表示在10%、5%和1%水平上的显著性。

从估计系数的大小来看，随着家庭经营规模的增加，系数绝对值总体上也呈现增加的趋势。具体而言，0~10 亩样本组农户参保决策尽管不显著，但其系数为正，其主要原因可能是浙江省小农户样本居多，因此其结果为正；5~20 亩样本组的参保决策系数变负，但是仍然不显著。从 10~100 亩样本组开始，参保决策系数变得显著且负，并且随着家庭经营规模的增加，系数有所增加。在 10~100 亩样本组，参保决策系数大约为 -20，表明农业保险能够减少 20 元左右的农药投入，但在 50 亩以上的样本组中，农业保险能够减少大约 40 多元的农药投入，这进一步验证了本书的研究假说。

该部分回归结果也进一步解释了全样本组中参保决策不显著的原因。从结果中可以看出，对于小规模农户样本组参保决策系数不显著，而在较大规模农户样本组中，该系数变得显著。使用更加详细的分组回归结果进一步表明正是因为小农户样本的存在使得参保决策系数变得不显著。

化肥和农药投入的回归结果具有较强的政策启示。化肥和农药作为中国农业面源污染的主要来源，同时也是中国农产品质量安全的主要威胁之一。本章内容的研究结果表明，农业保险能够显著降低农户的化肥和农药投入，具有较强的环境正外部性，这一方面符合中国发展绿色农业的发展战略，对减少化肥使用量和控制面源污染有一定积极作用；另一方面，已有研究表明，农户风险厌恶倾向导致中国化学要素的过度施用，因而农业保险能够减少化肥和农药投入。因此，中国如何在治理面源污染中发挥农业保险的作用对于完善未来农业支持政策和农业保险制度具有重要参考意义。

7.2.4 农业保险对劳动力投入的影响

第一，模型估计结果。

在描述性统计结果中,参保组农户的劳动力投入高于未参保组农户,这与预期方向相反。为进一步验证这一结果,本节内容使用计量模型分析农业保险与劳动力投入之间的因果关系。

与化肥和农药投入方程不同,劳动力投入方程中加入了地块坡度变量。主要是因为地块坡度对化肥、农药要素投入行为没有显著影响,但是与劳动力投入直接相关。特别是对于坡地或者洼地,地势不平,大型机械难以有效开展作业,这就要求农户增加劳动力投入。

表7-7列出了农业保险对劳动力投入影响的OLS回归结果。从模型(1)到模型(4)为逐步引入控制变量的OLS回归结果。模型(1)为没有加入任何控制变量的回归结果,可以看出,参保决策的系数为0.236,且在1%的显著水平上显著。但是随着模型(2)引入了地区虚变量后,这一系数变得显著为正。其原因可能为地区间劳动力投入的差异导致这一变化。样本数据统计表明,黑龙江省的亩均劳动力投入为19.61个小时,远远低于浙江省的61.04个小时、河南省的50.15小时。因此,加入地区虚变量后,参保决策系数变得显著为负。模型(3)和模型(4)则分别加入了家庭特征变量和地块特征变量,而且参保决策的系数仍然显著为负,表明模型回归结果较为稳健,意味着农业保险能够显著降低农户的劳动力投入。

表7-7　　　　　　　　农业保险对劳动力投入的影响

解释变量	模型(1)	模型(2)	模型(3)	模型(4)
	劳动力投入	劳动力投入	劳动力投入	劳动力投入
参保决策	0.236*** (0.054)	-0.141*** (0.045)	-0.108*** (0.040)	-0.084** (0.039)
地块质量				
中			0.011 (0.037)	0.015 (0.037)

续表

解释变量	模型（1）劳动力投入	模型（2）劳动力投入	模型（3）劳动力投入	模型（4）劳动力投入
差			0.134** (0.064)	0.127* (0.065)
地块离家距离			-0.011 (0.007)	-0.009 (0.007)
地块产权			-0.183*** (0.038)	-0.173*** (0.038)
地块面积			-0.000 (0.000)	-0.000 (0.001)
作物类型			-0.510*** (0.061)	-0.506*** (0.062)
地块坡度				
坡地			0.098 (0.061)	0.094 (0.061)
洼地			-0.020 (0.114)	-0.022 (0.113)
其他			0.336** (0.166)	0.374** (0.157)
机械投入金额			0.282*** (0.027)	0.277*** (0.026)
劳动力平均价格				0.004 (0.006)
村开展技术培训次数				-0.003 (0.006)
户主种植年限				0.003* (0.002)
户主性别				-0.133 (0.100)

续表

解释变量	模型（1）劳动力投入	模型（2）劳动力投入	模型（3）劳动力投入	模型（4）劳动力投入
户主受教育年限				-0.017** (0.007)
家庭非农务工比例				0.148** (0.066)
家庭经营规模				-0.000 (0.000)
家庭收入				-0.000** (0.000)
风险态度				-0.014 (0.040)
县级虚变量	未控制	已控制	已控制	已控制
常数项	3.405*** (0.037)	1.278*** (0.166)	1.701*** (0.175)	1.778*** (0.216)
观测值数量	1 707	1 707	1 706	1 706
R^2	0.010	0.482	0.580	0.588
F 值	18.87	68.57	69.54	55.06

注：括号内为稳健标准误，*、** 和 *** 分别表示在10%、5%和1%水平上的显著性。

当然，考虑到模型可能存在的内生性，我们仍然有必要使用工具变量回归进一步检验参保决策系数的稳健性。

表7-8为农业保险对劳动力投入的工具变量估计结果。模型（2）和模型（1）分别为工具变量回归第一阶段和第二阶段的回归结果。相应地，与前两个方程的估计结果类似，保险费率、乡镇是否开展农业保险和村参保比例三个工具变量均在1%的显著性水平上显著，表明工具变量较为有效。模型（1）的回归结果中，参保决策的回归系数在1%的显著性水平上显著为负，表明农业保险能够显著减少劳动力投入，这

验证了本书研究假说。由于劳动力属于低档投入品，当期望产出增加时，农民将会选择减少劳动力投入。

表7-8 农业保险对劳动力投入的工具变量估计

解释变量	模型（1）劳动力投入	模型（2）参保决策
参保决策	-1.162*** (0.074)	
保险费率		3.957** (1.725)
乡镇是否开展农业保险		0.729*** (0.130)
村平均参保比例		0.004*** (0.001)
是否受灾	0.129*** (0.049)	0.181** (0.075)
地块质量		(0.001)
中	-0.009 (0.044)	-0.062 (0.070)
差	0.089 (0.078)	-0.067 (0.119)
地块离家距离	-0.010 (0.007)	-0.020* (0.010)
地块产权	-0.170*** (0.045)	0.018 (0.069)
地块面积	0.000 (0.001)	-0.000 (0.001)
作物类型	-0.458*** (0.075)	0.063 (0.110)
村开展技术培训次数	0.007 (0.008)	0.033*** (0.012)

续表

解释变量	模型（1） 劳动力投入	模型（2） 参保决策
户主种植年限	-0.000 (0.002)	-0.006** (0.003)
户主性别	-0.222* (0.126)	-0.338* (0.194)
户主受教育年限	-0.018** (0.008)	0.001 (0.012)
家庭非农务工比例	0.040 (0.074)	-0.300*** (0.105)
家庭经营规模	0.000 (0.000)	0.001*** (0.000)
家庭收入	-0.000* (0.000)	0.000** (0.000)
户主风险态度	-0.035 (0.046)	-0.048 (0.073)
地块坡度		
坡地	0.116 (0.073)	0.067 (0.101)
洼地	0.180 (0.126)	0.539*** (0.191)
其他	0.445* (0.237)	0.218 (0.335)
机械投入金额	0.280*** (0.026)	0.077** (0.033)
劳动力平均价格	0.005 (0.007)	0.005 (0.010)
县级虚变量	已控制	已控制
常数项	2.037*** (0.240)	-2.450*** (0.365)

续表

解释变量	模型（1）劳动力投入	模型（2）参保决策
$\ln\sigma_1$	−0.140*** (0.032)	
$atanh\rho_{12}$	1.077*** (0.091)	
观测值数量	1 707	1 707

注：括号内为稳健标准误，*、**和***分别表示在10%、5%和1%水平上的显著性。

此外，村级开展技术培训次数对劳动力投入没有显著影响。这可能是因为一般技术培训与劳动力投入关系不大，更多为农业生产管理技术和农业生产信息的更新，但是村开展技术培训次数显著增加了农户购买保险的意愿，这在一定程度上表明技术推广和培训对于农户采纳新型生产技术具有促进作用。

在劳动力投入方程中，同样加入了是否受灾这一变量。主要是因为发生灾害后，如果农户进行灾后补救，劳动力投入必然增加。模型中的回归结果也表明，灾害的发生显著增加了劳动力投入，以减少自然灾害带来的潜在产量损失。这些变量均与预期方向一致，也进一步表明模型总体设定合理。

此外，在劳动力投入方程中，模型也加入了机械投入变量。中国农业机械与劳动力投入之间的替代关系已经得到大量研究的证实（王鸥等，2016；蔡键等，2017；焦长权和董磊明等，2018；李俊鹏等，2018），因此机械投入有可能会显著减少农户的劳动力投入。但是模型结果显示，机械却显著增加了劳动力投入时间。这可能是因为，劳动力投入包括雇用劳动力投入时间。在衡量农户机械投入时，雇用机械投入中也加入了机械作业手的劳动力投入时间。由于中国机械投入大多为雇用机械投入，所以机械投入反而增加了劳动力投入。

第二，农业保险对不同规模户劳动力投入的影响。

农业保险对劳动力投入的影响是否随着规模的增加发生变化同样需要进一步验证。图7-5展示了不同规模分组下，农业保险对农户劳动力投入的回归结果。图中的系数为工具变量回归结果。从回归结果中可以发现，农业保险对所有样本组农户劳动力投入的影响系数均小于0，但是对于小农户（0~10亩样本组），该系数并不显著，从5~20亩的样本组开始，参保决策系数开始显著。这同样能够验证本书的研究假说，即农业保险对规模户的劳动力投入影响较为显著，但对小农户的劳动力投入行为没有显著影响。

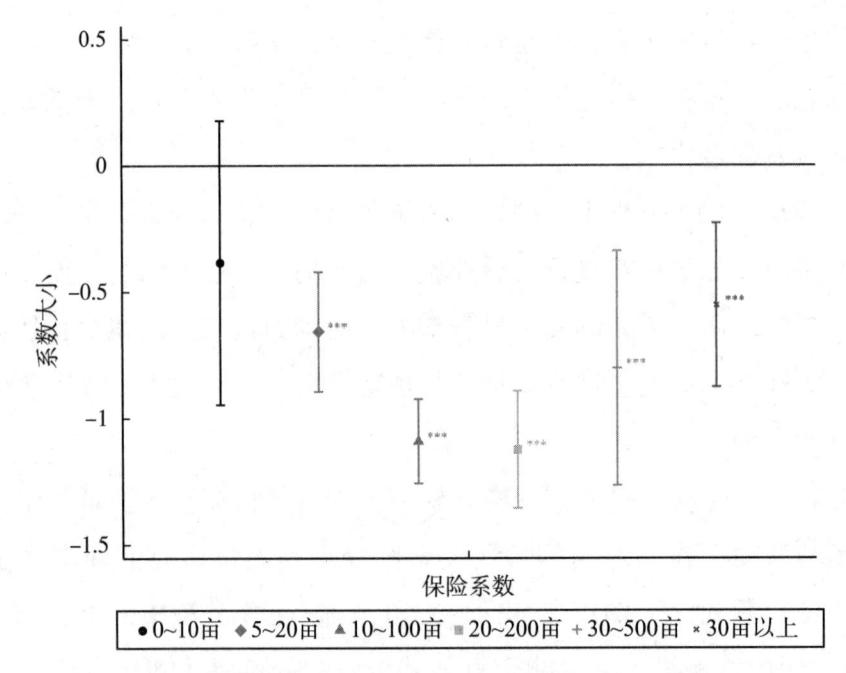

图7-5 农业保险对不同规模户劳动力投入的影响

注：图中竖线为估计系数的置信区间，*、**和***分别表示在10%、5%和1%水平上的显著性。

从系数变化总体趋势来看，随着规模的增加，参保决策系数也呈现增加趋势。特别是 10~100 亩、20~200 亩和 30~500 亩三个样本组的参保决策系数远远高于规模较小样本组农户。这表明规模越大，农业保险减少劳动力施用的结果越明显。尽管在 30 亩以上样本组，参保决策系数开始下降，但仍然要大于规模较小农户的样本组。

综合农业保险对化肥、农药和劳动力三种投入要素的回归结果来看，农业保险能显著降低农户要素投入行为。然而，该影响在农户层面具有显著的异质性，即农业保险能显著降低大规模农户的要素投入，但是对小农户没有显著影响。这一结果验证了本书的研究假说。在当前中国政策性农业保险框架下，由于能够分散一部分农业生产风险，能够减少风险替代型生产要素的投入。

上述回归结果也表明，中国当前农业保险中可能存在一定的道德风险。特别是对于能够提高产量且增加生产风险的要素，参保农户往往选择减少使用这些投入。当然，通过分析农业保险对要素投入的影响仅能从侧面反映农业保险中的道德风险问题。如果道德风险真的存在，那么在发生灾害后，参保农户可能更加没有动力进行抢救生产。因此，本书将进一步通过分析农业保险对农户救灾行为的影响来直接验证道德风险是否存在。

7.3 农业保险对农户应对风险行为的影响

7.3.1 基准模型回归结果

为了进一步直接验证中国农业保险中是否存在道德风险，本节内容主要分析农业保险对农户应对风险行为的影响。农户面临自然灾害冲击时，生产行为往往发生较大变化。在灾害发生后，农户的应对风险行为，即救灾将显著影响最终产量，从而与最终获得的保险赔付直接相关，因此参保决策对其将会产生显著影响。

救灾行为能够较好地反映农业生产中存在的道德风险，主要是因为：第一，救灾行为是灾后农户生产决策，与农户预期收益紧密相关，存在农业保险情形下，即使发生灾害预期收益仍然能够得到保障，农户是否仍有动力抢救生产直接影响最终产出，在极端情况下，农户为了得到保险赔付，甚至故意放任灾害发生。因此，这一变量是衡量道德风险的有效指标。第二，救灾行为往往仅由自然灾害引起，并不会反过来直接影响农户参保决策。因此，在救灾行为方程中，参保决策变量内生性不强。具体而言，如果参保之后，在保险激励下，农户减少灾害后的救灾投入，则表明存在道德风险；反之，则没有道德风险。

表7-9为农业保险对救灾行为的OLS估计结果。从模型（1）到模型（4）为逐步加入控制变量的回归结果。模型（1）结果没有加入任何控制变量，且参保决策系数在1%的显著性水平上显著为负，表明与未参保农户相比，参保农户的救灾费用减少约13.26元。

表7-9　　　　　　农业保险对救灾行为影响的估计结果

解释变量	模型（1）	模型（2）	模型（3）	模型（4）
	救灾费用	救灾费用	救灾费用	救灾费用
是否参保	-13.260*** (2.222)	-6.731*** (2.230)	-6.698*** (2.287)	-12.246* (6.394)
是否受灾		26.539*** (2.787)	25.663*** (2.679)	
地块是否能够灌溉		0.284 (6.317)	-0.151 (6.283)	-7.883 (20.018)

续表

解释变量	模型（1）救灾费用	模型（2）救灾费用	模型（3）救灾费用	模型（4）救灾费用
地块质量				
中		1.414 (2.400)	1.263 (2.426)	2.161 (5.704)
差		-8.020*** (2.815)	-9.148*** (2.958)	-11.751* (6.288)
地块产权		-2.014 (2.190)	0.082 (2.510)	-1.842 (6.181)
村开展技术培训次数		-1.381*** (0.372)	-1.133*** (0.350)	-2.195*** (0.696)
作物类型		3.133 (6.193)	3.114 (6.610)	1.700 (20.298)
户主务农年限		-0.045 (0.077)	-0.090 (0.077)	-0.272 (0.183)
户主受教育水平		-0.706 (0.472)	-0.675 (0.459)	-1.693 (1.240)
户主性别		-17.307 (14.716)	-15.374 (15.388)	-28.294 (32.477)
家庭非农务工比例		-2.218 (3.071)	-2.947 (3.121)	-6.964 (7.789)
家庭经营规模		-0.002* (0.001)	-0.001 (0.002)	0.006 (0.011)
地块面积			-2.125 (1.442)	-2.763 (2.920)
化肥投入价值			2.617* (1.527)	6.570* (3.693)
劳动力投入			3.928** (1.886)	8.673* (5.154)

续表

解释变量	模型（1）救灾费用	模型（2）救灾费用	模型（3）救灾费用	模型（4）救灾费用
机械投入			−4.522 (2.966)	−7.556 (6.896)
农药投入			0.067** (0.028)	0.128** (0.057)
是否采取测土配方技术			−0.656 (4.396)	1.925 (8.594)
是否采取深松技术			5.635* (3.371)	17.122** (8.435)
是否使用增产新品种技术			7.817*** (2.315)	18.539*** (5.419)
家庭收入		0.000** (0.000)	0.000** (0.000)	−0.000 (0.000)
户主风险态度		5.359** (2.607)	6.259** (2.710)	13.812** (6.610)
县虚变量	未控制	已控制	已控制	已控制
常数项	20.674*** (1.917)	20.425 (14.998)	2.028 (13.654)	33.631 (48.009)
观测值数量	1 707	107	107	710
R^2	0.014	0.243	0.257	0.218
F 值	35.60	11.10	9.55	7.46

注：括号内为稳健标准误，*、**和***分别表示在10%、5%和1%水平上的显著性。

模型（2）和模型（3）为加入其他控制变量的回归结果。其中，是否受灾变量尤为重要。因为如果没有灾害发生，救灾费用必然为0，遗漏了是否受灾变量可能会导致结果出现较大偏误。模型（2）引入了是否受灾变量以及农户家庭及地块特征变量。从结果中可以看出，参保决策系数仍然在1%显著水平上显著为负，但是系数大小变化较大，从

−13.26 增加至 −6.731。

由于救灾费用可能与农户其他投入直接相关，需要进一步引入其他投入变量以验证结果稳健性。一方面，救灾投入可能已经计入其他投入中，如农药、劳动力等；另一方面，其他投入增加有可能降低灾害发生概率，进而影响救灾投入。如遗漏了投入变量，可能会带来估计偏误。因此，模型（3）加入了其他投入信息，结果显示，参保决策系数为 −6.698，并且在 1% 的显著性水平上显著，无论是系数大小还是显著性水平均没有发生显著变化。这一表明，这一回归结果较为稳健。

如前文所述，是否受灾直接决定了是否会发生救灾费用。尽管在模型（2）和模型（3）中已经加入了是否受灾变量进行控制，但是为了进一步检验这一结果是否稳健，模型（4）将没有受灾的样本扣除进行回归。结果显示，尽管参保决策系数发生了一定变化，但是仍然在 1% 的显著性水平上显著为负，表明参保农户的救灾费用比未参保农户低 12.25 元左右，这表明研究结果较为稳健，且农业保险中的确存在道德风险问题。

7.3.2 工具变量回归结果

尽管前文说明，在救灾费用方程中，参保决策的内生性不强，但为了消除潜在的内生性影响，本书仍然使用工具变量方法对救灾费用方程进行估计，一方面进行对比分析，另一方面检验回归结果的稳健性。

表 7-10 为农业保险对救灾行为影响的工具变量估计结果。为了得到更为准确的估计结果，工具变量回归方程中也引入了是否受灾和投入等其他控制变量。结果显示，模型（1）和模型（2）分别为第二阶段和第一阶段回归结果。模型（1）中的回归结果表明，在救灾费用方程中，是否参保、村参保比例和乡镇是否开展农业保险三个工具变量均在

1%的显著性水平上显著,表明工具变量较为可靠。

表7-10 农业保险对救灾行为影响的工具变量估计结果

解释变量	模型（1）	模型（2）
	救灾费用	参保决策
是否参保	-18.827*** (5.856)	
村参保比例		0.003** (0.001)
乡镇是否开展农业保险		0.982*** (0.175)
保险费率		9.429*** (2.204)
是否参保	0.195 (4.124)	0.121 (0.127)
是否受灾	26.627*** (2.716)	0.161** (0.081)
地块面积	-2.007* (1.202)	0.061 (0.037)
化肥投入	3.130* (1.668)	0.098* (0.056)
劳动力投入	3.856** (1.622)	0.005 (0.053)
机械投入	-4.461*** (1.492)	0.042 (0.047)
农药投入	0.068** (0.026)	-0.000 (0.001)
是否使用测土配方技术	1.540 (3.956)	0.551*** (0.127)

续表

解释变量	模型（1）救灾费用	模型（2）参保决策
是否使用深松技术	6.691 (4.675)	0.224 (0.142)
是否使用增产新品种	8.527*** (2.657)	0.088 (0.083)
土地质量		
中	0.700 (2.460)	-0.035 (0.076)
差	-9.394** (4.303)	-0.068 (0.131)
作物类型	1.835 (4.889)	0.129 (0.146)
户主受教育年限	-0.764* (0.428)	-0.007 (0.013)
户主性别	-16.520*** (6.410)	-0.226 (0.190)
户主种植年限	-0.130 (0.097)	-0.008*** (0.003)
家庭非农务工比例	-4.300 (3.642)	-0.316*** (0.113)
家庭收入	0.000 (0.000)	0.000 (0.000)
户主风险态度	6.089** (2.583)	-0.009 (0.080)
县级虚变量	已控制	已控制
常数项	3.633 (13.724)	-2.996*** (0.495)

续表

解释变量	模型（1） 救灾费用	模型（2） 参保决策
$\ln\sigma_1$		3.839 *** (0.018)
$atanh\rho_{12}$		0.157 ** (0.071)
观测值数量	1 707	1 707

注：括号内为稳健标准误，*、** 和 *** 分别表示在10%、5%和1%水平上的显著性。

模型（1）结果显示，参保决策系数在1%的显著性水平上为 -18.827。结果表明，农业保险将会使得农户救灾费用减少约18.827元。无论采取OLS还是工具变量方法，结果均显示农业保险能够有效减少农户的救灾费用，这表明回归结果较为稳健。而且这一结果也进一步证明了，中国农业保险中存在道德风险问题。这与王国军等（2017）研究结果一致。

由于信息不对称，保险中的道德风险问题普遍存在（Spence et al.，1971；Ross，1973），在农业保险中也不例外（Chambers，1989；Ramaswami，1993；柴智慧和赵元凤，2016；侯仲凯等，2018）。尽管农业保险公司已经采取诸多措施抑制农户的道德风险问题，但仅对小农户有效，规模户的农业生产中仍然存在，其具体机制已在第4章中详细说明。因此，有必要进一步分析农业保险对不同规模化救灾行为的影响，以验证这一观点。

7.3.3 农业保险对不同规模户应对风险行为的影响

同样为了验证农业保险对应对风险行为的影响在不同规模农户间差

异，本节内容仍然将样本组分为 6 组分别进行回归，以观察参保决策系数在不同组之间的差异。

图 7-6 为农业保险对不同规模户救灾费用影响的估计结果。参保决策系数使用工具变量方程估计得来。从图 7-6 中可以看出，农业保险对所有样本组农户劳动力投入的影响系数均小于 0，但是对于小农户（0~10 亩样本组），该系数同样不显著。从 5~20 亩的样本组开始，参保决策系数开始显著，并且均为负。这表明，农业保险显著降低了大规模户的救灾投入，但是对小农户救灾行为没有显著影响。

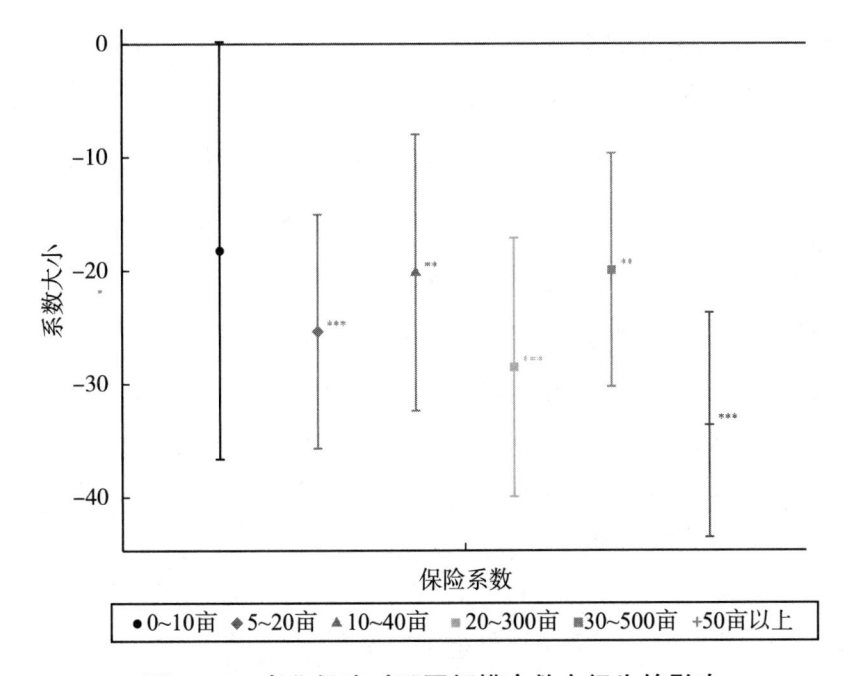

图 7-6　农业保险对不同规模户救灾行为的影响

注：图中竖线为估计系数的置信区间，*、**和***分别表示在 10%、5% 和 1% 水平上的显著性。

从估计系数大小来看，随着家庭经营规模的增加，参保决策系数总体上也呈现出增加的趋势。图 7-6 中 5~20 亩样本组的参保决策系数约为-25元,而20~300亩样本组,这一系数将近-30元,50亩以上样本组远远高于-30元。这同样能够验证本书的研究假说,即农业保险对规模户的救灾投入影响较为显著,但对小农户的劳动力投入行为没有显著影响。

本节结果进一步证明了中国农业保险中存在道德风险问题。在道德风险效应下,农户相应调整投入行为,以影响灾害发生时的损失和最终产量,获得最优保险赔付,因此农业保险会。这一结果对于中国农业保险的发展具有重要意义。特别是在中国特殊的农业生产环境下,农业生产规模较小且分散,信息不对称程度较高,农户很容易通过改变生产行为,损害农业保险公司利益的方式增加自身收益。为了抑制道德风险,农业保险公司通过提高起赔点、控制定损额等方式降低农户获得足额赔付的概率,但是这些方式也严重抑制了农户对农业保险的需求。因此,如何在提高农户参保需求的前提下,控制农业保险的道德风险问题,是中国农业保险未来发展需要解决的重要问题之一。

上述结果表明,农业保险降低了农户要素投入以及救灾投入,势必会给农业产出带来不利影响。但是第5章的回归结果已经表明,农业保险对农户单产水平没有显著,那么是什么因素导致农业保险没有引起产出水平的减少呢?本书将在下一节内容中详细论证。

7.4 总结与讨论

本章研究结果表明,农业保险能够显著减少化肥、农药和劳动力投入要素的使用,这验证了本书的研究假说。但是农业保险对不同规模农户的影响具有明显的异质性,即农业保险显著减少了规模户的要素使用数量,但对小农户没有显著影响。这进一步表明,在中国当前农业保运行机制下，农业保险对小农户没有显著影响。因此，农业保险可能通过减少农户要素投入水平，从而降低生产成本，提高净利润水平。

然而，要素投入的降低，并没有带来产量的下降（第 5 章分析结果）。其可能的原因是农业保险促进了农户采纳部分新技术，从而提高了生产效率，抵消了要素投入下降带来的负面影响。下一章内容中将对这一假设进行详细论证。

此外，为了验证中国农业保险中是否存在道德风险效应，本章也分析了农业保险对发生灾害后农户救灾行为的影响。结果表明，参保农户的灾后救助费用显著低于未参保农户，在规模户中尤其明显，从而验证了中国农业保险中存在道德风险。但是这种道德风险效应并没有给粮食单产水平带来负面影响，其主要原因也将在下一章内容进行论证。

第 8 章

农业保险对农户农业技术采纳行为的影响

第 7 章的分析表明，农业保险减少了要素投入的使用，但是在农业保险对单产水平没有影响的情况下，必定增加了另一种投入。第 4 章中的理论模型表明，农业保险会增加风险互补且为正常投入品的使用。新技术作为一种风险互补型技术，也是正常投入品，因此本章内容主要分析农业保险对农户技术采纳行为的影响，以解释农业保险对单产水平的影响机制。

本章内容主要选择深松技术、增产新品种技术和测土配方技术为例进行实证分析。其中，增产新品种技术为大众所熟知，主要是指在农作物新型品种，可以提高潜在单产水平，减少产出损失。而深松技术和测土配方属于农业生产过程中的农艺管理措施。为分析农业保险对采纳该项技术的影响，有必要对其进行详细介绍，以明确其风险性质。

深松技术是指通过大型深松机械进行深层土壤耕作的整地技术。该技术的特点是在不翻土、不打乱原有土层结构的情况下，打破坚硬的犁底层，加厚松土层，改善土壤耕层结构，从而有效增强土壤蓄水保墒和抗旱防涝能力，提升粮食基础生产能力，提高农业抵御自然灾害能力（吕开宇等，2016）。从长期来看，深松技术能够有效降低生产风险，提高潜在产出水平，具有良好的生态效益和经济效益。

测土配方施肥技术是以土壤测试和肥料田间试验为基础，根据作物需肥规律、土壤供肥性能和肥料效应，提出氮、磷、钾及中、微量元素等肥料的使用数量、施肥时期和使用方法（张成玉、肖海峰，2009）。农学科学实验表明测土配方施肥技术能够提高农作物单产水平（白由路、杨俐苹，2006），并且能够帮助农民从传统的盲目施肥方式向科学精准施肥方式转变（高祥照等，2005）。

尽管三种技术均能降低产出风险，提高农作物生产水平，但对农户来说，该技术本身也存在一定生产风险。毫无疑问，增产新品种是一种风险性新技术，主要在于农户没有使用过该项品种可能会面临较高的信息费用和生产不确定性。特别是深松技术和测土配方技术，尽管技术本身用以改善作物生长条件，降低生产风险，但农户由于对该类新技术了解不多，对他们而言，该技术仍然具有一定的风险。因此，根据本书研究假说，农业保险将显著增加农户采纳这三项技术的概率。

本书之所以选择深松技术、测土配方技术和增产新品种技术，主要基于以下考虑：第一，已有研究表明，新技术具有明显的风险性（毛慧等，2018；冯晓龙等，2018），因此农业保险会显著影响农户的新技术采纳行为；第二，深松技术和测土配方技术既属于增产新技术，也属于保护性耕作技术，特别是有助于改善土壤性状、增强土壤肥力、减少水土流失（何进等，2006），降低化肥、农药过量施用带来的负面影响（冯晓龙等，2016），还有助于提高作物产量，既有较好的生态效应又有一定的经济效应，同样能够分析农业保险对单产水平的影响机制及其对改善农业生产环境的作用；第三，这三种技术同时包含了长期和短期的生产技术，更加全面地分析农业保险对不同技术投入的影响。其中，深松技术和测土配方技术属于长期技术，其效果实现需要时间效应，而增产新品种技术属于短期技术，其效果在当期即可显现。以这三种新技术为例，能更加准确地分析农业保险对技术采纳行为的影响，及其与其他要素投入行为的关系。

因此，本章将运用计量经济模型实证分析农业保险对深松技术、增产新品种技术和测土配方技术采纳行为的影响，从而解释为什么农业保险减少了要素投入，但单产水平却没有发生显著变化这一重要问题。

8.1 计量经济模型设定

8.1.1 模型设定

为了分析农业保险对投入行为的影响，本书设定如下回归模型：

$$Y_i = b_0 + b_1 insur_i + b_2 X_i + e_i$$

与要素投入行为类似，该模型为基准模型。上式中，Y_i 为模型的被解释变量，即新技术采纳行为。新技术采纳变量为农户是否使用深松、增产新品种以及测土配方三种新技术。三个变量均为虚拟变量，即是否采纳该技术。因此，在新技术选择方程中，使用 Probit 模型进行估计。

$insur_i$ 表示该地块是否参与农业保险，其系数 b_1 是本书主要关注的参数，表示保险购买对农户投入行为的影响。X_i 为其他控制变量，主要包括地块特征、家庭特征以及地区虚拟变量。地块特征变量包括地块面积大小、地块产权、地块质量以及作物类型。家庭特征主要包括户主年龄、受教育年限、风险态度、农业种植年限、家庭非农就业比例以及家庭收入等。上述变量的详细定义及解释将在下一节描述性统计中进行详细分析。

此外，价格也是影响技术采纳的重要变量。而且特别地区间价格差异可能会对使用投入金额计算的变量产生较大影响。但是由于这些变量价格数据难以收集。尤其是问卷中缺乏深松技术和测土配方技术的作业成本，即价格，也在方程中难以放入价格变量。与要素投入价格方程中的处理方法类似，考虑到县级区域内新技术价格变化不大，本书已经将地区虚拟变量控制到县级层面，可以在一定程度上控制价格的影响。

在估计方法上，5.3.2 模型内生性及其处理一节中详细说明了上述模型的内生性问题、处理方式、工具变量选择及其具体估计方法。因此，在下文的回归结果中，将同时汇报普通最小二乘和工具变量回归的估计结果，以作为对比，得到更加可靠的估计结果。

8.1.2 变量描述性统计

本章所用被解释变量是否使用增产新品种、是否采纳深松技术和是否采纳测土配方技术三个变量为虚拟变量。1 为采纳新技术，0 为未采纳。从结果中也可以看出，深松技术和测土配方技术比例仅为 7.4% 和 11.8%，采纳比例较低，变量变异程度较小可能对结果产生较大的影响。其主要原因可能是地区差异，由于部分地区采纳比例极低导致全国平均比例较低。后文的实证分析中将针对这一问题进一步分析。其余变量为控制变量，已在第 6 章中予以详细说明。

与前两章内容相比，本章模型在地块特征方面主要增加了地块坡度和土壤类型两个变量。之所以增加这两个变量，主要是因为地块坡度和土壤类型是影响技术采纳行为的重要因素，特别是某些技术仅针对某一类型土壤有效。例如，在中国南方的土壤类型以黏土为主，深松技术就不完全适用。而且针对不同地块的坡度，新技术的使用条件也不完全一致。例如，坡度较陡的地块无法使用大型农业机械开展深松作业。其中，坡度使用分类变量衡量，1 为平地，2 为坡地，3 为洼地；土壤类型同样使用分类变量衡量，1 为砂土，2 为壤土，3 为黏土。

核心解释变量是否参保在之前章节已经详细解释，表 8-1 中不再详细列出。其他变量的定义及单位在前文中也已涉及，在此不再重复。

表 8-1　　　　　　　　变量描述性统计

变量	平均值	标准差	最小值	最大值
是否采纳深松技术	0.074	0.262	0	1
是否使用增产新品种	0.694	0.461	0	1
是否采纳测土配方技术	0.118	0.322	0	1
村开展技术培训次数	1.165	2.997	0	16
是否受灾	0.416	0.493	0	1
家庭经营规模	86.654	329.033	0.9	12 000
地块离家距离	1.886	4.026	0	100
地块质量	1.624	0.642	1	3
地块坡度	1.220	0.495	1	3
土壤类型	2.229	0.748	1	3
是否可以灌溉	0.757	0.429	0	1
地块产权	0.425	0.494	0	1
地块面积	18.49	75.39	0.1	1 750
作物类型	0.533	0.499	0	1
家庭收入	83 490.19	306 788.6	1 500	8 000 000
非农务工比例	0.411	0.337	0	1
户主性别	0.965	0.183	0	1
户主受教育年限	6.791	3.071	0	16
户主务农年限	31.870	13.702	0	67
户主风险态度	0.536	0.451	0	1

8.1.3 描述性证据

在估计计量模型之前,首先通过简单的统计指标对比参保农户和未参保农户之间技术采纳行为的差异。图8-1描述了参保农户与未参保农户之间深松、增产新品种和测土配方三种新技术采纳率的差异。从图8-1中可以看出,参保农户的深松和增产新品种技术采纳率均高于未参保农户,但相差不大,差值均在2%~4%。而两组农户的测土配方技术采纳率几乎相等。根据要素投入分析经验,有可能是规模户和小农户样本的混合导致。因此,有必要根据农户经营规模进一步展开分析。

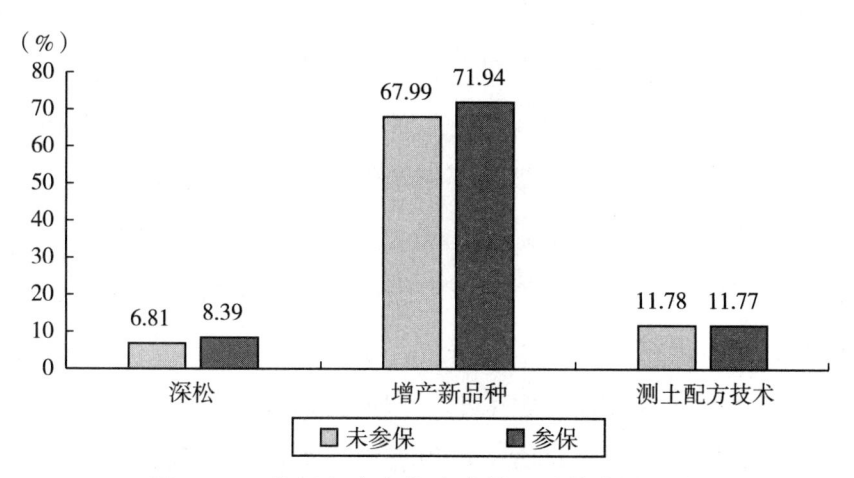

图 8-1 参保和未参保农户的平均技术采纳率

图8-2反映了不同规模农户在参保和未参保情况下三种新技术平均采纳率的差异。在这里,与要素投入分组方式相同,小规模与大规模的分类标准为30亩,下文计量分析中将使用更加细致的规模分类标准。

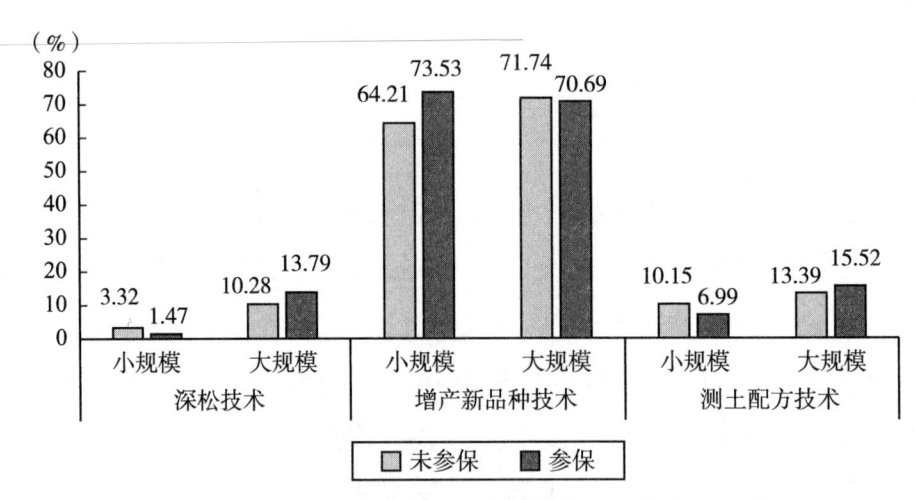

图 8-2 农业保险下不同规模农户平均技术采纳率

从图 8-2 中可以看出，加入规模分组之后，三种新技术平均采纳率在参保组和未参保组农户之间的差异发生了变化。对于规模户，参保农户的深松技术采纳率高于未参保农户，但小农户则恰好相反，未参保组的采纳率高于参保组。而增产新品种与深松技术的结果截然相反，大规模农户的参保组平均采纳率低于未参保组，而小农户则是参保组高于未参保组。测土配方技术结果变化最大，尽管图 8-2 中没有发现两者差异，但是按照规模分组后，差异变得明显。对于大规模农户，参保组的测土配方技术采纳率高于未参保组，小农户则相反。这意味着在规模户和小农户之间的确存在技术采纳行为上的差异。

从上述分析结果中，总体上可以看出，参保农户的技术采纳率要高于未参保农户，但是仍然存在相反的证据。首先，无论是大规模农户还是小规模农户，参保和未参保农户的技术采纳率差异均不明显；其次，增产新品种技术的结果最为意外，小规模农户的差异比大规模农户更明显。因此，进一步的详细分析十分必要。而且这些差异是否在统计上显著，仍然需要进一步通过实证模型进行检验。

8.2 农业保险对深松技术选择的影响

8.2.1 总体模型回归估计结果

表 8-2 列出了农业保险对深松技术采纳行为影响的回归结果。由于深松技术选择变量为虚拟变量，模型（1）回归为 Probit 模型。从回归结果可以看出，参保决策的系数为 0.32，并且在 1% 的显著性水平上显著，表明农业保险能够增加深松技术采纳的概率。但是由于深松技术采纳决策与参保决策之间具有严重的内生性，Probit 结果可能具有较为严重的偏误。因此，即使这一结果显著为正，并符合理论预期，仍然需要对照工具变量的回归结果。

表 8-2　　农业保险对深松技术选择的影响

解释变量	模型（1）	模型（2）	模型（3）
	Probit 模型	工具变量	
	深松	深松	参保决策
参保决策	0.319*** (0.121)	1.951*** (0.282)	
保险费率			5.115** (2.062)
乡镇是否开展农业保险			0.792*** (0.167)
村平均参保比例			0.005*** (0.001)

续表

解释变量	模型（1） Probit 模型 深松	模型（2） 工具变量 深松	模型（3） 工具变量 参保决策
地块离家距离	-0.012 (0.010)	-0.006 (0.010)	-0.007 (0.011)
村开展技术培训次数	-0.019 (0.021)	-0.026 (0.017)	0.039*** (0.013)
家庭经营规模	0.001** (0.000)	0.000 (0.000)	0.001*** (0.000)
是否能够灌溉	0.257 (0.165)	0.091 (0.152)	-0.298*** (0.110)
地块质量			
中	0.022 (0.121)	0.020 (0.094)	0.050 (0.129)
差	-0.029 (0.203)	-0.001 (0.159)	-0.070 (0.075)
地块坡度			
坡地	-0.192 (0.171)	-0.161 (0.123)	-0.120 (0.131)
洼地	0.201 (0.240)	-0.256 (0.256)	0.101 (0.108)
其他	0.492 (0.520)	0.318 (0.464)	0.657*** (0.197)
土壤类型			
壤土	-0.069 (0.159)	-0.209 (0.134)	0.249 (0.491)
黏土	-0.254 (0.178)	-0.376*** (0.126)	0.102 (0.109)
地块产权	0.090 (0.111)	0.085 (0.090)	0.212** (0.099)

第8章 农业保险对农户农业技术采纳行为的影响

续表

解释变量	模型（1）	模型（2）	模型（3）
	Probit 模型	工具变量	
	深松	深松	参保决策
地块面积	0.000 (0.001)	-0.000 (0.001)	0.027 (0.071)
作物类型	0.201 (0.193)	-0.026 (0.187)	0.000 (0.001)
家庭收入	-0.000 (0.000)	0.000 (0.000)	0.126 (0.144)
家庭非农务工比例	0.045 (0.165)	0.188 (0.135)	0.000 (0.000)
户主性别	-0.522* (0.283)	-0.152 (0.297)	-0.280 (0.189)
户主受教育年限	0.056*** (0.021)	0.046** (0.021)	-0.007 (0.013)
户主务农年限	0.004 (0.005)	0.007* (0.004)	-0.007** (0.003)
风险态度	-0.375*** (0.122)	-0.242* (0.128)	-0.000
常数项	-0.816* (0.489)	-0.893** (0.406)	-2.157*** (0.388)
$WaldChi^2$	196.28		
$LRChi^2$		698.50	
观测值数量	1 707	1 707	1 707

注：（1）括号内为稳健标准误，*、** 和 *** 分别表示在10%、5%和1%水平上的显著性。

（2）地块质量、地块坡度、土壤类型三个变量为虚拟变量，具体估计结果为变量中具体类别的系数。

模型（2）和模型（3）分别为工具变量回归第二阶段和第一阶段的回归结果。相似地，在技术选择方程中，保险费率、乡镇是否开展农业保险和村参保比例三个工具变量均在1%的显著性水平上显著，表明工具变量较为有效。模型（2）的回归结果中，参保决策的回归系数在1%的显著性水平上显著为正，表明农业保险能够显著增加采纳深松技术的概率。这验证了本书研究假说。工具变量回归结果中，参保决策的系数为1.95，显著高于Probit回归结果中的0.32。这表明，没有处理内生性的Probit回归结果严重低估了农业保险的影响。当然，表8-2中汇报的结果为系数，经过计算，农业保险对深松技术的边际效应为0.05，表明参保农户选择深松技术的概率比未参保农户高0.05。这一数值并不高，但是足以说明，农业保险能够显著增加农户选择深松技术的概率。

此外，Probit回归和工具变量回归结果均表明，村级开展技术培训次数也能显著增加农户采纳深松技术选择的概率，并且系数差别不大，均为0.04左右，表明每增加一次技术培训次数，农户采纳深松技术的概率增加0.04。除此之外，家庭经营规模也对深松技术选择有显著的影响，经营规模越大，农户越愿意使用该技术。

在描述性证据部分可以看出，深松技术采纳率较低，仅有7%左右。主要是因为深松技术受自然条件限制，本身仅适合北部地区。所以在样本中，四川和浙江两个省份几乎没有。为了排除其他两个省份的影响，本书将仅保留黑龙江省和河南省的样本进行回归估计，以检验模型估计结果是否会发生显著变化。

表8-3为仅保留黑龙江和河南两省子样本的回归结果。可以看出，Probit模型和工具变量估计的参保决策系数变化不大，且显著性也没有发生较大改变。从边际效应来看，参保决策的边际效应为0.06，同样没有发生显著变化。表明深松技术选择方程结果较为稳健。

表 8-3　　农业保险对深松技术的影响（子样本）

解释变量	模型（1） Probit 模型	模型（2） 工具变量	模型（3）
	深松	深松	参保决策
参保决策	0.256* (0.150)	1.670*** (0.410)	
保险费率			5.913** (2.665)
乡镇是否开展农业保险			0.739*** (0.200)
村参保比例			0.005*** (0.002)
地块离家距离	-0.013 (0.011)	-0.006 (0.012)	-0.022 (0.015)
村开展技术培训次数	0.014 (0.033)	-0.021 (0.033)	0.082*** (0.026)
家庭经营规模	0.001* (0.000)	0.000 (0.000)	0.000 (0.000)
地块是否能够灌溉	0.244 (0.216)	0.217 (0.196)	-0.166 (0.166)
地块质量			
中	-0.067 (0.149)	0.019 (0.137)	-0.268 (0.216)
差	0.136 (0.253)	0.275 (0.228)	-0.231* (0.121)
地块坡度			
坡地	-0.326 (0.210)	-0.401** (0.176)	-0.391* (0.231)
洼地	0.348 (0.290)	0.087 (0.272)	0.372** (0.182)

续表

解释变量	模型（1） Probit 模型 深松	模型（2） 工具变量 深松	模型（3） 工具变量 参保决策
土壤类型			
壤土	-0.050 (0.192)	-0.195 (0.188)	0.573** (0.254)
黏土	0.182 (0.237)	-0.110 (0.234)	0.150 (0.167)
地块产权	-0.002 (0.138)	0.031 (0.126)	0.425** (0.185)
地块面积	-0.000 (0.001)	-0.000 (0.001)	-0.008 (0.115)
作物类型	0.196 (0.295)	0.098 (0.264)	0.000 (0.001)
家庭收入	0.000 (0.000)	0.000 (0.000)	-0.099 (0.277)
家庭非农务工比例	0.384** (0.189)	0.435** (0.174)	0.000 (0.000)
户主性别	-0.419 (0.564)	0.157 (0.657)	-0.539* (0.283)
户主受教育年限	0.037 (0.030)	0.034 (0.027)	0.013 (0.025)
户主务农年限	0.009 (0.006)	0.011* (0.006)	-0.004 (0.005)
风险态度	-0.371** (0.158)	-0.254* (0.153)	-0.085 (0.133)
县级虚变量	已控制	已控制	已控制
常数项	-1.035 (0.739)	-1.504** (0.762)	-1.701*** (0.571)
$WaldChi^2$	84.72		
$LRChi^2$		294.18	
观测值数量	852	852	

注：（1）括号内为稳健标准误，*、** 和 *** 分别表示在 10%、5% 和 1% 水平上的显著性。

（2）地块质量、地块坡度、土壤类型三个变量为虚拟变量，具体估计结果为变量中具体类别的系数。

8.2.2 按规模分组模型估计结果

描述性证据部分显示，当按照规模分组之后，参保和未参保农户的深松技术采纳行为发生了变化。特别是从规模户和小农户之间得出了相反的研究结论。因为，为了进一步验证规模户对参保决策系数的影响，进一步详细分组，以分析农业保险对不同规模户深松技术选择的影响。

然而，深松技术选择的分组标准与之前有所不同。主要是因为小规模农户的样本组内，由于选择深松技术的过少，导致样本变异不够，无法进行估计。在描述性统计结果部分可以看出，30 亩以下农户选择深松的比例不到 3%。但是规模较大农户中，深松技术选择的比例达到 13% 左右。因此，较小规模农户样本，如 0~100 亩和 5~20 亩等样本组无法进行回归，没有包含在回归结果中。但是为了充分利用样本信息，将小农户样本纳入模型，选择从 0~100 亩样本组开始。

图 8-3 展示了农业保险对不同规模农户深松技术选择的回归结果。图 8-3 中同样仅展示了农险保险系数大小及显著性，系数为工具变量回归结果。从图 8-3 中可以发现，农业保险对 0~100 亩样本组的深松技术选择行为并不显著，这可能是因为，尽管该样本组包括了 100 亩的样本农户，但是由于小农户过多，仍然导致该组结果不显著。

对于较大规模的样本组，参保决策的系数均有显著为正。当然，受深松技术选择总体比例较低的限制，在规模偏大的农户样本中，选择比例仍然不多。因此，在最大的规模分组中，仍然只有 30 亩以上，而无法继续估计出更大规模的样本分组结果。但是这并不影响本书的研究结论。农业保险仍然能显著增加规模较大农户的深松技术选择概率，而对小农户的采纳行为没有显著影响。

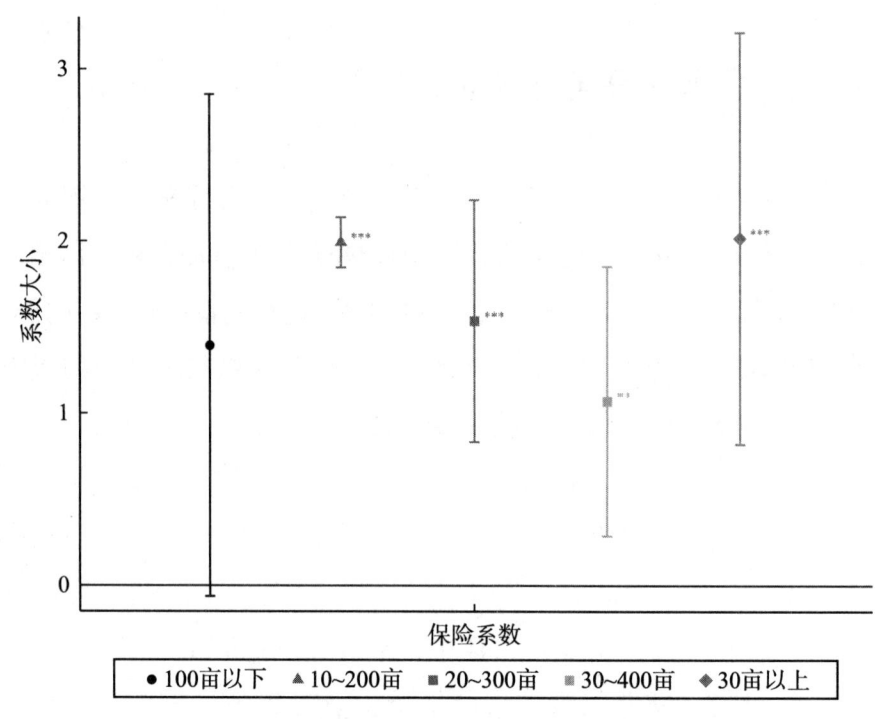

图 8-3　农业保险对不同规模户深松技术选择的影响

注：图中竖线为估计系数的置信区间，*、** 和 *** 分别表示在 10%、5% 和 1% 水平上的显著性。

8.3　农业保险对农业新品种技术选择的影响

8.3.1　总体模型回归估计结果

表 8-4 列出了农业保险对增产新品种技术采纳行为影响的回归结果。同样由于被解释变量为虚拟变量，模型（1）和模型（2）为 Probit 模型。可以看出，模型（1）没有加入县级虚拟变量，参保决策系数显著为正。但控制地区固定效应之后，这一结果不再成立，参保决策系数

在10%的显著性水平上仍然不显著。这也表明，地区因素对结果产生较大程度的影响。从回归结果可以看出，参保决策的系数为0.038，但是在10%的显著性水平上并不显著，表明农业保险对增产新品种技术采纳行为没有显著影响。但是由于新品种技术采纳决策与参保决策之间具有严重的内生性，Probit结果可能具有较为严重的偏误。因此，若要得到一致且可靠的研究结论，仍然需要对照工具变量的回归结果。

表8-4　　　　农业保险对增产新品种技术采纳的影响

解释变量	模型（1）	模型（2）	模型（3）	模型（4）
	Probit		工具变量	
	新品种	新品种	新品种	参保决策
参保决策	0.114* (0.067)	0.038 (0.084)	0.629* (0.369)	
保险费率				7.673*** (2.324)
乡镇是否开展农业保险				0.759*** (0.186)
村参保比例				0.004*** (0.001)
地块离家距离		-0.007 (0.010)	-0.005 (0.009)	-0.023 (0.014)
村开展技术培训次数		-0.023* (0.013)	-0.028** (0.013)	0.040*** (0.014)
家庭经营规模		0.001 (0.000)	0.000 (0.000)	0.001** (0.000)
地块是否能够灌溉		0.006 (0.126)	-0.010 (0.128)	0.109 (0.132)
地块质量				
中		-0.154** (0.075)	-0.146* (0.075)	0.010 (0.078)

续表

解释变量	模型（1）	模型（2）	模型（3）	模型（4）
		Probit	工具变量	
	新品种	新品种	新品种	参保决策
差		-0.119 (0.130)	-0.108 (0.130)	-0.004 (0.134)
地块坡度				
坡地		-0.107 (0.115)	-0.110 (0.115)	0.041 (0.112)
洼地		-0.022 (0.176)	-0.125 (0.210)	0.628*** (0.206)
土壤类型				
壤土		0.085 (0.109)	0.040 (0.113)	0.192* (0.111)
黏土		0.313*** (0.107)	0.257** (0.113)	0.213** (0.106)
地块产权		0.073 (0.071)	0.074 (0.071)	0.011 (0.073)
地块面积		-0.001*** (0.001)	-0.001** (0.001)	0.000 (0.001)
作物类型		0.053 (0.153)	0.011 (0.156)	0.138 (0.148)
家庭收入		-0.000** (0.000)	-0.000 (0.000)	0.000 (0.000)
家庭非农务工比例		-0.253** (0.105)	-0.196* (0.114)	-0.254** (0.114)
户主性别		-0.482** (0.231)	-0.409* (0.236)	-0.250 (0.193)
户主受教育年限		-0.000 (0.013)	0.004 (0.013)	-0.023* (0.013)

续表

解释变量	模型（1）	模型（2）	模型（3）	模型（4）
	Probit		工具变量	
	新品种	新品种	新品种	参保决策
户主务农年限		0.010 *** (0.003)	0.011 *** (0.003)	-0.008 *** (0.003)
风险态度		-0.114 (0.077)	-0.108 (0.078)	0.003 (0.080)
县级虚变量	未控制	已控制	已控制	已控制
常数项	0.467 *** (0.040)	0.610 * (0.354)	0.520 (0.369)	-2.173 *** (0.413)
$WaldChi^2$	2.91	248.59		
$LRChi^2$			863.80	
观测值数量	1 707	1 707	1 707	1 707

注：（1）括号内为稳健标准误，*、** 和 *** 分别表示在10%、5%和1%水平上的显著性。
（2）地块质量、地块坡度、土壤类型三个变量为虚拟变量，具体估计结果为变量中具体类别的系数。

模型（3）和模型（4）分别为工具变量回归第二阶段和第一阶段的回归结果。相似地，在新品种技术选择方程中，保险费率、乡镇是否开展农业保险和村参保比例三个工具变量均在1%的显著性水平上显著，表明工具变量较为有效。模型（1）的回归结果中，参保决策的回归系数在10%的显著性水平上显著为正，表明农业保险能够显著增加采纳增产新品种技术的概率。这验证了本书研究假说3。工具变量回归结果中，参保决策的系数为0.65，显著高于 Probit 回归结果中的0.038。这表明，没有处理内生性的 Probit 回归结果严重低估了农业保险的影响，且导致系数不显著。同样，工具变量方程估计的参保决策的边际效应为0.194，表明参保农户采纳增产新品种技术的概率比未参保农户高0.194。

从描述性统计结果来看，当按照规模分组时，参保农户和未参保农户之间新品种选择差异发生了较大程度的变化。考虑到可能是地区固定效应导致的结果，表8-5汇报了按照大小规模分组的新品种技术选择估计结果，可以发现，小规模农户在没有加入地区固定效应时，参保决策系数显著为正，引入县级虚变量后，变得不再显著，且系数也显著降低；对于大规模农户，在未控制地区虚变量时，尽管参保决策系数不显著，但其系数为负，控制地区固定效应后，该系数显著为正。这表明，正是因为没有考虑地区差异，导致结果描述性统计结果出现较大偏误。

表8-5　按照大小规模分组的新品种技术选择估计结果

解释变量	模型（1）小规模	模型（2）小规模	模型（3）大规模	模型（4）大规模（IV）
参保决策	0.265*** (0.099)	0.094 (0.120)	-0.031 (0.091)	0.410** (0.169)
县级虚变量	已控制	已控制	未控制	未控制
$WaldChi^2$	7.3	154.04	0.12	
$LRChi^2$				235.37
观测值数量	814	814	893	893

注：括号内为稳健标准误，*、** 和 *** 分别表示在10%、5%和1%水平上的显著性。

8.3.2　按规模分组模型估计结果

图8-4为了验证农业保险对不同规模农户化肥投入的影响，本书将所有样本分为6组分别进行回归，以观察系数大小的变化。展示了农业保险对不同规模农户增产新品种技术选择的回归结果。图8-4中同样仅展示了农险保险系数大小及显著性，系数为工具变量回归结果。从图8-4中可以发现，农业保险对小农户（0~20亩样本组）的增产新

品种技术选择没有显著的影响;但是对大规模户的增产新品种技术选择有显著的正向影响,并且从系数的大小趋势来看,随着家庭经营规模的增加,农户增产新品种深松技术概率总体呈现逐步增加的趋势。

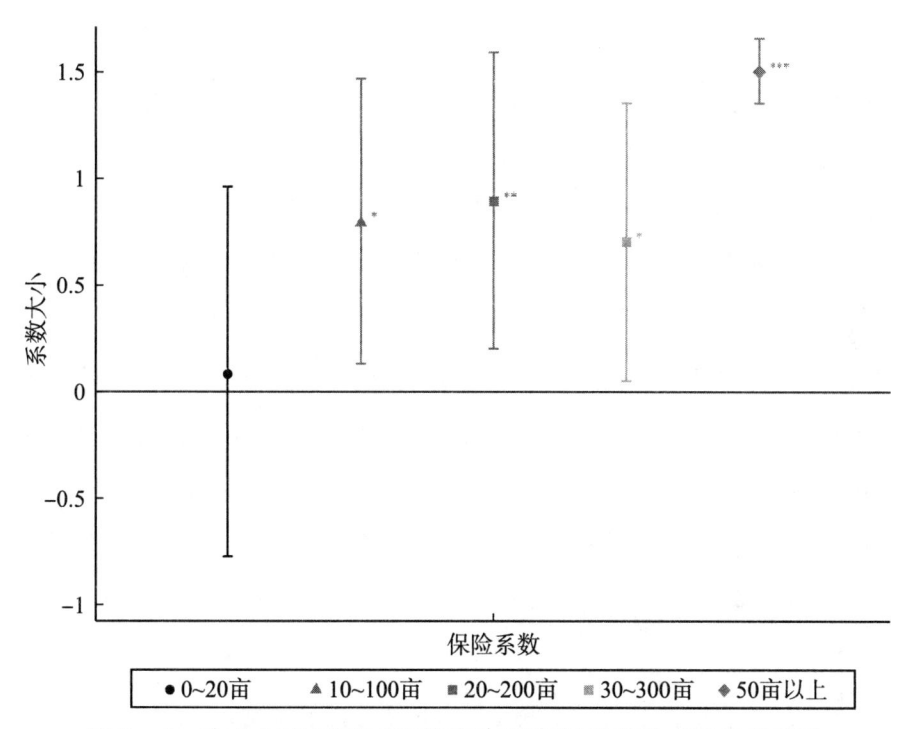

图 8-4　农业保险对不同规模农户增产新品种技术采纳的影响

注:图中竖线为估计系数的置信区间,*、** 和 *** 分别表示在10%、5%和1%水平上的显著性。

之所以该部分研究结果与深松出现较大差异,主要是因为深松技术采纳率比较低,而增产新品种采纳比例相对较高,所以其分组也更为细致。从结果中可以看出,50亩以上的样本组,其系数值达到将近1.5,远远高于其他样本组农户。这表明随着经营规模的增加,农业参保决策的系数也在逐渐增加,这与本书的研究假说一致。

8.4 农业保险对测土配方技术选择的影响

8.4.1 总体模型回归估计结果

表 8-6 列出了农业保险对测土配方技术采纳行为影响的回归结果。模型（1）到模型（3）均为 Probit 回归模型。同样由于被解释变量为虚拟变量，模型（3）回归为 Probit 模型。从回归结果可以看出，参保决策的系数为 0.441，并且在 1% 的显著性水平上不显著，表明农业保险能够显著增加农户采纳测土配方技术的概率。但是由于新品种技术采纳决策与参保决策之间具有严重的内生性，Probit 结果可能具有较为严重的偏误。因此，若要得到一致且可靠的研究结论，仍然需要使用工具变量法进一步消除模型存在的内生性问题。

表 8-6　　农业保险对测土配方技术选择的影响

解释变量	模型（1）	模型（2）	模型（3）
	测土配方	测土配方	测土配方
参保决策	-0.000 (0.082)	0.567*** (0.110)	0.441*** (0.114)
地块离家距离			-0.007 (0.013)
村开展技术培训次数			0.085*** (0.015)
家庭经营规模			0.000 (0.000)

续表

解释变量	模型（1）测土配方	模型（2）测土配方	模型（3）测土配方
地块是否能够灌溉			-0.115 (0.166)
地块质量			
中			-0.105 (0.098)
差			-0.350* (0.200)
地块坡度			
坡地			0.007 (0.159)
洼地			-0.095 (0.291)
土壤类型			
壤土			0.368** (0.158)
黏土			0.270 (0.165)
地块产权			0.137 (0.094)
地块面积			-0.000 (0.001)
作物类型			0.018 (0.202)
家庭收入			-0.000 (0.000)
家庭非农务工比例			0.068 (0.144)

续表

解释变量	模型（1）测土配方	模型（2）测土配方	模型（3）测土配方
户主性别			0.088 (0.265)
户主受教育年限			0.068*** (0.019)
户主务农年限			0.006* (0.004)
风险态度			0.216** (0.101)
县级虚变量	未控制	已控制	已控制
常数项	-1.186*** (0.050)	-0.720*** (0.137)	-2.085*** (0.440)
观测值数量	1 707	1 707	1 707

注：（1）括号内为稳健标准误，*、**和***分别表示在10%、5%和1%水平上的显著性。

（2）地块质量、地块坡度、土壤类型三个变量为虚拟变量，具体估计结果为变量中具体类别的系数。

表8-7为模型（2）和模型（1）分别为工具变量回归第一阶段和第二阶段的回归结果。相似地，在测土配方技术选择方程中，保险费率、乡镇是否开展农业保险和村参保比例三个工具变量均在1%的显著性水平上显著，表明工具变量较为有效。模型（1）的回归结果中，参保决策的回归系数在10%的显著性水平上显著为正，表明农业保险能够显著增加采纳测土种技术的概率。这验证了本书研究假说3。工具变量回归结果中，参保决策的系数为0.65，显著高于Probit回归结果中的0.44。这表明，没有处理内生性的Probit回归结果严重低估了农业保险的影响，且导致系数不显著。同样，本书也单独计算了参保决策变量的边际效应，结果为0.086，表明参保农户采纳测土配方技术的概率比未参保农户高0.086。

表8-7　　农业保险对测土配方技术的工具变量结果

解释变量	模型（1） 测土配方	模型（2） 参保决策
参保决策	1.011*** (0.357)	
保险费率		8.697*** (2.504)
乡镇是否开展农业保险		0.796*** (0.170)
村平均参保比例		0.004*** (0.001)
地块离家距离	-0.005 (0.012)	-0.019 (0.014)
村开展技术培训次数	0.067*** (0.020)	0.085*** (0.016)
家庭经营规模	0.000 (0.000)	0.001** (0.000)
地块是否能够灌溉	-0.124 (0.164)	0.097 (0.131)
地块质量		
中	-0.094 (0.096)	0.026 (0.078)
差	-0.323* (0.195)	-0.022 (0.132)
地块坡度		
坡地	-0.006 (0.154)	0.015 (0.113)
洼地	-0.208 (0.282)	0.661*** (0.204)

续表

解释变量	模型（1）测土配方	模型（2）参保决策
土壤类型		
壤土	0.323** (0.160)	0.154 (0.108)
黏土	0.228 (0.167)	0.183* (0.104)
地块产权	0.140 (0.092)	0.005 (0.073)
地块面积	-0.000 (0.001)	0.000 (0.001)
作物类型	-0.030 (0.200)	0.184 (0.144)
家庭收入	-0.000 (0.000)	0.000 (0.000)
家庭非农务工比例	0.108 (0.142)	-0.252** (0.109)
户主性别	0.151 (0.258)	-0.238 (0.197)
户主受教育年限	0.070*** (0.018)	-0.018 (0.013)
户主务农年限	0.007** (0.004)	-0.007** (0.003)
风险态度	0.210** (0.099)	0.008 (0.079)
县级虚变量	已控制	已控制
常数项	-2.098*** (0.432)	-2.316*** (0.383)
观测值数量	1 707	1 707

注：括号内为稳健标准误，*、**和***分别表示在10%、5%和1%水平上的显著性。

8.4.2 按规模分组模型估计结果

图 8-5 展示了农业保险对不同规模农户测土配方技术采纳行为的回归结果。图 8-5 中同样仅展示了农险保险系数大小及显著性，系数为工具变量回归结果。从图 8-5 中可以发现，农业保险对规模较小的农户（图中 0~40 亩和 10~80 亩样本组）的测土配方技术采纳行为没有显著影响，但是对规模较大农户（图中 20 亩以上样本组）的测土配方技术选择有显著的正向影响。从影响大小来看，规模越大，农业保险促进技术采纳的效果越明显，影响系数的绝对值随着规模增加也呈现增加的趋势。

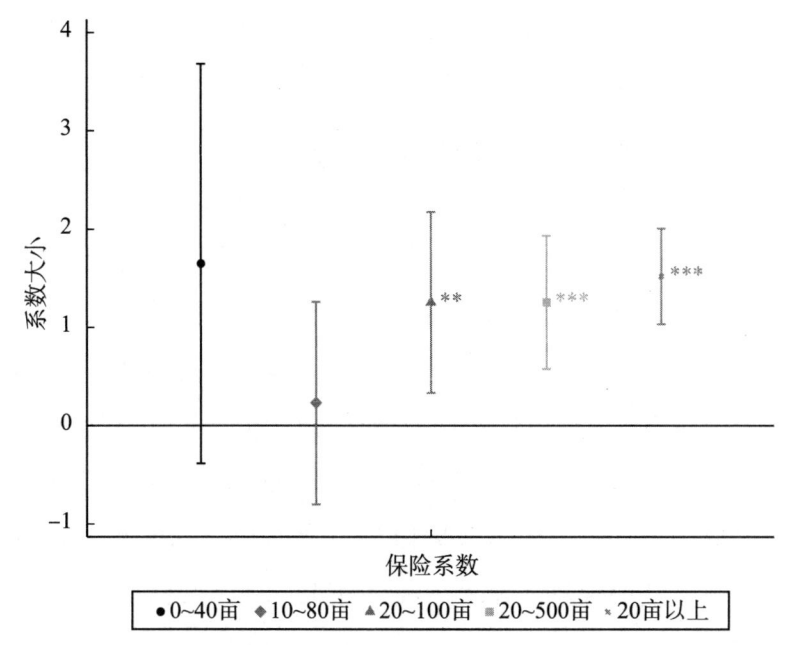

图 8-5 农业保险对不同规模户测土配方技术采纳行为的影响

注：图中竖线为估计系数的置信区间，*、** 和 *** 分别表示在 10%、5% 和 1% 水平上的显著性。

测土配方技术的分组同样与前两种技术分组标准也不相同。与深松技术分组的原因类似，主要是因为部分样本组农户的样本组内，深松技术选择比例过少，导致样本变异不够，无法进行估计。因此，按照 0 ~ 40 亩、10 ~ 80 亩、20 ~ 100 亩、20 ~ 100 亩以及 20 亩以上五个样本组。之所以仅分到 20 亩以上，是因为更大规模的分组由于测土配方技术选择比例不足，无法单独估计。

8.5　总结与讨论

本章内容运用计量经济模型实证分析了农业保险对深松技术、增产新品种技术和测土配方技术采纳行为的影响，以解释为什么农业保险减少了要素投入，但单产水平却没有发生显著变化这一重要问题。

通过计量回归分析，研究发现中国农业保险显著增加了农户采纳深松、增产新品种和测土配方施肥技术的概率。这验证了本书的研究假说，表明这三种技术的确为风险增加型技术，这也进一步解释了为什么农业保险能够提高农户生产效率——主要是因为提高了技术水平。

同时本章也发现，农业保险显著提升了规模户的新技术采纳水平，但对小农户的技术采纳行为没有显著影响。这进一步证明了，中国农业保险对小农户没有显著影响，而主要对规模户的生产行为发挥作用。同时，这一结果也解释了为什么农业保险没有显著影响规模户的单产水平。其主要原因是，尽管农业保险降低其要素投入，但也提升了其采纳新技术的概率，从而保证了单产水平不下降。

第 9 章

研究结论与政策建议

农业保险是中国分散农业生产风险和稳定农民收入的重要机制,已经成为中国农业支持保护政策体系的重要组成部分。从国际经验来看,农业保险也是欧美、日本等国普遍采用的主要农业支持政策之一(朱俊生,2016)。随着中国农业生产规模的扩大以及农业风险管理需求的增加,进一步提升农业保险在农业支持政策体系中的地位必然成为中国未来农业保险政策的发展方向。

因此,本书重点探讨了农业保险对农业生产行为的影响与机制,以为完善中国农业保险政策提供依据。与以往研究不同,本书基于地块层面微观调查数据,运用工具变量法,分别考察了农业保险对不同规模单产、净利润水平、要素投入以及技术采纳行为的影响。研究发现,农业保险对农户投入行为的影响主要取决于投入品的风险性质。尽管农业保险对农户单产水平的影响并不显著,但对不同投入品,农业保险的影响有显著差异。例如,农业保险能够在一定程度上降低化肥、农药和劳动力投入,但是能够增加采纳新技术的概率。此外,农业保险对不同类型农户的影响也有所差异。其主要原因是在当前中国农业保险的运行机制下,规模经营户的道德风险较强,农业保险对其生产行为的影响更为显著。基于上述分析,本书共得出以下研究结论。

9.1 主要结论

基于上述研究结果和讨论,本书主要得出以下研究结论:

第一,中国农业保险对农业单产水平没有显著影响,难以发挥保障粮食安全作用。

研究结果表明我国农业保险对农户单产水平没有显著影响。但是针对不同类型农户,导致单产水平没有发生变化的原因有所不同。对于小农户,主要是因为农业保险效果不佳,不足以改变其生产行为;但对于规模户,主要是因为农业保险在减少要素投入的同时,增加其新技术采纳概率,从而弥补要素投入减少带来的负面影响,导致其单产水平保持不变。

但无论是何种原因导致单产水平没有变化,均意味着我国农业保险并没有发挥保障粮食安全的作用。当然,农业保险有可能通过增加粮食种植面积来提高粮食总产量。但是由于我国农业保险已基本覆盖所有农作物,农户种植结构决策主要取决于作物间成本收益的相对变化,农业保险的影响可以忽略不计。当然,这也需要进一步严格的实证研究。

第二,中国农业保险能够提高农业生产效率和农业收入,有效保障农民收入。

尽管农业保险对单产水平没有显著影响,但能提高农业生产效率和农业收入,从而发挥收入保障作用。本书研究结果表明,参保农户能够显著提高农户生产利润水平,降低生产成本。其主要原因是农业保险尽管减少了化肥、农药、劳动力等投入要素的使用,可能会对农业产出产生一定的负面影响,但是也增加了新技术的使用,从而最终提高了农业生产效率,弥补了因为要素投入减少给农业生产带来的负面影响。

第三，中国农业保险能够显著影响大规模农户的生产行为，但对小农户生产行为没有显著影响，其风险保障需求难以满足。

我国农业保险的影响呈现明显的规模异质性。农业保险对小农户的生产行为影响并不显著，但是能够显著影响大规模农户的生产行为，并且规模越大，农业保险的作用越明显。其主要原因是，在我国当前的农业保险运行机制下，农业保险按照"低保障、广覆盖"的原则推行，而且农险公司设定了起赔或免赔条款以抑制农户的道德风险，但是在实际理赔过程中，形成了大农户与小农户获取赔偿的异质性，从而导致规模户道德风险相对较高，有足够的动机调整农业生产行为。

因此，实际中小农户的生产行为没有发生显著变化，这也在一定程度上说明小农户的风险保障需求难以得到有效满足。特别是生产风险较高地区，小农户分散生产风险的需求较高，但是在我国当前的农业保险运行机制下，农业保险对小农户的生产行为没有显著影响，意味着现有农业保险难以满足小农户的实际需求。未来如何保障小农户的生产是我国农业保险政策需要解决的重要问题。

第四，中国农业保险中存在较强的道德风险问题。

研究结果表明，我国农业保险能够减少农户要素投入水平和灾后救援动力，存在一定的道德风险问题。道德风险是影响农业保险健康发展的主要因素之一。由于农业保险运行机制在不同规模农户中存在明显差异，道德风险也呈现明显的规模异质性。由于小农户的风险保障水平较低，因此不存在道德风险问题；但规模户对农业保险的生产响应更为明显，其道德风险也更强。

尽管目前这种道德风险并不会对实际产出产生负面影响，但是随着我国农业保险的进一步发展和保障水平的提高，道德风险的负面影响可能会逐步增强。如何平衡农业保险对保障农民收入、保障国家粮食安全、促进农业生态环境可持续发展的作用是未来完善农业保险政策和农业保险产品开发中亟须关注的重要问题，应该引起未来政策制定者的重视。

研究结果也表明，尽管农业保险公司已经采取诸多措施抑制农户道德风险，但效果仍然不明显，我国农业保险中仍然存在明显的道德风险问题。然而，未来仍然依靠降低风险保障水平的方式控制道德风险已不可持续，未来如何采取更加积极有效的措施控制道德风险值得关注。

第五，中国农业保险具有正的环境外部性。

化肥和农药作为我国农业面源污染的主要来源，同时也是我国农产品质量安全的主要威胁之一。本章内容的研究结果表明，农业保险能够显著降低农户的化肥和农药投入，具有较强的环境正外部性，这一方面符合我国发展绿色农业的发展战略，对减少化肥使用量和控制面源污染有一定积极作用；另一方面，已有研究表明，农户风险厌恶倾向导致我国化学要素的过度施用，因而农业保险能够减少化肥和农药投入。因此，我国如何在治理面源污染中发挥农业保险的作用对于完善未来农业支持政策和农业保险制度具有重要的参考意义。

9.2 政策建议

根据上述研究结论，本书提出以下政策建议。

第一，提高农业保险的保障水平，真正发挥其风险保障作用。

目前，中国农业保险的风险保障水平不高，这是其无法发挥保障粮食安全作用的主要原因之一。因此，亟须提高我国农业保险的风险保障水平，进一步发挥农业保险的风险保障作用。

首先，开展商业化农业保险、农业巨灾保险以及再保险，发挥农业保险的风险保障作用。受政府财政支出预算的制约，农业保险的低保障水平是必然结果。推广以市场为基础的保险产品,能够开发较高保费和高保额的保险产品,提供较高风险保障水平的农业保险产品,因此是减轻自然风险和稳定农业收入的最佳途径。但这并不意味着农业保险不再需要政府补贴的干预。系统性风险是导致商业化农业保险市场失败的重要原因。因此,政府需要为农业保险公司提供巨灾保险补贴和再保险,以防止系统性保险造成的惨重损失和市场失灵。

其次,规范农业保险公司赔付机制,严防保险公司与农户"合谋"行为。农业保险公司与农户的"合谋"行为是导致农业保险难以发挥风险保障作用的直接原因。因此,政府需要加大监督力度,严防保险公司变相侵占农业保险补贴资金,规范其赔付机制,有效发挥农业保险的风险分散功能,特别是进一步保证农业保险对小农户的保障作用。

第二,根据不同类型农户的保险需求,提供差异化农业保险产品。

由于规模化和小农户之间不同的生产经营状态,导致他们对农业保险需求有差异,从而生产行为也明显不同。因此,政府应该丰富农业保险产品,提供多样化、差异化的农业保险产品,以满足不同类型农户的需求。

首先,目前的多重农作物保险产品可以继续供所有农户购买,但是产品较为单一的局面必须改变;其次,对于规模户,其对农业保险需求较高,特别是对于那些大规模农户或专业化生产农户,愿意承担较高的保费以换取较高的风险保障水平,因此可以考虑向其提供符合其需求的农业保险产品,包括完全成本保险和收入保险;对于小农户,可以通过灾害救济、指数保险以及政府补贴等多种方式分散其生产风险,有效保障其农业生产能力。

第三,开发指数保险等新型产品,控制道德风险问题。

指数保险是一种新形式的保险产品,它根据保险单中的规定指数进行支付，而不是个人损失。已有研究证明，除了大规模农户和单一灾害之外，基于个人赔偿的传统多重灾害作物保险在发展中国家是不可持续的（Mahul & Stutley，2010）。作为一种新型农业保险，指数型保险优于传统保险。一个重要的优点是它可以减少与道德风险相关的问题。由于支付只与透明指数有关，如降雨、温度等，单个农户无法影响和改变这些气候指标，因此没有动机采取可能导致损失的行为。另一个优点是管理和运营成本低。指数保险的支付根据指数计算，保险公司不需要实地勘察定损及解决争议问题，从而节省大量运营成本。但是指数保险可能使得投保人获得的赔付与实际损失不匹配，即基差风险。该问题产生的主要原因是精算水平较差和一定区域内的气象观测站数量较少。随着计算机模拟和基础设施水平的改进，该问题能够得到有效解决。许多发展中国家的指数保险发展经验表明，指数保险对于以小农户为主的农业经济体较为有效，而且也有实证研究表明，指数保险对新技术的采用也有显著的正向影响（Carter et al.，2016）。

因此，可以考虑增加气象站、监测点等基础设施，搭建数据平台，为指数保险产品设计提供良好的基础；加大科研投入，开发出符合小农户需求、保障水平较高、信息公开透明的新型指数保险产品。

第四，建立农业保险与其他环境保护政策的联动机制。

在我国保障粮食安全、大力实施乡村振兴战略、控制面源污染、建设生态宜居的美丽乡村的背景下，如何加强政策引导，保证农业可持续发展至关重要。本研究表明，农业保险在一定程度上能够减少化学要素投入品的使用。因此，在农业保险迅速扩张的背景下，要充分发挥农业保险正的环境外部性作用，加强与其他环境保护政策联动，如对保护性耕作、新品种等新技术的推广等，努力推动农业的可持续发展。

9.3 进一步讨论

本书使用地块层面微观数据，系统研究了农业保险对农户产出和投入行为的影响，并明确了其影响机制与途径。但是本书研究结果与现有研究存在较大差异。造成这一差异的主要原因可能包括以下两点：①不同投入品的风险性质有所差异，现有研究的投入品包括农药、化肥和新技术等，它们的风险投入性质并不相同，由此结果会出现较大的差异。尤其是本研究选择了化肥、农药、劳动力以及不同新技术，更加全面地分析了农业保险对不同类型和不同风险性质投入品的影响；②不同地区的农业保险运行机制的差异直接决定了农户生产行为有所不同。由于我国现行政策性这与国外农业保险运行机制不同，因此本研究的结论可能与国外研究结果存在较大差异。

但是同时，本研究结果也与其他研究存在相似之处，并达成共识。其中最为明显的是农业保险能够提高农户生产效率，促进农户采纳新技术。

当然，限于数据资料和研究方法，本研究也存在不足之处，主要体现在以下两个方面。

首先，本研究未能分析农业保险对农户种植面积的影响。农业保险的粮食安全保障效应体现在单产水平和种植面积两个方面，本书仅分析了单产效应，未能分析种植面积效应。主要原因是：①我国政策性农业保险全面推开，基本覆盖了所有农作物，难以在微观层面分析农业保险对农户种植结构决策的影响。②在宏观层面，分析农业保险对种植面积的影响需要县级或县级以下层面数据，但是一方面，县级层面数据难以获取；另一方面，县级层面的保险数据难以区分农作物保险和养殖业保险。因此，限于数据，未能对这一重要问题进行详细分析。

其次，本研究未能检验农业保险道德风险效应和风险分散效应的相对大小。本书的主要结果之一是由于农业保险减少了农户要素投入水平（道德风险效应），但同时提高其采纳新技术的概率（风险分散效应），导致规模户单产水平没有发生显著变化。尽管本书已经探讨了导致单产水平不显著的可能原因，并逐一排除，尽可能解释了农业保险对单产水平的影响机制，但受限于数据和方法，本书尚无法准确分离出农业保险的道德风险效应和风险分散效应，并证明其影响程度相当从而导致单产没有显著变化。因此，本书只能在逻辑上讨论其可能的影响机制，这也是笔者下一步的研究方向。

参考文献

[1] 白由路,杨俐苹. 我国农业中的测土配方施肥[J]. 土壤肥料,2006(2):3-7.

[2] 鲍文. 中日农业保险体系比较与借鉴[J]. 西南金融,2013(2):44-48.

[3] 蔡春霞. 农业保险对农户化肥农药施用量影响的实证研究——基于江苏省淮安市的调查分析[D]. 北京:中国人民大学农业与农村发展学院,2009.

[4] 蔡键,唐忠,朱勇. 要素相对价格、土地资源条件与农户农业机械服务外包需求[J]. 中国农村经济,2017(8):18-28.

[5] 柴智慧,赵元凤. 农作物保险中农户道德风险的产生机理与案例检验——以内蒙古为例[J]. 保险研究,2016(12):85-93.

[6] 陈强. 高级计量经济学及Stata应用[M]. 北京:高等教育出版社,2014.

[7] 程为. 国际经验对我国农业保险发展的启示[J]. 决策与信息(财经观察),2008(11):105,59.

[8] 代宁,陶建平. 政策性农业保险对农业生产水平影响效应的实证研究——基于全国31个省份面板数据分位数回归[J]. 中国农业大学学报,2017,22(12):163-173.

[9] 戴淑庚,魏豪. 台湾农业金融制度及其绩效研究[J]. 商业研究,2013(3):149-153.

[10] 刁盼盼,张忠根. 美国农业保险的发展状况与制度研究 [J]. 农村金融研究, 2019 (7): 71-76.

[11] 范红忠,周启良. 农户土地种植面积与土地生产率的关系——基于中西部七县(市)农户的调查数据 [J]. 中国人口资源与环境, 2014, 24 (12): 38-45.

[12] 费友海. 我国农业保险发展困境的深层根源——基于福利经济学角度的分析 [J]. 金融研究, 2005 (3): 133-144.

[13] 冯检,张立明,王向楠,等. 农业保险需求的影响因素及财政补贴调节效应的多元分析 [J]. 宏观经济研究, 2012.

[14] 冯文丽. 我国农业保险市场失灵与制度供给 [J]. 金融研究, 2004 (4): 124-129.

[15] 冯晓龙,仇焕广,刘明月. 不同规模视角下产出风险对农户技术采用的影响——以苹果种植户测土配方施肥技术为例 [J]. 农业技术经济, 2018 (11): 120-131.

[16] 冯晓龙,霍学喜. 社会网络对农户采用环境友好型技术的激励研究 [J]. 重庆大学学报(社会科学版), 2016 (3): 72-81.

[17] 付小鹏,梁平. 政策性农业保险试点改变了农民多样化种植行为吗 [J]. 农业技术经济, 2017 (9): 66-79.

[18] 高祥照,马常宝,等. 测土配方施肥技术 [M]. 北京:中国农业出版社, 2005: 8-9.

[19] 郜亮亮,黄季焜,Rozelle Scott,等. 中国农地流转市场的发展及其对农户投资的影响 [J]. 经济学(季刊), 2011 (7): 1499-1514.

[20] 巩前文,穆向丽,田志宏. 农户过量施肥风险认知及规避能力的影响因素分析——基于江汉平原284个农户的问卷调查 [J]. 中国农村经济, 2010 (10): 66-76.

[21] 郭军,马晓河. 小规模农户农业保险的"缺位"与"补位"

[J]. 改革, 2018 (3): 134-143.

[22] 何浩然, 张林秀, 李强. 农民施肥行为及农业面源污染研究 [J]. 农业技术经济, 2007 (6): 2-10.

[23] 何进, 李洪文, 高焕文. 中国北方保护性耕作条件下深松效应与经济效益研究 [J]. 农业工程学报, 2006, 22 (10): 62-67.

[24] 侯麟科, 仇焕广, 白军飞, 徐志刚. 农户风险偏好对农业生产要素投入的影响 [J]. 农业技术经济, 2014 (5): 21-29.

[25] 侯仲凯, 丁宇刚, 何卓静. 大牲畜保险道德风险: 比较静态与动态演化分析 [J]. 保险研究, 2018 (4): 43-54.

[26] 胡二军. 农业保险对我国粮食生产的影响 [D]. 苏州: 苏州大学, 2012.

[27] 胡浩, 杨泳冰. 要素替代视角下农户化肥施用研究——基于全国农村固定观察点农户数据 [J]. 农业技术经济, 2015 (3): 84-91.

[28] 黄薇. 保险政策与中国式减贫: 经验、困局与路径优化 [J]. 管理世界, 2019, 35 (1): 135-150.

[29] 黄延信. 西班牙、意大利、葡萄牙三国农业保险体制及政府农业部门的作用 [J]. 农业经济问题, 2008 (2): 102-106.

[30] 贾云赟. 小规模农户农业保险的日本经验及其对中国的启示 [J]. 世界农业, 2018 (11): 190-195.

[31] 江生忠, 费清. 日本共济制农业保险制度探析 [J]. 现代日本经济, 2018, 37 (4): 23-34.

[32] 焦长权, 董磊明. 从"过密化"到"机械化": 中国农业机械化革命的历程、动力和影响 (1980~2015年) [J]. 管理世界, 2018, 34 (10): 173-190.

[33] 金仙玉. 日本农村金融发展的经验和启示 [J]. 农业经济, 2019 (2): 88-89.

[34] 李登旺, 仇焕广, 吕亚荣, 韩炜. 欧美农业补贴政策改革的新动态及其对我国的启示 [J]. 中国软科学, 2015 (8): 12-21.

[35] 李军. 农业保险的性质、立法原则及发展思路 [J]. 中国农村经济, 1996 (1): 55-59, 41.

[36] 李俊鹏, 冯中朝, 吴清华. 农业劳动力老龄化与中国粮食生产——基于劳动增强型生产函数分析 [J]. 农业技术经济, 2018 (8): 26-34.

[37] 李立松, 付磊. 借鉴欧盟经验建立我国农业保险大灾风险分散机制 [J]. 上海保险, 2015 (5): 30-33.

[38] 李燕, 成德宁, 李朋. 农业保险促进了农业绿色生产率提高吗 [J]. 贵州财经大学学报, 2018 (6): 101-108.

[39] 李勇斌. 农业保险对农民收入影响的动态研究——基于系统GMM及门槛效应检验 [J]. 浙江金融, 2018 (4): 52-59.

[40] 李勇斌, 谢涛, 杜先培, 梁晟. 农业保险对农业生产影响效应的实证分析 [J]. 浙江金融, 2019 (2): 50-58.

[41] 连玉君, 黎文素, 黄必红. 子女外出务工对父母健康和生活满意度影响研究 [J]. 经济学（季刊）, 2014, 14 (1): 185-202.

[42] 林光华, 汪斯杰. 家禽保险对养殖户疫病防控要素投入的影响研究 [J]. 农业技术经济, 2013 (12): 94-102.

[43] 刘蔚, 孙蓉. 农险财政补贴影响农户行为及种植结构的传导机制——基于保费补贴前后全国面板数据比较分析 [J]. 保险研究, 2016 (7): 11-24.

[44] 刘晓丹. 日本农业保险财政补贴机制研究 [J]. 中国保险, 2018 (9): 57-61.

[45] 刘彦随, 刘玉, 郭丽英. 气候变化对中国农业生产的影响及应对策略 [J]. 中国生态农业学报, 2010, 18 (4): 905-910.

［46］刘志文. 农业保险发展的国际比较与启示［J］. 西南农业大学学报（社会科学版），2006（4）：27-30.

［47］柳仕奇. 浅议我国台湾地区农业保险的发展及启示［J］. 福建财会管理干部学院学报，2009（3）：5-8.

［48］龙文军. 日本农业保险经验［J］. 中国保险，2006（9）：42-46.

［49］吕春生等. 国外农业保险发展及对我国的启示［J］. 农业经济问题，2009（2）：99-102.

［50］吕开宇，仇焕广，白军飞，徐志刚. 玉米主产区深松作业现状与发展对策［J］. 农业现代化研究，2016，37（1）：1-8.

［51］吕开宇，张崇尚，邢鹂. 农业指数保险的发展现状与未来［J］. 江西财经大学学报，2014（2）：62-69.

［52］栾敬东，程杰. 基于产业链的农业风险管理体系建设［J］. 农业经济问题，2007（3）：86-91.

［53］罗向明，张伟，丁继锋. 收入调节、粮食安全与欠发达地区农业保险补贴安排［J］. 农业经济问题，2011（1）18-23.

［54］麻吉亮，陈永福，钱小平. 气候因素、中间投入与玉米单产增长——基于河北农户层面多水平模型的实证分析［J］. 中国农村经济，2012（11）：11-20.

［55］马九杰，崔卫杰，朱信凯. 农业自然灾害风险对粮食综合生产能力的影响分析［J］. 农业经济问题，2005（4）：14-17，79.

［56］马述忠，刘梦恒. 农业保险促进农业生产率了吗？——基于中国省际面板数据的实证检验［J］. 浙江大学学报（人文社会科学版），2016，46（6）：131-144.

［57］毛慧，周力，应瑞瑶. 风险偏好与农户技术采纳行为分析——基于契约农业视角再考察［J］. 中国农村经济，2018（4）：74-89.

［58］梅坚颖. 欧盟共同农业政策（2014－2020）的主要做法及对我国实施"乡村振兴"战略的启示［J］. 西南金融, 2018（11）: 64－69.

［59］穆月英, 赵沛如. 日本农业共济制度及农业收入保险的实施［J］. 世界农业, 2019（3）: 4－11.

［60］聂文广, 黄琦. 农业保险与粮食产量增长关系研究——来自31个省市自治区面板数据的实证分析［J］. 湖北农业科学, 2015（8）: 4077－4082.

［61］宁满秀. 农业保险制度的环境经济效应——一个基于农户生产行为的分析框架［J］. 农业技术经济, 2007（3）: 28－32.

［62］宁满秀, 邢郦, 钟甫宁. 影响农户购买农业保险决策因素的实证分析——以新疆玛纳斯河流域为例［J］. 农业经济问题, 2005, 26（6）: 38－44.

［63］牛浩, 陈盛伟. 玉米风雨倒伏指数保险产品设计研究——以山东省宁阳县为例［J］. 农业技术经济, 2015（12）: 99－108.

［64］农业部赴欧盟农业政策考察团, 张红宇. 欧盟农业政策调整新趋势［J］. 农村工作通讯, 2012（19）: 45－47.

［65］潘勇辉. 财政支持农业保险的国际比较及中国的选择［J］. 农业经济问题, 2008（7）: 97－103.

［66］仇焕广, 栾昊, 李瑾等. 风险规避对农户化肥过量施用行为的影响［J］. 中国农村经济, 2014（3）: 85－96.

［67］史清华, 姚建民. 农业风险管理模式的评析与选择［J］. 经济问题, 1994（6）: 11－14.

［68］世界银行, 国务院发展研究中心. 2030年的中国: 建设现代、和谐、有创造力的高收入社会［M］. 北京: 中国财经经济出版社, 2013.

［69］舒高勇. 借鉴欧洲农业保险发展经验探索中国特色农业保险

发展模式 [J]. 保险职业学院学报, 2006 (4): 42-46.

[70] 孙良媛, 张岳恒. 转型期农业风险的特点与风险管理 [J]. 农业经济问题, 2001 (8).

[71] 孙蓉, 朱梁. 世界各国农业保险发展模式的比较及启示 [J]. 财经科学, 2004 (5): 108-111.

[72] 孙炜琳, 王瑞波, 薛桂霞. 日本发展政策性农业保险的做法及对我国的借鉴 [J]. 农业经济问题, 2007 (11): 104-109.

[73] 汤颖梅, 杨月, 葛继红. "银保互动"能否促进农户技术采用?——基于田野实验的实证分析 [J]. 中国农村经济, 2019 (1): 127-142.

[74] 唐汇龙, 许闲. 欧盟农业保险制度及其借鉴意义 [J]. 上海保险, 2005 (1): 61-63.

[75] 庹国柱等. 中国农业保险发展报告 [M]. 北京: 中国农业出版社, 2013.

[76] 庹国柱, 李军. 我国农业保险试验的成就、矛盾及出路 [J]. 金融研究, 2003 (9): 88-98.

[77] 庹国柱. 农业保险经营的风险及其防控 [J]. 中国保险, 2018 (2): 7-13.

[78] 庹国柱, 王国军. 中国农业保险与农村社会保障制度研究 [M]. 北京: 首都经贸大学出版社, 2002.

[79] 庹国柱, 张峭. 论我国农业保险的政策目标 [J]. 保险研究, 2018 (7): 7-15.

[80] 王国军, 王冬妮, 陈璨. 我国农业保险不对称信息实证研究 [J]. 保险研究, 2017 (1): 91-100.

[81] 王克, 张峭, Shingo Kimura. 我国种植业保险的实施效果: 基于5省份574个农户数据的模拟分析 [J]. 保险研究, 2014 (11):

42-55.

[82] 王欧, 唐轲, 郑华懋. 农业机械对劳动力替代强度和粮食产出的影响 [J]. 中国农村经济, 2016 (12): 46-59.

[83] 王韧. 欧盟农业保险财政补贴机制及启示 [J]. 求索, 2011 (5): 35-37.

[84] 王向楠. 农业贷款、农业保险对农业产出的影响: 来自2004—2009年中国地级单位的证据 [J]. 中国农村经济, 2011 (10): 44-51.

[85] 王鑫, 夏英. 日本农业收入保险: 政策背景、制度设计与镜鉴 [J]. 现代经济探讨, 2021 (3): 118-125.

[86] 王学君, 周沁楠. 日本农业收入保险的实施: 因由、安排与启示 [J]. 农业经济问题, 2019 (10): 132-144.

[87] 王跃梅, 姚先国, 周明海. 农村劳动力外流、区域差异与粮食生产 [J]. 管理世界, 2013 (11): 67-76.

[88] 王云魁, 杨红丽. 农业收入保险: 美国的经验与启示 [J]. 经济论坛, 2020 (7): 141-146.

[89] 王子迅. 福建省小规模农户农业保险参保行为研究 [D]. 福州: 福建农林大学, 2012.

[90] 韦盛信. 若干国家农业保险模式比较及启示 [J]. 农业经济问题, 1992 (6): 60-62.

[91] 魏加威, 杨汭华. 中美农作物收入保险产品: 比较与启示 [J]. 农业现代化研究, 2020, 41 (4): 608-617.

[92] 吴东立, 谢凤杰. 改革开放40年我国农业保险制度的演进轨迹及前路展望 [J]. 农业经济问题, 2018 (10): 24-32.

[93] 吴刚. 农业保险发展的国际比较及启示与借鉴 [J]. 商业研究, 2001 (2): 120-121.

[94] 吴小芳, 张文棋. 台湾地区农业保险的发展与启示 [J]. 福

建农林大学学报（哲学社会科学版），2007，10（3）：17-20.

[95] 夏益国，刘艳华，傅佳. 美国联邦农作物保险产品：体系、运行机制及启示 [J]. 农业经济问题，2014，35（4）：101-109.

[96] 谢凤杰，吴东立，陈杰. 美国2014年新农业法案中农业保险政策改革及其启示 [J]. 农业经济问题，2016，37（5）：102-109，112.

[97] 邢慧茹，陶建平. 系统性风险与我国农作物保险市场失灵——基于M-V偏好模型分析 [J]. 生态经济，2009（5）：44-47.

[98] 徐斌，孙蓉. 粮食安全背景下农业保险对农户生产行为的影响效应——基于粮食主产区微观数据的实证研究 [J]. 财经科学，2016（6）：97-111.

[99] 徐婷婷，荣幸. 改革开放四十年：中国农业保险制度的变迁与创新——历史进程、成就及经验 [J]. 农业经济问题，2018（12）：38-50.

[100] 徐雪高，齐皓天. 美国农作物收入保险的主要做法与经验启示 [J]. 中国食品，2017（23）：54-57.

[101] 杨宇，王金霞，黄季焜. 极端干旱事件、农田管理适应性行为与生产风险：基于华北平原农户的实证研究 [J]. 农业技术经济，2016（9）：4-17.

[102] 姚赛. 我国台湾地区农业保险制度研究 [J]. 现代商贸工业，2013，25（7）：42-43.

[103] 叶兴庆. 我国农业支持政策转型：从增产导向到竞争力导向 [J]. 改革，2017（3）：19-34.

[104] 袁辉，谭迪. 政策性农业保险对农业产出的影响效应分析——以湖北省为例 [J]. 农村经济，2017（9）：94-100.

[105] 袁敏. 农户农业保险需求意愿及影响因素——基于辽宁省盘锦市400户水稻种植户的调查 [J]. 金融发展评论，2018（8）：51-58.

[106] 张成玉, 肖海峰. 我国测土配方施肥技术增收节支效果研究——基于江苏、吉林两省的实证分析 [J]. 农业技术经济, 2009 (3): 44-51.

[107] 张驰. 农业保险参保行为对农户投入的影响 [D]. 北京: 中国农业科学院, 2017.

[108] 张驰, 张崇尚, 仇焕广, 吕开宇. 农业保险参保行为对农户投入的影响——以有机肥投入为例 [J]. 农业技术经济, 2017 (6): 79-87.

[109] 张崇尚. 农户参保行为影响因素研究 [D]. 北京: 中国农业科学院, 2015.

[110] 张舰, 亚伯拉罕·艾宾斯坦, 玛格丽特·麦克米伦, 陈志钢. 农村劳动力转移、化肥过度使用与环境污染 [J]. 经济社会体制比较, 2017 (3): 149-160.

[111] 张伟, 黄颖, 李长春, 陈宇靖. 收入分化、需求演变与农业保险供给侧改革 [J]. 农业经济问题, 2018 (11): 123-134.

[112] 张伟, 黄颖, 易沛, 李长春. 政策性农业保险的精准扶贫效应与扶贫机制设计 [J]. 保险研究, 2017 (11): 18-32.

[113] 张旭光. 奶牛保险的减损效果及对养殖户行为的影响 [D]. 呼和浩特: 内蒙古农业大学, 2016.

[114] 张燕媛. 1990 年以来美国联邦农作物保险发展及对中国的启示 [J]. 农业经济与管理, 2018 (4): 77-86.

[115] 张跃华, 顾海英, 史清华. 1935 年以来中国农业保险制度研究的回顾与反思 [J]. 农业经济问题, 2006 (6): 43-47.

[116] 张跃华, 何文炯, 施红. 市场失灵、政策性农业保险与本土化模式——基于浙江、上海、苏州农业保险试点的比较研究 [J]. 农业经济问题, 2007 (6): 49-55, 111.

[117] 张跃华, 史清华, 顾海英. 农业保险对农民、国家的福利影响及实证研究——来自上海农业保险的证据 [J]. 制度经济学研究, 2006 (2): 1-23.

[118] 张跃华、史清华、顾海英. 农业保险需求问题的一个理论研究及实证分析 [J]. 数量经济技术经济研究, 2007 (4).

[119] 张跃华, 庹国柱, 符厚胜. 市场失灵、政府干预与政策性农业保险理论——分歧与讨论 [J]. 保险研究, 2016 (7): 3-10.

[120] 张哲晰, 穆月英, 侯玲玲. 参加农业保险能优化要素配置吗?——农户投保行为内生化的生产效应分析 [J]. 中国农村经济, 2018 (10): 53-70.

[121] 赵立娟. 农业保险发展对农业生产效率影响的动态研究——基于 DEA 和协整分析的实证检验 [J]. 湖北农业科学, 2015, 54 (21): 5476-5480.

[122] 郑伟, 郑豪, 贾若, 陈广. 农业保险大灾风险分散体系的评估框架及其在国际比较中的应用 [J]. 农业经济问题, 2019 (9): 121-133.

[123] 钟甫宁, 宁满秀, 邢鹂, 苗齐. 农业保险与农用化学品施用关系研究——对新疆玛纳斯河流域农户的经验分析 [J]. 经济学 (季刊), 2007 (1): 291-308.

[124] 周琼, 曾玉荣, 丁中文, 刘波. 台湾农业社会化服务体系: 构成、内容与特点 [J]. 台湾农业探索, 2013 (4): 1-8.

[125] 周荣荣. 英国、法国等国农业保险制度的特点 [J]. 江苏农村经济, 2008 (5): 55-56.

[126] 周稳海, 赵桂玲, 尹成远. 农业保险发展对农民收入影响的动态研究——基于面板系统 GMM 模型的实证检验 [J]. 保险研究, 2014 (5): 21-30.

[127] 朱朝晖, 夏益国. 美国联邦农作物保险发展历程与启示 [J]. 区域金融研究, 2013 (4): 45 – 49.

[128] 朱俊生. 农业保险创新的国际经验 [J]. 中国金融, 2016 (8): 59 – 61.

[129] 祝仲坤, 陶建平. 农业保险对农户收入的影响机理及经验研究 [J]. 农村经济, 2015 (2).

[130] AgnieszkA BiernAt – JArkA, Joanna Pawłowska – Tyszko. Direct payments versus subsidized crop insurance in agriculture [J]. Problems of Agricultural economics, 2018: 80 – 95.

[131] Agnieszka Parliska, Maria Parliska. The Crop Insurance Systems in Poland Towards the EU [J]. Problems of World Agriculture volume 17 (XXXII), number 4, 2017: 228 – 235.

[132] Ahsan S. M. and Kurian. Toward a Theory of Agricultural Insurance [J]. American Journal of Agricultural Economics, 1982, 64 (3): 520 – 529.

[133] Angrist and Pischke, Mostly Harmless Econometrics: An Empiricist's Companion, Princeton University Press, Princeton, 2009.

[134] Arrow, K. and Debreu, G. Existence of an equilibrium for a competitive economy [J]. Econometrica, 1954 (22): 265 – 290.

[135] Arrow, K. J. Uncertainty and the welfare economics of medical care [J]. American Economic Review, 1963, 53 (5): 941 – 973.

[136] Babcock, B., and D. A. Hennessy. Input Demand Under Yield and Revenue Insurance [J]. American Journal of Agricultural Economics, 1996, 78: 416 – 27.

[137] Barnett, B., J. Skees, and J. D. Hourigan. Explaining Participation in Federal Crop Insurance. Department of Agricultural Economics,

Staff Paper 275. University of Kentucky, August 1990.

[138] Barry K. Goodwin. Problems with Market Insurance in Agriculture [J]. American Journal of Agricultural Economics, Aug. 2001, Vol. 83, No. 3 (Aug. 2001), pp. 643 –649.

[139] Becker, S. O. and Ichino, A. Estimation of Average Treatment Effects Based on Propensity Scores, The stata Journal, 2 (2): 358 –377, 2002.

[140] Besley T., Case A. Modeling Technology Adoption in Developing Countries [J]. American Economic Review, 1993, 83 (2): 396 –402.

[141] Bhalla S. S., Roy P. Mis-specification in farm productivity analysis: the role of land quality [J]. Oxford Economic Papers, 1988, 40 (1): 55 –73.

[142] Bogdan Marza, Angelescu C., Tindeche C. Agricultural Insurances and Food Security. The New Climate Change Challenges [J]. Procedia Economics & Finance, 2015, 27 (2): 594 –599.

[143] Brick K., Visser M. Risk preferences, technology adoption and insurance uptake: A framed experiment [J]. Journal of Economic Behavior & Organization, 2015, 118: 383 –386.

[144] Bruce J. Sherrick, Peter J. Barry, Gary D. Schnitkey, Paul N. Ellinger and Brian Wansink. Farmers' Preferences for Crop Insurance Attributes. Review of Agricultural Economics, 2003, 25 (2), 415 –429.

[145] Bruce J. Sherrick, Peter J. Barry, Paul N. Ellinger and Gary D. Schnithey. Factors Influence Farmers' Crop Insurance Decisions. American Journal of Agricultural Economics, 2004, 86 (1): 103 –114.

[146] Cai, H., Chen, Y., Fang, H. and Zhou, L. Micro insurance, Trust and Economic Development: Evidence from a Randomized Natu-

ral Field Experiment, NBER working paper, No. 15396, 2009.

[147] Cai H., Chen Y., Fang H., et al. The effect of microinsurance on economic activities: Evidence from a randomized field experiment [J]. Review of Economics & Statistics, 2015, 97 (2): 287 – 300.

[148] Cai Jing. The Impact of Insurance Provision on Household Production and Financial Decisions [J]. American Economic Journal: Economic Policy, 2016, 8 (2): 44 – 88.

[149] Capitanio F., Adinolfi F., Santeramo F. G. Environmental implications of crop insurance subsidies in Southern Italy [J]. International Journal of Environmental Studies, 2015, 72 (1): 179 – 190.

[150] Carter, Cheng, Sarris. Where and how index insurance can boost the adoption of improved agricultural technologies. Journal of Development Economics, 2016 (118): 59 – 71.

[151] Carter, M. R., de Janvry, A., Sadoulet, E., Sarris, A., 2014. Index-based weather insurance for developing countries: a review of evidence and a set of propositions for up-scaling. 2014, FERDI Working Paper 112.

[152] Chambers and Quiggin. Non-point-source pollution regulation as a multi-task principal-agent problem [J]. Journal of Public Economics, 1996, 59 (1): 95 – 116.

[153] Chambers and Quiggin. Separation and Hedging Results with State – Contingent Production [J]. Economica, 1997, 64, 187 – 209.

[154] Chambers, R. G, and Quiggin, J. Decomposing Input Adjustments Under Price and Production Uncertainty. American Journal of Agricultural Economics, 2001, Vol. 83, No. 1: 20 – 34.

[155] Chambers, R. G. and Quiggin, J. The state-contingent proper-

ties of stochastic production functions [J]. American Journal of Agricultural Economics, 2002, Vol. 84, pp. 513 – 526.

[156] Chambers, R. G. and Quiggin, J., Uncertainty, Production, Choice, and Agency. The State – Contingent Approach [M]. Cambridge University Press, Cambridge, 2000.

[157] Chambers R. G., Quiggin J. Optimal Producer Behavior in the Presence of Area – Yield Crop Insurance [J]. American Journal of Agricultural Economics, 2002, 84 (2): 320 – 334.

[158] Chambers, Robert G. Insurability and Moral Hazard in Agricultural Insurance Markets [J]. American Journal of Agricultural Economics, 1989, 71 (3): 604.

[159] Chang H. H., Mishra A. K. Chemical usage in production agriculture: Do crop insurance and off-farm work play a part? [J]. Journal of environment management, 2012, 105: 76 – 82.

[160] Cheung. Transaction Costs, Risk Aversion, and the Choice of Contractual Arrangements [J]. The Journal of Law and Economics, 1969 (12): 23 – 42.

[161] Christopher B. Burns and Daniel L. Prager. Does Crop Insurance Influence Commercial Crop Farm Decisions to Expand? An Analysis Using Panel Data from the Census of Agriculture [J]. Journal of Agricultural and Resource Economics, 2018, 43 (1): 61 – 77.

[162] Claassen R., Langpap C., Wu J. J. Impacts of Federal Crop Insurance on Land Use and Environmental Quality [J]. American Journal of Agricultural Economics, 2016: aaw075.

[163] Coble K. H., Knight T. O., Williams P. J. R. An Expected – Indemnity Approach to the Measurement of Moral Hazard in Crop Insurance

[J]. American Journal of Agricultural Economics, 1997, 79 (1): 216 – 226.

[164] Coble K. H., Knight T. O., Williams P. J. R. Modeling Farm – Level Crop Insurance Demand with Panel Data [J]. American Journal of Agricultural Economics, 1996, 78 (2): 439 – 447.

[165] Coble, K., Knight, T. Pope, R., and Williams, J., An Expected Indemnity Approach to the Measurement of Moral Hazard in Crop Insurance. American Journal of agricultural Economics, 1997 (79): 216 – 226.

[166] Congressional Research Service, Federal Crop Insurance: Program Overview for the 115th Congress. CRS Report Prepared for members and committees of congress, 2018.

[167] Dean Karlan, Robert Osei. Isaac Osei – Akoto and Christopher Udry. Agricultural Decisions After Relaxing Credit and Risk Constraints [J]. The Quarterly Journal of Economics, Vol. 129, No. 2 (May 2014), pp. 597 – 652.

[168] Dillon J. L., Anderson J. R. The Analysis of Response in Crop and Livestock Production [M]. Pergamon Press: Oxford, 1990.

[169] Du Xiaodong, Hennessy D. A., Feng H. A Natural Resource Theory of U. S. Crop Insurance Contract Choice [J]. American Journal of Agricultural Economics, 2014, 96 (1): 232 – 252.

[170] Du, Xiaodong, H. Feng, and D. A. Hennessy. Rationality of Choices in Subsidized Crop Insurance Markets. American Journal of Agricultural Economics, 2017, Vol. 99, Issue 3, pages. 732 – 756.

[171] Ehrlich and Becker. Market Insurance, Self – Insurance, and Self – Protection [J]. Journal of Political Economy, 1972, 80 (4): 623 –

648.

[172] Elabed, G., Carter, M. R. Ex-ante impacts of agricultural insurance:evidence from a field experiment in Mali. Working Paper, 2014.

[173] Eli Feinerman, Joseph A. Herriges and Derald Holtkamp. Crop Insurance as a Mechanism for Reducing Pesticide Usage: A Representative Farm Analysis. Review of Agricultural Economics, 1992, 14 (2): 169 - 186.

[174] Enjolras G., Capitanio F., Aubert M., et al. Direct payments, crop insurance and the volatility of farm income. Some evidence in France and in Italy [J]. New Medit, 2014 (1): 31 - 40.

[175] Erik J. O'Donoghue, Ashley E. Hungerford, Joseph C. Cooper, Thomas Worth, and Mark Ash. The 2014 Farm Act Agriculture Risk Coverage, Price Loss Coverage, and Supplemental Coverage Option Programs' Effects on Crop Revenue. U. S. Department of Agriculture, Economic Research Service, ERR - 204. 2016.

[176] Erik O'Donoghue, Nigel Key, Michael J. Roberts. Does risk matter for farm businesses? The effect of crop insurance on production and diversification [R]. Agricultural Economic, USDA, 2007.

[177] Esther Gehrke. The Insurability Framework Applied to Agricultural Microinsurance: What Do We Know, What Can We Learn? [J]. The Geneva Papers on Risk and Insurance. Issues and Practice, April 2014, Vol. 39, No. 2, Special Issue on Microinsurance (April 2014), pp. 264 - 279.

[178] European Commission. Commission Staff Working Paper Impact Assessment Common Agricultural Policy Towards 2020 Annex 6 [R]. 2011.

[179] European Commission. Regulation of the European Parliament

and of the Council [R]. 2018/0217 (COD).

[180] European Commission. Risk management schemes in EU agriculture Dealing with risk and volatility [R]. 2017.

[181] Eurostat Agriculture, forestry and fishery statistics [R]. Publications Office of the European Union, 2019.

[182] Eurostat news release. Facts and figures on agriculture in the European Union [J]. 20 February 2015.

[183] E. vávrová. The Czech agricultural insurance market and a prediction of its development in the context of the European Union [J]. AGRIC. ECON. – CZECH, 51, 2005 (11): 531 – 538.

[184] FAO. 2017 The impact of disasters and crises on agriculture and food security. Rome, 2018, p2, 24.

[185] Feldstein, M. Production with Uncertain Technology: Some Economic and Econometric Implications [J]. International Economic Review, 1971 (12): 27 – 36.

[186] Flaten et al. Comparing Risk Perception and Risk Management in Organic and Conventional Dairy Farming Empirical Results from Norway [Z]. 2004.

[187] Freudenreich H., Oliver MuÃŸ hoff. Insurance for Technology Adoption: An Experimental Evaluation of Schemes and Subsidies with Maize Farmers in Mexico [J]. Journal of Agricultural Economics, 2018, 69 (1): 96 – 120.

[188] Giné, X., Yang, D. Insurance, credit, and technology adoption: field experimental evidence from Malawi [J]. Journal of Development Economics. 2009 (1): 1 – 11.

[189] Glauber J. W., Collins K. J., Barry P. J. Crop insurance, dis-

aster assistance, and the role of the federal government in providing catastrophic risk protection [J]. Agricultural Finance Review, 2002, 62 (2): 81 – 101.

[190] Global Index Insurance Facility. Unlocking Smallholder Credit: Does Credit – Linked Agricultural Insurance Work? [R]. 2017.

[191] Gong et al. Farmers' risk preferences and pesticide use decisions: evidence from field experiments in China [J]. Agricultural Economics, 2016 (47): 411 – 421.

[192] Goodwin. An Empirical Analysis of the Demand for Multiple Peril Crop Insurance [J]. American Journal of Agricultural Economics, 1993, 75 (2): 425 – 434.

[193] Goodwin, B. K., and Y. H. Smith. The Economics of Crop Insurance and Disaster Aid. Washington DC: American Enterprise Institute Press, 1995.

[194] Goodwin B. K., Smith V. H. An Ex Post Evaluation of the Conservation Reserve, Federal Crop Insurance, and Other Government Programs: Program Participation and Soil Erosion [J]. Journal of Agricultural and Resource Economics, 2003, 28.

[195] Goodwin B. K., Vandeveer M. L., Deal J. L. An Empirical Analysis of Acreage Effects of Participation in the Federal Crop Insurance Program [J]. American Journal of Agricultural Economics, 2004, 86 (4): 1058 – 1077.

[196] Hardaker J. B., Huirne R. B. M., Anderson J. R. Coping with Risk in Agriculture [M]. CAB International: Wallingford, UK, 1997.

[197] Hazell, P. B. R. The Appropriate Role of Agricultural Insurance in Developing Countries [J]. Journal of International Development, 2010, 4

(6): 567-581.

[198] H. Holly Wang, Jesse B. Tack, Keith H. Coble. Frontier studies in agricultural insurance [J]. The Geneva Papers on Risk and Insurance – Issues and Practice (2020) 45: 1-4.

[199] Hirshleifer, Investment decisions under uncertainty: choice-theoretic approaches [J]. Quarterly Journal of Economics, 1965, Vol. 69, pp. 522-536.

[200] Hirshleifer, J. and Riley, J. G. The Analytics of Uncertainty and Information [M]. Cambridge University Press, 1992.

[201] Holden and Quiggin. Climate risk and state-contingent technology adoption: shocks, drought tolerance and preferences [J]. European Review of Agricultural Economics, 2017, Vol. 44 (2), pp. 285-308.

[202] Holt, C. A. and S. K. Laury. Risk Aversion and Incentive Effects. American Economic Review, 2002, 92 (5), 1644-1655.

[203] Holzman and Jorgensen. Social Risk management: A New conceptual framework for social protection, and beyond [J]. International Tax and public Finance, 2001 (8): 529-556.

[204] Horowitz J. K., Lichtenberg E. Risk – Reducing and Risk – Increasing Effects of Pesticides [J]. Journal of Agricultural Economics, 1994, 45 (1): 8.

[205] Huang J., Rozelle S. Technological change: Rediscovering the engine of productivity growth in China's rural economy [J]. Journal of Development Economics, 1996, 49 (2): 0-369.

[206] Huang J., Wang Y., Wang J. Farmer's Adaptation to Extreme Weather Events through Farm Management and Its Impacts on the Mean and Risk of Rice Yield in China [J]. American Journal of Agricultural Econom-

ics, 2015, 97 (2): 603 -617.

[207] Huirne, R. B. M., M. Meuwissen, J. B. Hardacker and J. R. Anderson. Risk and risk management in agriculture: an overview and empirical results [J]. International Journal of Risk Assessment and Management, 2000 (1): 125 -136.

[208] Isik, M. and M. Khanna, Stochastic Technology, Risk Preferences, and Adoption of Site – Specific Technologies [J]. American Journal of Agricultural Economics, 2003 (85): 305 -317.

[209] Jacoby, Li, and Rozelle, Hazards of Expropriation: Tenure Insecurity and Investment in Rural China, American Economic Review, 2002, 92 (5): 1420 -1447.

[210] Jean – Paul Chavas, A Cost Approach to Economic Analysis under State – Contingent Production Uncertainty [J]. American Journal of Agricultural Economics, 2008, Vol. 90, No. 2, pp. 435 -446.

[211] Jingfeng Xu, Pu Liao. Crop Insurance, Premium Subsidy and Agricultural Output [J]. Journal of Integrative Agriculture, 2014, 13 (11): 2537 -2545.

[212] John K. Horowitz and Erik Lichtenberg. Insurance, Moral Hazard, and Chemical Use in Agriculture. American Journal of Agricultural Economics, 1993, 75 (4): 926 -935.

[213] John Quiggin and Robert G. Chambers. The state-contingent approach to production under uncertainty [J]. The Australian Journal of Agricultural and Resource Economics, 2006, 50, pp. 153 -169.

[214] John Quiggin. Some observations on insurance, bankruptcy and input demand [J]. Journal of Economic Behavior & Organization, 1992, 18 (1): 101 -110.

［215］Joseph W. and Keith J. Collins. Crop Insurance, Disaster Assistance, and the Role of Fedral Government in Providing Catastrophic Risk Protection ［J］. Agricultural Finance Review, Fall, 2002.

［216］Joy J. Pereira, Juan M. Pulhin, Gattineni Srinivasa Rao, Henry Scheyvens and Jay Cummins. Institute for Global Environmental Strategies ［J］. Institute for Global Environmental Strategies, 2015.

［217］Just and Pope. Stochastic Specification of Production Functions and Economic Implication ［J］. Journal of Econometrics, 1978, 7: 67 – 86.

［218］Karlan, D., Osei, R., Osei – Akoto, I., Udry, C., 2014. Agricultural decisions after relaxing risk and credit constraints. Q. J. Econ. 129 (2): 597 – 652.

［219］Khor L. Y., Zeller M. The Effect of Household Wealth on Fertiliser Use in the Presence of Uncertainty ［J］. The Journal of Development Studies, 2016: 1 – 12.

［220］Koundouri P. Céline Nauges and Vangelis Tzouvelekas. Technology Adoption under Production Uncertainty: Theory and Application to Irrigation Technology ［J］. American Journal of Agricultural Economics, 2006, 88 (3): 657 – 670.

［221］Laffont J. J. Regulation, moral hazard and insurance of environmental risks ［J］. Journal of Public Economics, 1995, 58 (3): 319 – 336.

［222］LaFrance, Jeffrey T.; Shimshack, J. P.; Wu, S. Y. The Environmental Impacts of Subsidized Crop Insurance ［EB/OL］. Department of Agricultural & Resource Economics, UCB. UC Berkeley: Department of Agricultural and Resource Economics, UCB. 2001. Retrieved from: http://www.escholarship.org/uc/item/8m43210k.

[223] Leah-Martin, Vincent. Essays on Labor Supply and Uncertainty [M]. UC San Diego: Economics, 2017. Retrieved from: http://www.escholarship.org/uc/item/19s9z4jt.

[224] Lim Y., Townsend, R. Currency, Transaction Patterns and consumption smoothing: theory and Measurement in ICRISAT village [R]. Chicago: University of Chicago, 1994.

[225] Liu E. M., Huang J. K. Risk Preferences and Pesticide Use by Cotton Farmers in China [J]. Journal of Development Economics, 2013, 103: 202-215.

[226] Loehman E. T., Nelson C. H. Optimal Risk Management, Risk Aversion, and Production Function Properties [J]. Journal of Agricultural & Resource Economics, 1992, 17 (2): 219-231.

[227] Mac Donald, J. M., P. Korb, and R. A. Hoppe. Farm Size and the Organization of U. S. Crop Farming. U. S. Department of Agriculture, Economic Research Service, 2013.

[228] Machnes Y., Wong K. A note on deductible insurance and production [J]. Geneva Papers on Risk & Insurance Theory, 2003, 28 (1): 73-80.

[229] Maddala, Limited Dependent and Qualitative Variables in Econometrics. Cambridge University Press, 1983.

[230] Makki S. S., Somwaru A. Farmers's Participation in Crop Insurance Markets: Creating the Right Incentives [J]. American Journal of Agricultural Economics, 2001, 83 (3): 662-667.

[231] Mansfield E. Technical change and the rate of imitation [M]. The Econometric Society, 1961: 741-765.

[232] Marek Wigier, Andrzej Kowalski. The Common Agricultural Pol-

icy of the European Union-the present and the future [R]. 2018.

[233] Mario J. Miranda and Joseph W. Glauber. Systemic Risk, Reinsurance, and the Failure of Crop Insurance Markets [J]. American Journal of Agricultural Economics, 1997.

[234] Mario Miranda and Dmitry V. Vedenov. Innovations in Agricultural and Natural Disaster Insurance [J]. American Journal of Agricultural Economics, Aug. 2001, Vol. 83, No. 3 (Aug. 2001), pp. 650 – 655.

[235] Mas – Colell, Michael D. Whinston and Jerry Green. Microeconomic Theory [M]. New York: Oxford University Press, 1995.

[236] M. Bielza Diaz – Caneja, C. G. Conte, F. J. Gallego Pinilla, J. Stroblmair, R. Catenaro and C. Dittmann. Risk Management and Agricultural Insurance Schemes in Europe [R]. 2009.

[237] Mc Fadden, Jonathan R. and Robert A. Hoppe. Evolving Distribution of Payments From Commodity, Conservation, and Federal Crop Insurance Programs. U. S. Department of Agriculture, Economic Research Service, EIB – 184. 2017.

[238] Mesbah Motamed, Ashley Hungerford, Stephanie Rosch, Erik O' Donoghue, Matthew Mac Lachlan, Gregory Astill, Jerry Cessna, and Joseph Cooper. Federal Risk Management Tools for Agricultural Producers: An Overview. U. S. Department of Agriculture, Economic Research Service, ERR – 250. 2018.

[239] Miao R., Hennessy D. A, Feng H. The Effects of Crop Insurance Subsidies and Sodsaver on Land Use Change [J]. Journal of Agricultural & Resource Economics, 2012, 41.

[240] Michael Spence and Richard Zeckhauser, Insurance, Information, and Individual Action [J]. The American Economic Review, 1971,

61（2）：380 –387.

［241］Miranda and Glauber. Systemic Risk, Reinsurance, and the Failure of Crop Insurance Markets ［J］. American Journal of Agricultural Economics, 1997, 79（1）：206 –215.

［242］Miranda P. M. Meuwissen, Tsion Taye Assefa and Marcel A. P. M. van Asseldonk. Supporting Insurance in European Agriculture: Experience of Mutuals in the Netherlands ［J］. The Agricultural Economics Society and the European Association of Agricultural Economists, 2013.

［243］Miranda P. M. Meuwissen, Yann de Mey and Marcel van Asseldonk. Prospects for agricultural insurance in Europe ［J］. Agricultural Finance Review Vol. 78 No. 2, 2018. pp. 174 –182.

［244］Mishra A. K., Nimon R. W., El – Osta H. S. Is moral hazard good for the environment? Revenue insurance and chemical input use ［J］. Journal of Environmental Management, 2005, 74（1）：11 –20.

［245］Mobarak A. M., Rosenzweig M. Risk, insurance and wages in general equilibrium ［J］. Working Papers, 2014.

［246］Morrison Paul C. J., Ball V. E., Felthoven R. G., et al. Effective Costs and Chemical Use in United States Agricultural Production: Using the Environment as a "Free" Input ［J］. American Journal of Agricultural Economics, 2002, 84（4）：902 –915.

［247］Motoi Kusadokoro. Weather Risk and Fertilizer Use under State Contingent Technology: Theory and Evidence from Wheat Farming in Adana Province, Turkey ［J］. Studies in Regional Science, 2010, 40（2）：373 –396.

［248］Mukasa, Adamon N. Technology adoption and risk exposure among smallholder farmers: Panel data evidence from Tanzania and Uganda

[J]. World Development, 2018.

[249] Munshi. Social learning in a heterogeneous population: technology diffusion in the Indian Green Revolution. Journal of Development Economics, 2004: 73 (2): 185 – 213.

[250] Nelson, C., and L. Olson. Specification and Estimation of a Simultaneous Equation Model with Limited Dependent Variables [J]. International Economic Review, 1978, 19: 695 – 709.

[251] Nelson C. H. and Loehman E. T. Further toward a Theory of Agricultural Insurance [J]. American Journal of Agricultural Economics, 1987, 69 (3): 523.

[252] Newey. Efficient Instrumental Variables Estimation of Nonlinear Models. Econometrica, 1990, 58 (4): 809 – 837.

[253] Nigel Key, Michael J. Roberts and Erik O'Donoghue. Risk and farm operator labour supply [J]. Applied Economics, 2006 (38): 573 – 586.

[254] Nilabja Ghosh S. S. Yadav. Problems and Prospects of Crop Insurance: Reviewing Agricultural Risk and NAIS in India [R]. 2008.

[255] Norton M., Van Sprundel G. J., Turvey C. G., et al., Applying weather index insurance to agricultural pest and disease risks [J]. International Journal of Pest Management, 2016, 62 (3): 195 – 204.

[256] Olivier Mahul and Charles J. Stutley. Government Support to Agricultural Insurance Challenges and Options for Developing Countries. The World Bank report, 2010.

[257] Olivier Mahul and Charles J. Stutley. Government Support to Agricultural Insurance [R]. The World Bank, 2007.

[258] Patrick, Musser. Sources of and Responses to Risk: Factor An-

alyses of large-scale US Cornbelt Farmers [J]. Mansholt studies, 1997 (7): 45 –53.

[259] Pierre Boulanger, Patrick Messerlin. 2020 European Agriculture: Challenges and Policies [M]. The German Marshall Fund of the United States, 2010.

[260] Poe, G. L., N. L. Bills, B. C. Bellows, P. Crosscombe, R. Koelsch, M. Kreher and P E. Wright. Will Voluntary and Educational Programs Meet Environmental Objectives: Evidence from a Survey of New York Dairy Farms [J]. Review of Agricultural Economics, 2001, 23 (2): 473 –491.

[261] Pope R. D., Just R. E. On the Competitive Under Production Uncertainty [J]. Australian Journal of Agricultural Economics, 1977, 21 (2): 111 –118.

[262] Qulggin, G. Kafwgiannis and J. Stanton. Crop insurance And Crop Production: An Empirical Study of Moral Hazard and Adverse Selection [J]. Australian Journal of Agricultural Economics, Vol. 37, No. 2 (August 1993): 95 –113

[263] Ramaswami, B., Production Risk and Optimal Input Decisions, American Journal of Agricultural Economics, 1992 (74): 860 –869.

[264] Ramaswami, B. Supply Response to Agricultural Insurance: Risk Reduction and Moral Hazard [J]. American Journal of Agricultural Economics, 1993, 75: 914 –925.

[265] Ramsey, Austin Ford and Santeramo, Fabio Gaetano. Crop Insurance in the European Union: Lessons and Caution from the United States [R]. Munich Personal RePEc Archive, 1 January 2017.

［266］Rasmussen and Karantininis. Estimating State – Contingent Production Functions［J］. Working paper, 2005.

［267］Rasmussen. Criteria for optimal production under uncertainty: the state-contingent approach the Australian Journal of Agricultural and Resource Economics［J］. 2003, 47: 4, 447 – 476.

［268］Rasmussen. Optimizing Production under Uncertainty: Generalization of the State-contingent Approach and Comparison of Methods for Empirical Application［J］. Working paper, 2004.

［269］Reyes, Celia M., Agbon, Adrian D., Mina, Christian D., Gloria, Reneli Ann B. Agricultural insurance program: Lessons from different country experiences, PIDS Discussion Paper Series, No. 2017 – 02, Philippine Institute for Development Studies (PIDS), Quezon City, 2017.

［270］Robert G. Chambers. Valuing Agricultural Insurance［J］. American Journal of Agricultural Economics, Aug. 2007, Vol. 89, No. 3 (Aug. 2007), pp. 596 – 606.

［271］Roberts M. J., Key N., O'Donoghue E. Estimating the Extent of Moral Hazard in Crop Insurance Using Administrative Data［J］. Review of Agricultural Economics, 2006, 28 (3): 381 – 390.

［272］Robison L. J., Barry P. J. The Competitive Firm's Response to Risk［M］. Macmillan Publishing Company: New York, 1987.

［273］Roman Marco Hohl. Agricultural Risk Transfer［M］. Great Britain by TJ International Ltd, Padstow, Cornwall, UK, 2019.

［274］Ross, The Economic Theory of Agency: The Principal's Problem. American Economic Review (Papers and Proceedings) 63: 134 – 139.

［275］Rothenberg, T. and K. Smith, The Effect of Uncertainty on Resource Allocation in a General Equilibrium Model［J］. Quarterly Journal of

Economics, 1971 (85): 440 -459.

[276] Rulon D. Pope and Randall A. Kramer. Production Uncertainty and Factor Demands for the Competitive Firm [J]. Southern Economic Journal, 1979, 46 (2): 489 -501.

[277] Santeramo F. G. , Goodwin B. K. , Adinolfi F. , et al. Farmer Participation, Entry and Exit Decisions in the Italian Crop Insurance Programme [J]. Journal of Agricultural Economics, 2016.

[278] Shaik, S. Crop Insurance Adjusted Panel Data Envelopment Analysis Efficiency Measures [J]. American Journal of Agricultural Economics, 2013, 95 (5): 1155 -1177.

[279] Shankar B. , Bennett R. , Morse S. Production Risk, Pesticide Use and GM Crop Technology in South Africa [J]. Applied Economics, 2008, 40 (19): 2489 -2500.

[280] Sheriff, G. , Efficient Waste? Why Farmers Over -Apply Nutrients and the Impli cation for Policy Design [J]. Review of Agricultural Economics, 2005 (27): 542 -557.

[281] Shields D. A. Farm Safety Net Programs: Background and Issues. Congressional Research Service, August 21, 2015.

[282] Shields D. A. Federal crop insurance: Background [R]. U. S. Congressional Research Service (R40532), 2015a.

[283] Skees J. R. , Barnett B. J. Designing and Rating an Area Yield Crop Insurance Contract [J]. American Journal of Agricultural Economics, 1997, 79 (2): 430 -438.

[284] Smith V. H. , Goodwin B. K. Crop insurance, Moral hazard, and Agricultural Chemical Use [J]. American Journal of Agricultural Economics, 1996, 78 (2): 428 -438.

[285] Soule M. J., Nimon R. W., Mullarkey D. J. Risk Management and the Environment: Impacts at the Intensive and Extensive Margins [C]// Meeting. American Agricultural Economics Association (New Name 2008: Agricultural and Applied Economics Association), 2001.

[286] S. S. Raju and Ramesh Chand. Progress and Problems in Agricultural Insurance [J]. Economic and Political Weekly, May 26 – Jun. 1, 2007, Vol. 42, No. 21 (May 26 – Jun. 1, 2007), pp. 1905 – 1908.

[287] Stefan Dercon, Luc Christiaensen. Consumption risk, technology adoption and poverty traps: Evidence from Ethiopia [J]. Journal of Development Economics, 2011 (96): 159 – 173.

[288] Stiglitz. Incentives and Risk Sharing in Sharecropping [J]. Review of Economic Studies, 1974 (41): 219 – 255.

[289] Tesfamicheal Wossen, Thomas Berger, Salvatore Di Falco. Social capital, risk preference and adoption of improved farm land management practices in Ethiopia [J]. Agricultural Economics, 2015 (46): 81 – 97.

[290] Tomas Garcia Azcarate. Why a European Agricultural Insurance Scheme is Not a Good Solution [J]. Euro Choices, December 2014.

[291] Ulrich Hess, Peter Hazell. Innovations and Emerging Trends in Agricultural Insurance [R]. 2016.

[292] United Nations. Issues of Agricultural Insurance in Developing Countries [R]. 1994.

[293] Vercammen J., Van Kooten G. C. Moral Hazard Cycles in Individual – Coverage Crop Insurance [J]. American Journal of Agricultural Economics, 1994, 76 (2): 250.

[294] Vincent H. Smith and Joseph W. Glauber. Agricultural Insurance in Developed Countries: Where Have We Been and Where Are We Going?

[J]. Applied Economic Perspectives and Policy, Autumn 2012, Vol. 34, No. 3 (Autumn 2012), pp. 363 – 390.

[295] Vincent Smith, Joseph Glauber. Agricultural insurance in developed countries: where have we been and where are we going. Applied Economic Perspectives and Policy (2012) volume 34, number 3, pp. 363 – 390.

[296] Vladimir Njegomir, Jelena Demko Rihter. The Problem of The Demand for Crop Insurance: The Case of Serbia [J]. Economics of Agriculture, Year 65, No. 3, 2018, pp. 995 – 1014.

[297] Wand Ke et al. Is the crop insurance program effective in China? Evidence from farmers analysis in five provinces. Journal of Integrative Agriculture, 2015, 14 (10): 2109 – 2120.

[298] White, T. K., and R. A. Hoppe. Changing Farm Structure and the Distribution of Farm Payments and Federal Crop Insurance. U. S. Department of Agriculture, Economic Research Service, EIB – 91, 2012.

[299] Woodard J. D., Pavlista A. D., Schnitkey G. D., et al. Government Insurance Program Design, Incentive Effects, and Technology Adoption: The Case of Skip – Row Crop Insurance [J]. American Journal of Agricultural Economics, 2012, 94 (4): 823 – 837.

[300] World Bank. China: Innovations in Agricultural Insurance. World Bank Report, 2007.

[301] Wu J. J. Crop Insurance, Acreage Decisions, and Nonpoint – Source Pollution [J]. American Journal of Agricultural Economics, 1999, 81 (2): 305 – 320.

[302] Xavier Giné, Dean Yang. Insurance, credit, and technology adoption: Field experimental evidence from Malawi [J]. Journal of Develop-

ment Economics, 2009 (89): 1 – 11.

[303] Xavier Giné, Robert Townsend, James Vickery. Patterns of Rainfall Insurance Participation in Rural India [J]. The World Bank Economic Review. 22 (3): 539 – 566.

[304] Yongwu Dai, Hung – Hao Chang, Weiping Liu. Do forest producers benefit from the forest disaster insurance program? Empirical evidence in Fujian Province of China [J]. Forest Policy and Economics, 2015, 50: 127 – 133.

[305] Yu J., Smith A., Sumner D. A. Effects of Crop Insurance Premium Subsidies on Crop Acreage [J]. American Journal of Agricultural Economics, 2018, 100 (1): 91 – 114.

[306] Zulauf, C. Why Crop Insurance Has Become an Issue. farmdoc daily. Department of Agricultural and Consumer Economics, University of Illinois at Urbana – Champaign. 2016 (16): 76.